# Approaches
# to
# Media Discourse

新闻与传播学译丛
传播学研究方法系列

Approaches
to
Media
Discourse

# 媒介话语
# 的进路

[新西兰] 艾伦·贝尔（Allan Bell）编
[澳大利亚] 彼得·加勒特（Peter Garrett）编

徐桂权 译 展 江 校

中国人民大学出版社
·北京·

# 传播学研究方法系列

# 总　序

一直景仰好友展江教授翻译学术著作的系统工作。窃以为，从他译著的选题，可以看到他的学术品位，也可以体会到他对中国改革大势的分析。今年初夏，我们在上海和北京短暂相聚，他谈起"传播学研究方法系列"的构想，约我帮助推荐些书目，并为译丛写序。我虽然知道自己学疏才浅，但展江约请，我唯有从命。

学术著作的翻译出版热，现已覆盖了众多学科。在传播研究领域，热度似乎更高一些，现已有多种译丛、译著或原版著作面世。但是，以研究方法为核心的译丛，至今尚未看到，虽然市场上有一些零散的研究方法译著。以此观之，展江与喻国明教授主持的这套译丛，是在填补市场上的一个空白。

市场的空白只是表象，这个译丛的价值更来自学术（不仅是学科）发展的需求。我曾在个别场合批评国内传播研究的方法欠缺和"赶超发达国家"的焦躁。① 这话当然并非针对个人，而是针对由历史所形成的现状。多年的思想和学术空间的丧失，导致了学术研究的空白，这不仅表现在思想的萎缩，而且表现在研究方法的缺失、研究实践的匿迹、学者群体的瓦解。因此，近20多年来，社会与人文各学科，几乎无一不在恢复或重建当中。至于传播研究，因为曾被当作"资产阶级新闻学"打压，更兼本身就有身份不明、内涵不清的"内患"，起步更加艰难一些。今天，学术研究恢复了点元气，而且有了繁荣之象，传播研究亦不例外。学术译著的出版热就是表现之一。但是，在资本与权力结合的新的历史旋涡中，学术似乎难以抵挡名、利、权的诱惑和压力，确立独立思考、潜心考察、缜密梳理、厚积薄发的价值取向，提高建立于此之上的学术品位，仍是亟待努力的事业。出版"传播学研究方法系列"是这努力的一部分。

就传播研究这一领域来说，这种努力应当包括三个方面：澄清传播研究的学术根基和内涵，建立共享的学术话语平台，发展独立而多元的经验研究。

一门学科的建设，须致力于明确研究对象、发展基础理论、建立与此配套的研究方法。就目前状况来看，国务院学位委员会已将新闻学与传播学并列为"新闻传播学"下的二级学科②，这似乎为"传播学"作为一门学科正了名；多种原创与翻译的"传播学"教科书，似乎也对传播学的研究对象与基本理论概念勾勒出了一个大致的轮廓。这些都标志着学科建设的起步。但是，作为一门学科，"传播学"是什么仍是一片混沌，这不仅表现在传播学专业面临开设什么课程、以什么为培养目标等这些实际问题当中，而且表现在传播研究做什么和怎么做的困惑之中。以我的一孔之见，这些问题和困惑的根源在于传播研究目前缺乏实绩，无力彰显传播研究如何提出并解答中国社

---

① 参见潘忠党、朱立、陈韬文：《当前传播研究的课题与挑战》，见陈韬文、朱立、潘忠党编：《大众传播与市场经济》，7~20页，香港，炉峰学会，1997。自从中国加入"世贸"，还加上了"狼来了"的恐惧和"时不我待"的兴奋。

② 参见童兵：《新闻学与传播学（高校"十五"新闻传播学学科研究规划及课题指南）》，见中国高校人文社会科学信息网（http://www.sinoss.com），2001。这种以政府的官方力量划分学科的做法，当然也有限制学科发展的作用，比如，将"传播学"作为"新闻传播学"下的二级学科，等于是鼓励大众传播研究，抑制其他传播研究（如人际传播）的领域。深圳大学的吴予敏教授曾指出过这一弊病。参见吴予敏：《传播研究——开放的知识平台》，载《中华读书报》，2002-03-29。

会的现实问题的功用。①

　　若再追究下去，这背后的主要原因之一还是研究方法的缺失。比如，各新闻与传播院系要么开不出研究方法课，要么仅有一两门方法概论课；发表于各种学术期刊的论文，很多仍然或缺乏方法的表述，或体现不出什么严谨的方法，有的是天马行空式的抽象思辨，有的是蜻蜓点水式的案例描述，有的是就事论事的工作总结，还有的是不见理论脉络的数据堆砌。当然有不少论著采取了当代社会科学的方法，个别采用量化方法的论文甚至做了很复杂的多元统计分析，但是，即便这些论著中也有不少存在着对经验观察分析不严谨、资料分析与理论论述脱节、盲目应用西方理论概念等问题；至少在传播研究领域，真正能够以能动和反思的方式运用某种研究方法，并将之与理论分析严密结合的论著尚很少见，比之其他社会科学和人文学科，至少显得相形见绌。②

　　研究方法不仅包括研究操作所遵循的逻辑和程序以及所采纳的手段，还包括引导出这些操作处方并由之所体现的本体论和认识论原理。换个方式说，研究方法不仅体现为研究的操作手册，而且体现为构成我们世界观的基本思辨逻辑。在庸俗反映论、二元冲突论、单一决定论、线型进化论的多年笼罩之下，引介当代西方社会科学和人文研究（包括传播研究），如不系统介绍方法和方法论，不潜心做经验研究③，以分析和解答中国现实的问题，难免形

---

　　① 也就是说，如卜卫所著的《大众媒介对儿童的影响》（新华出版社，2001）这样既有系统的经验分析又提出并解答现实问题的著作还少，不足以构成目前传播研究文献的主干。

　　② 比如我手头一些非常值得一读的社会学著作，就在方法的运用上具备这些特点，包括如李强等著《生命的历程》（浙江人民出版社，1999），李书磊著《村落中的"国家"》（浙江人民出版社，1999），李培林著《村落的终结》（商务印书馆，2004），王名、刘国翰、何建宇著《中国社团改革》（社会科学文献出版社，2001），李培林、李强、孙立平等著《中国社会分层》（社会科学文献出版社，2004）。我所看到的当然非常有限，但这有限的陈列，已足以令我们传播学者汗颜。所谓传播学文献中研究方法的缺失，以及由此造成的学科内涵单薄，通过这样的比较，尽可一目了然。

　　③ 所谓经验研究，英语的表达是 empirical research，中文也译作实证研究。但是，在通常的学术交流中，我感到"实证研究"的概念更加强调以实证主义为根基的量化研究，语义有些狭窄，排除了其他取向和形态的经验研究，比如历史学和社会学的方法、建立在社会语言学基础上的话语分析（discourse analysis）、建立在符号学（semiotics）基础上的文本分析、源自文化人类学的民族志（eth-nography）方法等。我在此采用"经验研究"的提法，为的是强调考察现实社会的方法的多元，强调传统划分中的量化与质化方法所共享的基本特性，即以经验观察作为理论建构的现实依据，同时也为了涵盖作为多学科交叉领域的传播研究所必然面临的多种形态的经验对象。关于质化研究的部分方法，参见陈向明：《质的研究方法与社会科学研究》，北京，教育科学出版社，2000。

成无源之水、无本之木的局面，导致或空中楼阁或淮橘成枳的危险。而在这样的背景下，呼吁"中国化"或"本土化"，除了空谈之外，还有将学术套入政治的枷锁的危险。①

因此，我很赞同展江和喻国明教授对"传播学研究方法系列"的构想，即通过这套译丛，不仅出版讲授各种研究方法的著作，而且译介阐发各种方法论的著作；不仅包括一些可以帮助学生、学者研习并在自己的研究中时常查询的教科书，而且包括一些对某种方法在研究中的运用起到示范作用的研究专著。这套译丛的构想，还依据传播研究作为多学科交叉的领域这一特点，以学科疆域开放为取向，容纳各社会科学和人文学科的方法及方法论著作。在这个大场景内，一些已经翻译出版的方法和方法论著作，在学理上应当是这套丛书的当然成员，这不仅包括如涂尔干的《社会学方法的规则》、韦伯的《社会科学方法论》、格尔茨的《文化的解释》（或译《文化的诠释》）、福柯的《知识考古学》、米尔斯的《社会学的想象力》等在内的经典，也包括一些教科书（如巴比的《社会学研究方法》），以及一些体现或探讨某种方法的研究专著（如凡迪克的《作为话语的新闻》、马尔库斯和费切尔的《作为文化批评的人类学》等）。希望这个译丛能够与已经出现的各种理论专著和教科书译丛一道，起到系统介绍西方传播研究及其学科根基与关联的作用，并能激发探讨中国现实问题的经验研究专著。如果有了这么三大类型的著作——理论和方法译介，探讨中国现实的经验研究专著，以及在此基础上形成的言之有物的教科书，那么，我们就有了传播研究领域的基本文献积累，也就能够形成整个学科的学术平台，并为学术群体的形成提供必需的文献和话语支撑。这么来看，"传播学研究方法系列"不仅是在填补目前学术书市的一个空白，而且是铺垫传播学科的一块基石。

研究方法并非价值中立，这一点已从对美国实证主义的媒介效果研究、英国的文化研究、欧洲大陆的批判学派研究的介绍中得到了一些体现。② 由于方法的多元，由于方法与意识形态的千丝万缕的联系，还由于方法即规范

---

① 原本正当的学术讨论话题，遇到官本位的学科建制和意识形态化的中西划分，很容易成为政治议题。因此，我这里表达的是"中国化"和"本土化"在目前的学术语境下隐含的危险。

② 参见李金铨：《视点与沟通：中国传媒研究与西方主流学术的对话》，载《新闻学研究》（台北），第77期；陈世敏：《华夏传播学方法论初探》，载《新闻学研究》（台北），第71期，1~16页。

性要求（prescription）这一基本特性，不同方法及其取向之间往往会有认识论和价值判断的冲突，这种学术冲突经常还表现为不同学派之间的社会学意义上的冲突。前一个意义上的冲突是学术思想和取向之间应有的交锋，是促进学术发展和繁荣的必然过程；而后一个意义上的冲突却往往是将学术传统或取向教条化、将学术交锋政治化的表现，是妨碍学术发展的绊脚石，是分化学术社区的毒药。以译丛的空间，力图容纳各种不同的方法，而不是抽象地、脱离具体研究问题和学术语境地评判任何一种方法的优劣，可以起到这么两个作用：一是彰显不同研究方法的内在逻辑、程序和手段，以帮助规范经验研究；二是在显示各种研究方法之区别的同时，显示各种经验研究共享的原则、倾向和话语资源，以形成学者们相辅、相成、相争的"诠释社区"（interpretive communities）①，在这些社区各自内部和相互之间，形成共享的学术品位、评判标准和审评与讨论的习俗。这是个建构学术研究的自主空间的过程，也就是排除职称、资历、权位、资本等因素干预学术评判与讨论的过程。

我们不能将本套丛书中任何一本书作为教条来阅读和应用。对本套丛书中的任何一本书，哪怕是教科书，都不能以阅读食谱或医生的处方的方式阅读。缺乏反思与批判地阅读任何一部方法或方法论的著作，都难免作茧自缚。这不是编者们希望看到的影响，也不是我在此呼吁掌握研究方法、理解方法论的初衷。我们阅读研究方法的书，是为提升自己研究的能力、增强自己研究的基本功。研究方法的功用在于帮助我们提出、探讨并解答现实问题，而且必须是由理论之"脚手架"所支撑、反映我们的人文关怀、根植于我们所处的历史现实的"真问题"。② 我们对于任何一种方法的掌握，只能体现在我们对问题的研究当中，必须经过一个从一般意义上的"处方"到具体的研究课题和场景的转换过程。这个过程绝不可能仅仅通过阅读研究方法书来完成。也就是说，研究方法的提升，必须经过不断的研究实践，必须体现于研究实践的积累。阅读是为了研究实践，阅读与研究实践必须同步进行。

---

① 参见李金铨：《视点与沟通：中国传媒研究与西方主流学术的对话》，载《新闻学研究》（台湾），第77期。

② 参见《秦晖文选：问题与主义》（长春出版社，1999），尤其是其中《有了真问题，才有真学问》（134~142页）和《求索于"主义"与"问题"间》（431~468页）。

同时，我们还要认识到研究方法的局限。就各种不同研究方法来说，我们每个人都有自己的偏好，应当发展自己的专长，而不必希求——因为基本不可能做到——成为熟练掌握"十八般武艺"的"全能"学者。长于一技是好事情，为当代学术研究的技术要求日益复杂、分工日益细致所必须。但是，我们应当时刻提醒自己，首先，任何一种研究方法都有意识形态的束缚，因此对自己所采取或善于运用的方法必须有深入的反思；其次，任何一种研究方法都只能帮助我们提出、探讨并解答某一类现实问题，同时排除另一些同样甚至可能更加具有理论和社会意义的问题。没有任何一种研究方法可令我们提出并解答所有的现实问题。这些对我们自己的提醒，可帮助我们时时关注研究的历史和社会场景，以及话语表达的语境，时时批判地检点自己。只有这样，我们才可以保持开放的思维境界，防止自己成为某一方法的奴隶，防止自己陷入以学术争论来划分敌我阵营的陷阱之中。

当然，那种简化自己不懂、不会的研究，对其嗤之以鼻，信奉自己熟练掌握的方法，将之尊为万能武器的现象是很难杜绝的，如有幸遇到，不足为怪；若某友人有此表现，可作人之常情看待，继续友谊。倒是我们自己应当沉下心来，发展自己的专长，实现不仅"知其然"，而且"知其所以然"的理解，并在自己的研究中细致不苟地、敏感反思地运用自己所擅长的方法。所谓学术研究中的多元，不仅是对现实的描述，而且应当是对我们学术研究实践模式的概括。希望"传播学研究方法系列"成为这种学术实践的一个起点，也成为我们学术社区共享的一份资源。

潘忠党

# 主编的话

**在**中国人民大学出版社的精心运作下，在旅美学者潘忠党教授的耳提面命下，在多位学人同道的关心下，这套丛书顺利问世了。它可能是新闻与传播学专业发展史上一个小小的转折点。

进入 21 世纪以来，尤其是近一两年来，翻译国外传播学著作和教科书渐成风气，其中不乏精品佳作，而且越来越多的组织者和出版社开始以系列方式推出译著，其中影响较大者包括：中国人民大学出版社的"新闻与传播学译丛·大师经典系列"、"新闻与传播学译丛·国外经典教材系列"（原版影印和中文版）；华夏出版社的"传播·文化·社会"系列；新华出版社的"西方新闻传播学经典文库"；商务印书馆的"文化和传播系列"；清华大学出版社的"新闻与传播系列教材·翻译版"等。

可以理解的是，最初的引进工作，面对国内外学科发展的落差和茫茫书海，再加上版权联系方面的缘故，翻译组织者从大处着眼，因此单本书的价值往往成为选择的首要因素。我们之所以说本译丛的推出可能是学科专业发展上一个小转折点，是因为它大概是本专业领域内第一个以主题形成系列的译丛。

西方传统新闻学关注新闻事业与民主政治的关系这个重大问题，此乃其突出优点，但是忽视研究方法成为一个不容忽视的弊端。与传播学的一定的结合带来了方法论缺失的挫折感，也激发了有识之士提升学科学术性和科学性的抱负与雄心。西风东渐，国内学界近年也开始零星推出传播研究方法译著，其中以国内相对薄弱的经验主义/量化研究方法为主，越来越多的高校新闻学和传播学研究生和本科生专业开设了"传播研究方法"课程。

但是毋庸讳言，已经出版的传播研究方法教材和专著（包括国内学者所写）数量偏少、方法相对单一，不能满足如火如荼的专业发展的需要。作为教师我们会发现，有无方法指引的各种毕业论文往往成为论文质量高低的首要标准。我们推出"传播学研究方法系列"有一个雄心：与新闻与传播学日见扩大的研究队伍共同发起一场本学科的方法论革命。

我们在此所说的"方法"，是一个宽泛的概念，既包括成形的研究方法，也可以是独特的研究视角，甚至可以是具有方法论意义的新理论、新思潮以及学科交叉与融合。已经列入计划的具体选题有：质化（定性）研究总览、符号学研究、话语研究、文本研究、受众研究、媒介心理学视角、专业主义等等。当然，这个系列是开放式的，欢迎学人同道提出建议，不断丰富和拓展这个计划。

# 目 录

# 前　言

本书于炎热的 1995 年 7 月萌芽于威尔士的一座维多利亚时代的乡村宅第中。二十多名专家在迪弗林大厦 (Dyffryn House) 聚首三日，召开"卡迪夫媒介话语圆桌会议"(Cardiff Round Table on Media Discourse)。那时我们就有意将陈述的核心论文汇编成册，即这本关于媒介话语进路的文集。那些已经形成自己媒介话语的分析框架的学者们，在会上陈述并举例展示了他们的研究进路，并且每人都与评论人及其他报告人进行了讨论。

受邀参加这次圆桌会议的人数受到了限制，以确保会议规模适于展开富有成果的讨论。此外，有一些受邀者未能莅临。这就不可避免地限制了这里呈现的进路的数目。然而，与会者们非常珍视这个由少量的志趣相投者集中时间和话题进行探讨的机会。这种研讨的形式是卓有成效的。本论文集是"卡迪夫圆桌会议"系列的第一个成果，下一个年度会议会在本书出版之前举行，讨论另一个关于语言与传播的话题。

作为本次会议的召集人和文集的主编，我们由衷地对这个极富价值的会议的所有参与者所做出的贡献以及本书的质量表示肯定。他们是：琼·艾奇逊（Jean Aitchison）、斯图尔特·艾伦（Stuart Allan）、艾伦·贝尔（Allan Bell）、尼古拉斯·库普兰（Nikolas Coupland）、霍华德·戴维斯（Howard Davis）、塔蒂亚娜·多布罗斯克隆斯卡娅（Tatiana Dobrosklonskaya）、彼得·加勒特（Peter Garrett）、莎伦·古德曼（Sharon Goodman）、戴维·格拉多尔（David Graddol）、戴维·格雷特巴奇（David Greatbatch）、桑德拉·哈里斯（Sandra Harris）、安德烈亚斯·尤克尔（Andreas Jucker）、斯蒂芬妮·马里奥特（Stephanie Marriott）、菲利普·米切尔（Philip Mitchell）、凯·理查森（Kay Richardson）、伊扎克·罗赫（Itzhak Roeh）、斯里坎特·萨朗吉（Srikant Sarangi），帕迪·斯坎内尔（Paddy Scannell）、韦克·瓦格尔（Weche Vagle）、托伊恩·范·戴克（Teun van Dijk）① 以及西奥·范·莱文（Theo van Leeuwen）。除本书出版的论文外，圆桌会议上的报告还涵盖了其他广泛的研究：前苏联集团媒介话语的变化（戴维斯和多布罗斯克隆斯卡娅）、以色列媒体关于和平与战争的话语（罗赫）、电视情景喜剧中的方言与社会刻板印象的形成（马里奥）、挪威广播电台谈话节目形式的发展（瓦格尔）、英国犯罪题材报道的标题（艾奇逊）、英国报纸非标准英文的运用（古德曼），以及媒体里的社会工作（萨朗吉）。与会者大多是研究媒介文本的语言学家和话语分析专家，也有一些媒介社会学家莅临。我们来自英国以及荷兰、挪威、德国、以色列、俄罗斯和新西兰等地。

我们由衷地向威尔士卡迪夫大学（University of Wales Cardiff）语言与传播研究中心、特别是中心主任尼古拉斯·库普兰的支持表示谢意。布莱克维尔出版公司（Blackwell Publishers）为会议提供了赞助，并出版了本书。我们也感谢英国国家学术院提供的部分差旅资助。艾伦·贝尔之所以能全程参与这一项目，在一定程度上也得益于英国文化协会、新西兰公共福祉科学基金会、惠灵顿维多利亚大学（Victoria University of Wellington）语言学系

---

① 又译梵迪克。

和威尔士卡迪夫大学语言与传播研究中心的支持。

对于布莱克维尔出版公司，我们还要感谢菲利普·卡彭特（Philip Car-penter）和斯蒂文·史密斯（Steve Smith）对本书出版的全程督促。

艾伦·贝尔于奥克兰

彼得·加勒特于卡迪夫

# 作者简介

## 斯图尔特·艾伦 (Stuart Allan)

格拉摩根大学（University of Glamorgan）的媒介与文化研究讲师。他的著述主要关注文化理论、媒介社会学及核议题。他与芭芭拉·亚当（Barbara Adam）共同主编了《文化的理论化：后现代主义之后的跨学科批评》（*Theorizing Culture：An Interdisciplinary Critique after Postmodernism*，伦敦大学学院出版社与纽约大学出版社：1995）。目前他正在撰写《新闻文化》（*News Culture*）① 一书（开放大学出版社），并参与主编一部名为《新闻、性别与权力》（*News, Gender and Power*）的著作（劳特里奇出版社）。他还是《时间与社会》（*Time and Society*）（塞奇出版公司刊物）的副主编。

## 艾伦·贝尔 (Allan Bell)

兼具大众传播和社会语言学的独立研究者、自由撰稿人和媒体顾问的身份，多年来同时生产和研究着媒介语言和话语。他曾在日报和周报担记者和主编，也曾在几个国家，特别是在新西兰和英国研究媒介语言。目前他是奥克兰大学（University of Auckland）英语系语言学项目的高级研究员。1994年他获得了威尔士卡迪夫大学语言与传播研究中心的学术助学金。他的著述领域包括"语言风格与受众设计"［参见《社会中的语言》（*Language in Society*：1984）与《新闻媒体的语言》（*The Language of News Media*，布莱克维尔：1991）］以及"语言与媒介"［参见《应用语言学年度评论》（*Annual Review of Applied Linguistics*：1995）］。他还是《社会语言学刊》

---

① 该书已经出版：Stuart Allan, *News Culture*, Open University Press, 1999 年第 1 版, 2004 年再版, 2010 年第三版；并且该书已有中文版：［英］斯图亚特·艾伦：《新闻文化》，北京，北京大学出版社，2010——译者按

（*Journal of Sociolinguistics*）（布莱克维尔）的创办者（与尼古拉斯·库普兰共同创办）和主编。

## 诺曼·费尔克拉夫 （Norman Fairclough）

兰卡斯特大学 （Lancaster University）语言学与现代英语系社会语言学教授。他已出版的著作有《语言与权力》 （*Language and Power*，朗文：1989）、《话语与社会变迁》（*Discourse and Social Change*，政体出版社：1992）、《媒介话语》（*Media Discourse*，爱德华·阿诺德出版社：1995）和《批判性话语分析》（*Critical Discourse Analysis*，朗文：1995）。

## 彼得·加勒特 （Peter Garrett）

威尔士卡迪夫大学语言与传播研究中心高级讲师。他的研究和著述主要在语言态度和语言意识领域。他与卡尔·詹姆斯 （Carl James） 共同主编过《课堂语言意识》（*Language Awareness in Classroom*，朗文：1991），目前是期刊《语言意识》（*Language Awareness*）的主编。他在许多期刊上发表过文章，这些期刊包括《社会中的语言》（*Language in Society*）、《语言与传播》（*Language and Communication*）、《多语》（*Multilingua*）、《多语与多文化发展学刊》 （*Journal of Multilingual and Multicultural Development*）、《语言与教育》（*Language and Education*） 以及《语言文化与课程》（*Language Culture and Curriculum*）。

## 戴维·格雷特巴奇 （David Greatbatch）

诺丁汉大学 （University of Nottingham） 社会研究学院的校级研究员。他在谈话分析、媒介话语以及职业与客户的互动等领域发表了大量文章。他的著述发表在《美国社会学期刊》（*American Journal of Sociology*）、《美国社会学评论》（*American Sociological Review*）、《社会中的语言》（*Language in Society*） 以及《法律与社会评论》（*Law and Society Review*） 等期刊上。目前他正与约翰·赫里蒂奇 （John Heritage） 和斯蒂文·克莱曼 （Steven Clayman） 撰写一本新闻访谈方面的著作，题为《政治新闻访谈：一种社会形式的历史与动力》 （*The Political News Interview：The History and Dynamics of a Social Form*）。

## 冈瑟·克雷斯 (Gunther Kress)

伦敦大学 (University of London) 教育研究所的教育学与英语教授。他的兴趣在于社会与文化事务的复杂关联以及它们的符号再现形式。他已出版的批判话语分析和社会符号学领域的著作有：《作为意识形态的语言》[*Language as Ideology*，与罗伯特·霍奇 (Robert Hodge) 合著，劳特里奇：1993 年第 2 版]、《社会符号学》(*Social Semiotics*，政体出版社：1989) 与《解读图像：视觉设计的语法》[*Reading Images：The Grammar of Visual Design*，与西奥·范·莱文 (Theo van Leeuwen) 合著，劳特里奇：1996]。他还出版了《社会文化实践中的语言过程》(*Linguistic Processes in Sociocultural Practice*，牛津大学出版社：1989)，《书写未来：英语与创新文化的制作》(*Writing the Future：English and the Making of a Culture of Innovation*，谢菲尔德，全国英语教师协会：1995)，《写作之前：通往识读能力之路的反思》(*Before Writing：Rethinking the Paths to Literacy*，Routledge：1996)。他还曾在澳大利亚和英国的其他学校任教。

## 凯·理查森 (Kay Richardson)

利物浦大学 (University of Liverpool) 传播研究高级讲师。她已出版的研究成果一部分在媒介研究领域，一部分在应用语言学领域。她与约翰·科纳 (John Corner) 和娜塔莉·芬顿 (Natalie Fenton) 合著了一本有关核工业电视纪录片的受众诠释的书《核的反应》(*Nuclear Reactions*，约翰·利比出版社：1990)，并与乌尔丽克·迈因霍夫 (Ulrike Meinhof) 共同主编《文本、话语和语境：英国贫困的再现》(*Text, Discourse and Context：Representations of Poverty in Britain*，朗文：1994)。她还在《语言和传播》(*Language and Communication*)、《文本和社会符号学》(*Text and Social Semiotics*) 等期刊上发表过文章。

## 帕迪·斯坎内尔 (Paddy Scannell)

威斯敏斯特大学 (University of Westminster) 传播与信息研究中心的媒介研究高级讲师，他自 1967 年起就在那里任教。他是《媒介、文化与社会》(*Media, Culture and Society*) 学刊的创刊编辑。他已发表了关于广播电视的多方面的著作。他出版的书包括：《英国广播电视的社会史，1923—1939》[*A Social History of British Broadcasting*，*1923—1939*，与大卫·卡迪夫（David Cardiff）合著，布莱克维尔：1991]；主编《广播电视谈话》（*Broadcasting Talk*）的文集（塞奇：1991）以及最近的《广播、电视和现代生活》（*Radio*，*Television and Modern Life*，布莱克维尔：1996）。他目前的研究兴趣包括媒介的现象学以及非洲的传播与文化。

### 托伊恩·A·范·戴克（Teun A. van Dijk）

阿姆斯特丹大学（University of Amsterdam）的话语研究教授。他早期从事文学研究、文本语法学以及文本理解的心理学研究，自 20 世纪 80 年代以来，他的研究集中于媒介上的新闻，以及各种类型的话语中的种族主义的再生产。在这每个领域中，他都出版了几本著作。他目前的"批判性"话语研究聚焦于权力、话语和意识形态的关系。他是国际学刊《文本》（*Text*）和《话语与社会》（*Discourse and Society*）的创刊编辑，以及四卷本《话语分析手册》（*Handbook of Discourse Analysis*，1985）与两卷本《话语研究：多学科的导读》（*Discourse Studies*：*A Multidisciplinary Introduction*，塞奇：1996）的编辑。他曾在欧洲和美国广泛地开设讲座，并在拉美多所大学担任访问教授。

### 西奥·范·莱文（Theo van Leeuwen）

伦敦印刷学院（London College of Printing）媒体学院的传播学教授。他曾在阿姆斯特丹的荷兰电影研究院学习电影剧本写作和导演，并在麦考瑞大学（Macquarie University）和悉尼大学（University of Sydney）研究语言学。他在出生地荷兰和澳大利亚从事过电影和电视生产工作，之后在麦考瑞大学讲授媒体与传播的课程。他曾与冈瑟·克雷斯合著《解读图像：视觉设计的语法》（*Reading Images*：*The Grammar of Visual Design*，迪肯大学出版社：1990），并与菲利普·贝尔（Philip Bell）合著《媒体访谈：自白、论争、谈话》（*The Media Interview*：*Confession*，*Contest*，*Conversation*，1994）。

# 致　谢

　　本书作者和出版社衷心感谢以下媒体对于有版权的材料的复制许可：《每日镜报》、《太阳报》、《卫报》、《观察家》、《华盛顿邮报》、《新皇冠报》、《每日新闻》、《悉尼先驱晨报》、BBC 和 ITN。

　　我们付出了大量的努力来获得有版权的材料的复制许可。出版社对于上述名单的任何错误或遗漏表示歉意，并感谢读者告知任何可能存在的谬误，以便将来再版时订正。

# 第 1 章

# 媒介与话语：一个批判性的概述

彼得·加勒特 艾伦·贝尔

《媒介话语的进路》向学者和学生们呈现了正在开展的媒介话语研究的一些主要途径。它不仅意在给学生们介绍有用的研究框架，而且要为学者们展示媒介话语研究的现状。我们对本书的概述试图勾勒出作者们各自关于媒介话语的进路或分析框架；通过媒介文本范例的细致分析对这些进路进行深入的阐释，包括这些文本的生产与接受，及其社会政治的维度；并在这些进路的应用方面提供实用的指导。

1995 年，我们在威尔士卡迪夫大学召开了关于媒介话语的圆桌会议，本书大部分文章起初是在这次会议上提交的。圆桌会议遴选了媒介话语方面最顶尖的专家。会议为他们提供了展示各自的研究进路的机会，并让他们获得这个领域的同行的反馈。但本书不是一个会议记录。恰恰相反：圆桌会议在很大程度上是为预备本书而策划的。

## ■1  媒介与话语

那么，什么是媒介话语？为什么对它感兴趣呢？这些首要的问题涉及术语的澄清。"话语"和"文本"都明显缺乏一致认可的定义（例见 Widdowson，1995）。显然，我们并不试图在这个概述中澄清如此复杂的一个领域。但这里存在一个问题：如果我们正在研究媒介话语，那么，什么是话语？媒介话语是一个多学科研究的领域，不同的学科对这些术语的涵义有着各自的理解。例如，在社会学领域，话语主要被视为与语言运用的社会语境相关。在语言学里，话语更多地关注语言及其运用。近年来，这两种传统出现了建设性的融合趋势（Boyd-Barrett，1994：23）。本书在很大程度上是这两种兴趣交织的产物，并且我们期待它们进一步的合作发展。

我们不能用传统语言学对话语和文本的区分（即口语和书面语的区分）来审视现代媒介中的语言。传统的口语要有一个同时在场的听者，他能影响演说者的话语流动，但媒介中的口语往往不允许那样（参见 Bell，1991）。如果说传统的书面文本意味着遥远的读者不能影响话语的流动，那么媒介中的口语则具备这样的特征。这种差别变得模糊的另一个原因是关于文本的意义居于何处的观点产生了变化。"……文本的意义是在阅读时产生的，而非在写作之时发生……（这就）取消了文本作为意义的创造者的地位"（Fiske，1987：305；另见 Meinhof，1994：212f）。由于现在意义更多地被视为读者与文本协商的产物，文本便具备了更多话语互动的特征。

这种演变的部分原因是话语和文本在今天的一些文献中已难以截然区分，并且有人声称这些差异是微不足道的（参见 Widdowson，1995：161f）。然而，在许多文献中，正如本书所示，一种新的差别已经出现了。"文本"倾向于用来表示一个传播事件的外在显现，而"话语"概念的运用可以通过库克（Cook，1992：1）关于话语分析的一段话来说明：

> 它并非孤立地考虑语言，而是也检视传播的语境：谁对谁传播、为什么传播？在什么样的社会和情景中，通过什么媒介传播？不同的传播类型是如何演化的？它们的相互关系如何？

　　对于在媒介语境中做到这一点的话语分析，媒介文本的定义已经远离了将文本视为"用墨水印在纸张上的文字"的传统观点，而达到一种更宽泛的界定，包括言语、音乐和声音效果、图像，等等。

　　格拉多尔（Graddol，1994b：41）主张，多数文本都可以被看作传播的手艺，并且，照此来看，它们就是技术的产物。那么，媒介文本反映了生产它们的技术。现代媒介的音乐和声音效果具有与口头文本相似的韵律学特征——项目分组、边界标记、历史分期或远处的方位指示，等等。与这种技术背景相比较，克雷斯与范·莱文在本书的第 7 章中涉及的是报纸版面作为"文本"的设计。因为任何手艺都有其历史，并被精心制作为一种最终的形式，这就为贝尔在其研究中洞察一则新闻报道的最终成型如何受到选择和编辑过程的影响提供了语境。

　　那么，为什么对媒介话语感兴趣呢？长期以来，媒体已成为语言和传播及其他更宽泛的媒介研究领域的焦点。贝尔（Bell，1995a：23）对此给出了四个主要原因。第一，媒体是容易获取的研究和教学资料的充裕来源。第二，媒体的使用影响和再现了一个言语社群中人们对语言的运用和态度。第三，媒体的使用可以通过语言和传播的投射告诉我们大量的社会意义和刻板印象：例如广告中使用的外国语言（Haarmann，1984；Cheshire & Moser，1994），广播唱片中的风格转换（N. Coupland，1985），以及电视中对老人的描绘（Robinson & Skill，1995）。第四，媒体还反映和影响着文化、政治与社会生活的构成与表达。

# ■2　研究范围

4

　　本书包括广泛的媒介话语的研究框架和进路：谈话分析（格雷特巴奇）；社会认知视角（范·戴克）与话语实践视角（费尔克拉夫）的批判性话语分析；文化研究（艾伦）；结构的话语分析（贝尔）；接受分析（理查森）；以及视觉设计的"语法"（克雷斯与范·莱文）。所有这些进路都密切地关注媒介文本的形式，但也不同程度地受到社会和政治分析的影响。范·戴克、贝尔、格雷特巴奇和克雷斯与范·莱文都提出了具体的分析框架，并将它们细致地应用到各种媒介文本范例中。费尔克拉夫、范·戴克和艾伦的章节广泛地涉及社会政治及话语的问题，同时还保持了作者的"批判"立场。

　　然而，本书讨论的媒介文类的范围是相对狭小的。它们都是"现实"的而非"虚构"的，并且除一个以外都涉及新闻（范·戴克关注的是意见部分，如社论）。当然，其他媒介文类已经被研究过了。例如，库克（Cook，1992）关于广告的话语研究，塔尔博特（Talbot，1992）对少年杂志的分析，以及库普兰（J. Coupland，1996）关于约会广告的研究。但多数媒介话语的研究都是"现实"的文类，特别是新闻。（可以说，多数大众传播的社会学分析都是如此——只是在最近的文化研究、批判研究和文学批评学派中，其他媒介文类才占据了上风。）这种侧重反映了新闻作为声望最高的每日媒介文类的地位，以及它在现代社会中发挥的核心影响力。然而，在新闻内部，研究范围是多样的——比如，对硬新闻的话语分析（贝尔，费尔克拉夫），视觉设计（克雷斯与范·莱文），访谈（格雷特巴奇，费尔克拉夫），电视新闻的开场（艾伦），以及电视新闻报道及其接受（理查森）。

5　　从地理范围来看，部分资料主要采集自美国、新西兰和澳大利亚，但多数来自英国——大部分的媒介话语研究在英国完成，并且多数作者正以此为基地。文章对广播电视和印刷媒介的关注是平均的。贝尔、范·戴克以及克雷斯与范·莱文研究的是日报，艾伦、格雷特巴奇和理查森研究电视，费尔克拉夫研究广播。

　　本书最有启发的阅读方式之一是比较不同作者对相似的资料和研究问题的处理。例如，格雷特巴奇和费尔克拉夫都分析了对抗性的新闻访谈，他们分别采用谈话分析和批判性话语分析的视角。这使我们能够看到不同进路是如何实践的，它们包含了什么、提供了什么，以及它们得到了什么类型和性质的发现。同样，贝尔、格雷特巴奇和艾伦都分析了新闻故事的文本，他们的进路也可以进行比较。艾伦和范·戴克都分析了有关西方国际关系中两个反派角色的文本，利比亚的卡扎菲和伊拉克的萨达姆·侯赛因。分析者都描绘了他们国家的报道中"我们"如何对立于"他们"的刻板印象。格雷特巴奇也分析了较早之前（大概是1980年）的新闻访谈中，苏联如何被钉在了"他们"的靶子上。

# ■3　批判的进路

　　在过去几年里，媒介语言和话语的研究已形成一种连贯性和焦点，而这在过去是缺乏的。较早的媒介话语分析是"批判语言学"框架（如 Fowler et al.，1979；Kress & Hodge，1979），它们是具有启发意义的，但还不能让人满意。

　　"批判性话语分析"（Critical Discourse Analysis，CDA）的进路反映了英国和澳大利亚的批判语言学先驱，特别是福勒（Fowler）和克雷斯（Kress）的进展，并与英国的话语分析专家费尔克拉夫和荷兰的文本语言学家范·戴克的进路汇聚到了一起。在 20 世纪 80 年代和 90 年代，批判性话语分析的多数研究成果已经进入媒介话语的领域，并且大概已成为在欧洲语言学和话语研究的媒介文本研究的标准框架。因此，本书几位作者的研究就出自批判性话语分析的进路。他们也是一部批判性话语分析读本中理论部分的主要作者（Caldas-Coulthard & Coulthard，1996）。反过来说，高比例的批判性话语分析著述聚焦于媒介。大约有百分之四十的发表在批判性话语分析学刊《话语与社会》（*Discourse and Society*）上的论文研究的是媒介的素材，卡尔达斯-库尔撒德与库尔撒德主编的读本（Caldas-Coulthard & Coulthard，1996）中有一半的章节也是如此。

　　这些事实都不足为奇。批判性话语分析具有一个详尽的社会政治议程，一种揭示和见证那些潜藏在社会谈论方式之下的权力不平等关系的关切，尤其要揭示话语在再生产或挑战社会政治的主宰方面的角色。媒介是批判性话语分析的一个特殊对象，因为它们显然在话语承载机制方面扮演了关键的角色。

　　批判性话语分析也具有将复杂的理论框架应用于重要议题的潜能，因此对于那些希望将他们的研究社会化的积极分子，这是一个天然的工具。但正如我们在本书作者的不同框架中将要看到的，批判性话语研究最适于被看作包含多种进路的、可以共享的一种视角，而不仅是一个学派。批判性话语分析也受到了批评（参见 Hammersley，1996；Widdowson，1995、1996；

Fairclough，1996)，但它绝不在媒介话语领域中占据知识霸权的位置；如果是那样的话，其他进路就只能与批判性话语分析相比较来定位和界定自身了。

# ■4  本书作者

## 范·戴克

长期以来，托伊恩·范·戴克（Teun van Dijk）已成为一位将话语分析视为一种社会语境中的文本分析的跨学科进路的主要理论家和倡导者。他的研究框架的目标是整合话语的生产和诠释及其文本分析。在 20 世纪 80 年代，他开始将其话语分析的理论和方法论应用于媒介文本。他发表了两卷开创性的关于"媒介中的新闻的跨学科新理论"的手册（1988b：vii）。《作为话语的新闻》(*News as Discourse*)（1988b）主要是一本新闻报道分析的理论著作。它与另一本案例分析著作《新闻分析》(*News Analysis*)（1988a）互为补充，这些案例主要取自大范围的跨国新闻报道和欧洲媒体的种族主义研究。范·戴克的著作是迄今关于话语分析的最全面的著作，并且他还在继续将他的研究主题拓展开去，例如媒介中的种族主义，以及其他的文类如意见文本和社论——这正是他在本书的文章的话题。

范·戴克的进路可归入批判性话语分析题下［他是《话语与社会》(*Discourse and Society*) 期刊的创刊主编］。在他的文章中，他考察了意见的本质以及它们是如何在媒体社论中得以表达的。为此，他在一个更大的话语和意识形态的架构中展开研究，并采用了一种多学科的意识形态理论。

范·戴克的理论涉及的一个根本问题是：社会结构是如何与话语结构相联系的？范·戴克认为，它们是不可能直接联系起来的。如果可以的话，就不需要有意识形态了，而且一个社会群体中所有的行动者将做同样的事情、说同样的话。他建立了一个研究框架：社会结构只能通过社会行动者和他们的意识与话语结构相联系，这种意识就是在意识形态与话语之间进行调解的心理模式。因此，他的理论有三个主要部分：社会功能、认知结构以及话语的表达与再生产。这就在宏观和微观层面的分析之间架起了桥梁。

话语结构可能包括潜在的意识形态，涵盖了微观的结构（例如词项和语法结构）和宏观的结构（例如，在更宽泛的文本的延伸或整个话语中间接表达的话题或主题）。这些宏观结构是按层级关系组织起来的：宏观规则界定了一个文本中最重要的信息。这是显而易见的，比如在我们给出一个文本的概要时。这些宏观规则为读者提取了世界的知识。那么，在宏观层面上，这是读者赋予意义的关键所在。

但是读者们并不只在总体"强加"一致性，在局部也是如此。例如，一连串的句子会通过读者的心理模式得到一致的解读。这是范·戴克模式的一个重要含义。不仅文本是模式的一部分，而且人们所理解的要比文本实际表达的更多。

这里有两个要点与本书其他各章是相关的。首先，贝尔的文章的一个基础在于，文本所说的东西通常不是直白的。我们需要仔细察看文本实际说了什么以及它们没有说什么，认清哪些要点是模糊的、具有歧义，缺乏明显的一致性，等等。这样的分析为思考意识形态的议题提供了一个更坚实的基础。

第二个要点与读者相关。范·戴克的话语概念中最有力的一点是"意识形态方针方阵"（ideological square）。它发挥着使群体内外两极分化的作用，从而呈现出对"我们"群体的赞同以及对"他们"群体的批评。通过对社论和意见文章的深入分析，范·戴克向我们展示了美国享有威望的媒体如何呈现作为"他们"的国家领导人如卡扎菲和萨达姆·侯赛因，并与作为"我们"的国家如以色列形成对比。

当读者来自不同的群体时，他们是如何对此作出回应的呢？正如范·戴克自己所言，在一个同质的社会里，媒体是未经引导的，是未曾被权力和利益的分化触及过的。常常有人指出，在媒介话语研究者中，相对地很少有人研究读者是如何作出回应的。范·戴克的文章显然也没有这样做，尽管他设计了一个探究读者的理论基础。本书中理查森的文章则是比较罕见地将媒介话语分析与该话语的接受分析结合起来的一个研究范例。

## 贝尔

艾伦·贝尔（Allan Bell）自20世纪70年代起在新西兰和英国开始了媒介语言领域的研究。他最早在变异语言学的框架内研究新闻语言的微观语言学特征〔这一学科背景仍可见于他与人合作创办和编辑的《社会语言学学刊》

（*Journal of Sociolinguistics*）中]。最近，他转向媒介话语的宏观语言学层面，在他的著作《新闻媒体的语言》（*The Language of News Media*）（1991）中发展出一个分析框架。该书是这个领域的三个主要文本之一，其他两本是福勒的《新闻中的语言》（Fowler，1991）和费尔克拉夫的《媒介话语》（Fairclough，1995a）。

贝尔在本书的文章展示了一个研究框架，并将其应用于审视一则新闻的故事结构。他 1991 年出版的书中有三个这方面的主题——媒介语言的生产过程、新闻故事的概念以及媒介受众的角色。收入本书的文章尤其强调了这些主题中的前两个。

贝尔的研究体现了他兼具记者、编辑和学者身份的职业经历。这使他可以在新闻业进行"参与观察"，获得一种新闻实践的内部知识。他在本书中的新闻故事分析揭示了新闻文本表层怎样告诉我们故事的起源和配置。正如贝尔的文章所示，如果要理解新闻文本的最终形式和内容，那么理解这些文本的生产过程就是很重要的。但贝尔在本书中的主要焦点是新闻故事的话语结构。他展示了新闻故事如何区别于其他类型的叙事。

贝尔在本书中展开的话语分析进路使我们可以对故事进行质询，从而试图揭开它的事件结构，探究这样的问题：故事如何讲述实际发生的事情？通过这种方式，我们可以更好地发现现实与故事之间的分歧或不清晰之处，以便察看文本没有说什么。在这一点上，我们可以更好地准备从事他所称的更具批判性的话语进路的"意识形态侦察工作"。

贝尔分析了英国报纸刊载的一句话报道，这类报道表明：即使一个简单的句子也可以包含一种高层次的话语复杂性，因为记者试图在其中填入尽可能多的信息。他提供了分析事件结构和新闻故事的话语结构的具体准则，并将它们应用于《每日镜报》（*Daily Mirror*）关于逮捕爱尔兰共和军嫌疑犯的报道的分析。他对一个故事里的事件、行动者、时间和空间的分析，揭示出故事的不连贯、不一致、歧义和含糊性，以及故事生产过程中记者与稿件编辑的冲突，乃至读者所理解的意义。

作为新闻故事和新闻工作中最重要的维度之一，贝尔对时间也有关注。一个新闻故事是很少按时间顺序排列的。时间顺序从属于新闻价值，例如事

*10*

件的负面价值。这就使读者很难准确地辨识：谁、何时、何地、做了什么（即使在一句话报道中）。新闻故事是跳跃性的。这对于新闻编辑室的工作无疑是有好处的：也许在首段或首句之后，故事可以迅速地被切断，并且可以很快地"闩上"更多的句子或段落。

## 艾伦

文化研究是本出收录的斯图尔特·艾伦（Stuart Allan）的文章的语境。他近来的进路受到关于媒介和社会的批判的、后现代进路的影响。这一点表现在他对媒介中的时间的兴趣，以及他作为《时间与社会》（*Time and Society*）副编辑的工作当中。

艾伦的文章对文化研究作为媒介话语（特别是电视新闻话语）的一种进路进行了评估。他强调新闻话语在文化研究中的研究问题，并简述了这个传统的新闻研究的历史。他确认了"领导权"的议题作为不同于早先的（实证性）进路的出发点，并考虑新闻是如何将"共识"的主导形式——此时此刻（NowHere）的新闻——自然化的，而这个过程伴随着社会分化和等级制度的意识形态再生产。

在评价了文化研究传统的一些作者如葛兰西（Gramci）和威廉斯（Williams）的地位之后，艾伦接着概述了霍尔（Hall）（1980）具有广泛影响的"编码/解码"模式的主要特点（这个在理查森和斯坎内尔的文章中也被认为是重要的）。他聚焦于该模式勾勒的媒介传播的三个"时刻"：生产（编码）的时刻、文本的时刻、受众的意义协商（解码）的时刻。编码/解码模式超越了标准的三阶段的传播模式：发送者——讯息——接收者，并认真考虑了三个时刻的相互缠结关系。艾伦审视了上述每个时刻，并着重探究了电视新闻话语如何通过自我呈现体现为自然化的共识，从而服务于领导权。艾伦分析了电视新闻节目的开场顺序，观察它如何架构呈现素材，以及如何使观众适应紧接下来的故事。

11

艾伦的总结暗示了一种需要：将新闻话语的探究方向颠倒过来，从而识别出其中的延误、裂缝和沉默，而它们常常危及人们对话语权威的顺从。

## 费尔克拉夫

诺曼·费尔克拉夫（Norman Fairclough）在过去十多年里发展了他的媒

介话语进路，或者说这种发展更多地是经由他对社会中的语言、话语和权力的思考。他先前的著作（Fairclough，1989、1992）聚焦于语言和话语在社会政治权力和社会变迁过程中的地位，并常常使用媒介文本作为例子。他最近的著作《媒介话语》（*Media Discourse*，1995a）聚焦于媒介文本和语境。与其他批判性话语分析家一样，费尔克拉夫的进路借鉴了韩礼德（Halliday）的功能框架。然而他又加入了最新的社会理论的知识，特别借鉴了法国理论家福柯。我们在他的文章中看到，他已经发展出一种不以媒介为中心的进路，他的工作涵盖的媒介文本的范围比其他人（比如范·戴克和贝尔）更广。

与范·戴克相似，费尔克拉夫的框架有三个组成部分（但是，正如我们稍后将要展示的，其中一个要素是非常不同的）。第一个维度是文本或话语分析，包括微观层面（例如，词汇、句法）和宏观层面的文本结构，以及文本中的人际要素。第二是话语实践的分析，它考察一个文本是如何被建构、诠释以及分配的。当然，媒介从其他来源向接收者分配了相当数量的文本。话语分析也考虑不同社会领域的话语实践（例如政治话语）。费尔克拉夫将这些称为"话语秩序"（一个改自福柯的概念）。第三个维度是社会实践的分析，它尤其关注话语与权力及意识形态的关系。

尽管费尔克拉夫和范·戴克关于批判性话语分析的版本都有三个组成部分，但它们在核心的、居中的维度上有着本质的差异。范·戴克将"社会认知"——认知结构和心理模式——视为话语和社会的中介，而费尔克拉夫认为话语实践在文本生产和接收之间占据中心地位。然而，费尔克拉夫自己指出，话语实践的分析包含社会认知的层面（这是范·戴克的文章的焦点）和互文性的层面。他自己关注的是后者。

在话语实践的分析中，费尔克拉夫特别考虑了两个趋势：话语的市场化（或商品化），以及话语的商谈化（它可能但未必服务于话语的民主化）。这二者都是互文性的例子，即在一个文本内有不同的语言风格或文类的混合。市场化在 20 世纪 80 年代西方民主国家的许多领域中出现，在此过程中，生活和制度的许多方面日益被视为商业模式。因此，举例来说，广告的促销语言越来越多地侵入其他领域（比如大学），在某种意义上说，这是对社会其他话语领域的殖民化（Fairclough，1993）。对于这些观念的评价立场一般是否定的〔尽管库普兰（Coupland，1996）指出，它们具有赋权的潜在可能〕。

在一些领域（比如新闻）中，民主化被视为朝着语言的非正式性转变，而在传统中，这些领域更多地与权威的声音联系起来。费尔克拉夫指出了其中的含糊性：这里似乎存在一种迈向民主化的运动，但这种民主化仍然局限于普通民众声音的制度性再现。同样，更一般的、迈向商议民主的趋势，比如小组访谈可能会按照与电视谈话秀非常相似的方式进行，这不能简单地被诠释为过去封闭的领域正在开放的一种迹象。这也可能仅仅是虚假的商议，　*13*
即作为更有效的权力行使的一种掩饰。

费尔克拉夫的文章分析了一个发生在北爱尔兰的事件的广播报道。他指出了新闻公告在本质上的独白性，与之相比，其他新闻节目则具有对话的特征。有趣的是，施莱辛格（Schlesinger，1987：249）在对 20 世纪 70 年代 BBC 的生产实践进行研究时就注意到"商谈化"的发源。那时，新闻公告是由新闻部制作的，其他新闻节目则由独立的时事部制作。这种生产的分岔是否在 20 世纪 90 年代仍在运作并影响着新闻的再现，这是一个值得研究的问题。

### 格雷特巴奇

谈话分析（Conversation Analysis，CA）在广播电视新闻访谈中的应用是由三位同人所开创的——美国的赫里蒂奇（Heritage）和克莱曼（Clay-man）以及英国的格雷特巴奇。他们共同的发现将出现在一本期待已久的书中（Heritage et al.，即将出版）。戴维·格雷特巴奇（David Greatbatch）对过去十多年里英国电视台的访谈节目进行细致分析，从而提出了重要的洞见：这种文类的媒介谈话是如何为参与者而运作的。本书中他的文章提炼了一种关于新闻访谈的谈话分析的进路，并与重要的范例和发现结合起来。

广播电视为一系列口语文类，例如访谈、电话会话，以及各种独白的分析提供了机会。对于多数口语文类，这种分析可用谈话分析的方法来展开，它可以描述谈话是如何被构造出来的，例如在开场、结尾和转折部分。这种研究大多集中在广播和电视访谈中，特别因为它们具有社会政治的重点。广播电视技术使相对私密的言语事件转变为公众消费的事件，并发展出它自己的规范。谈话分析的研究者如格雷特巴奇，致力于考察新闻访谈是如何围绕问题与回答而构造出来的，并发现了它们与日常谈话不同的特征。

14     访谈是在各种制度性规范下进行的。其中一个规范是要访问者提问、受访者回答，但这类规范并非是始终如一的。那么，受访者也可能先提出问题。在这种情形中，访问者一般会制止离题，并最终将访谈拉回正轨。

    格雷特巴奇的文章所考察的规范是：访问者应当采取中立的立场。他分析了英国电视台几段新闻访谈的节录，展示了新闻访谈是如何在规范中运作的。访问者引出其他人的看法，而不表达他们自己的观点。如果访问者安排了一个有争议的命题，它通常将归因于缺席的第三方。这种中立立场的维系要求受访者的配合，当然这是可以预期的。当访问者的中立主义受到挑战时，通常会出现迅速的补救，使规范得以恢复。

    谈话分析对谈话的细节给予了细致的关注。格雷特巴奇的分析还显示，仅仅通过这样一种新闻访谈的细读，我们能获得多少发现。

## 克雷斯与范·莱文

    西奥·范·莱文（Theo van Leeuwen）和冈瑟·克雷斯（Gunther Kress）是印刷文本视觉维度分析的先驱。克雷斯是批判语言学的创立者之一（例如，Kress & Hodge，1979），他自 20 世纪 70 年代以来出版了有关媒介话语的论著。除研究和教学外，范·莱文亲身参与了电影和电视的编剧和导演。克雷斯与范·莱文在澳大利亚和英国进行视觉设计的分析研究，并已在这个被忽视的领域出版了一系列的教科书（Kress & Hodge，1990、1996）。他们的《解读图像：视觉设计的语法》（*Reading Images：The Grammar of Visual Design*）是有关这个主题的第一部高级教科书。

    克雷斯与范·莱文从一种多模态的视角来思考文本，包括与语言相伴或通过语言实现的符号学模式。他们认为，随着文本的视觉模式的运用日趋增多，学者们现在必须关注并阐明口语和视觉之间的相互作用。本书中他们的
15 文章展开了这些理念，这是发展这一描述性框架的一个步骤。

    在这篇文章中，他们的分析对象是报纸的封面设计。他们检视了标题、正文和图片如何在封面上被安排成相互关联而有意义的结构。设计的潜在功能为文本提供了秩序和一致性。克雷斯与范·莱文的框架将意义归因于这些设计的特征，其依据是它们出现在版面的左边还是右边、朝上还是朝下、处于中心还是边缘。

克雷斯与范·莱文暗示报纸封面的左边和右边分别表现了"旧闻"与
"新闻"，旧闻指读者已知的事物或是消息的起始点，而新闻是读者必须仔细
关注的未知事物。视觉提示（如规模、颜色、色调对比）可以通过不同程度
的显著性形成重要性的层级。并且，框架（线条，空间）可以暗示项目之间
的关联与分割。

作者并没有宣称报纸总是坚持相同的设计传统。但他们暗示，存在某种
经得起大量样本的定量分析的规律性，以及历经时间的迁移仍保持其规律性
的传统。

克雷斯与范·莱文指出他们文章的部分意图是为一个新的研究议程收集
素材，并且这篇文章确实提出了重要的研究议题。媒介设计者是否需要核实
与左和右、中心与边缘位置相关联的价值，读者是否"理解"这些设计，以
及事实上读者这种理解是否得到清醒的表达，这些探究都是有趣的。在一些
文化中，版面书写系统是从右至左或从上至下的，跨文化研究需要探究其设
计的符号学是否有所不同（以及在什么方式上不同）。

### 理查森

凯·理查森（Kay Richardson）专门研究媒介文本的接受（她与人合作
的研究中尤其如此）。她与科纳（Corner）和芬顿（Fenton）一道，承担了一
项关于英国读者如何诠释核工业电视纪录片的研究并撰写了研究报告（Cor-
ner et al.，1990）。

本书其他作者也涉及受众是如何接受媒介文本的（例如贝尔、艾伦），而
在理查森的文章中，接受已成为焦点，特别是经济新闻的接受。她分析了 BBC
新闻广播电视一则有关英国经济的报道，尤其聚焦于对这则报道从经济角度理
解的成分，以及含糊和不确定的领域。这种分析为探索受众对新闻的回应提供
了基础，它集中在观众从电视播放中回想起什么，他们对文本中的新闻信息的
理解如何受到文本形式的影响，以及他们的背景对理解经济和经济推理产生的
效果。

受众由六组成员构成：保守党和工党成员、科学专业的学生、大学保安
人员、地方政府官员和失业者。那么，有人或许会猜测，不同的心理模式、
个人和社会对文本的知识与理解框架，将造成诠释的变化。与之相反，受众

群体可能分享了对文本的诠释，但没有赋予其相同的价值观。因此，一个工党观众听到保守党的文本时，并不将工党的价值观强加于它。他们会认为，它作为他们反对的保守党的文本是合乎情理的。

这种研究的一个重要特点是它实际上有两组文本分析。首先是新闻文本自身（主要的文本），其次——实际上是等同的——是调查对象的讨论记录。

### 斯坎内尔

帕迪·斯坎内尔（Paddy Scannell）是一位对广播媒介中的语言运作保持长久兴趣的媒介研究者。他是《媒介、文化与社会》（*Media Culture and Society*）的创刊编辑之一，并且关注英国广播电视业的历史。他曾编辑过一部内容丰富的文集《广播电视谈话》（*Broadcast Talk*，1991），并将一种不同于语言学家的眼光带入到媒介话语的研究中。

本书中他的章节的主要内容与其他章节不同。他并未展开并说明一种具体的媒介话语的进路，而是对话语分析进路在整个大众传播研究领域中的角色做出评论。斯坎内尔从追问"媒介语言"要解决什么问题入手，展示了关于媒介和语言的两种主要进路。他把这两种进路分别称为意识形态的进路和实用的进路。二者的不同之处在于，后者在面对价值时以事实为依据（至少起初是这样的），前者则不然。前者是一种怀疑的解释学（"头脑中的存在"），而后者是一种信任的解释学（"世界中的存在"）。这些截然不同的进路在本书中的代表大致以范·戴克、费尔克拉夫和艾伦为一方，而以格雷特巴奇为另一方。

斯坎内尔埋怨他所看到的主导性的媒介研究过多地考虑意识形态，甚于对媒介、语言和世界之间独特的关系的关注。他关注的是媒介在此时此地的处理方式，从而表明媒介和语言可以从一种现象学的进路中受益，例如贝尔（如本书的文章）关于时间的概念和新闻故事中的时间顺序特征，以及马里欧特（Marriott，1995、1996）关于行动回放的研究。在斯坎内尔看来，某些意识形态的进路的虚无性将导致这些特有的媒介现象被忽视。

## ■5 小结

我们以两个告诫来结束这一章。首先，尽管我们努力制作出一本文集，为读者们提供一些主要的媒介话语进路的实际演示，但是领会和运用这些技巧仍需要时间和投入，并且这些进路的复杂性足以让学生们甚至专家们望而却步。

如果学生们有时发现这些框架难以运用，请记住以下几点：

- 坚持必带来回报，在认识领域也是如此；
- 所有的进路都已教给了学生；
- 全景的分析是耗费时间的——开创者已经意识到这一点，并且只分析了少量文本，更多的样本需要更翔实的分析；
- 研究框架的复杂性反映了这些新闻故事文本的复杂性（即使这些故事给人的第一印象似乎是简单的）。

其次，我们不愿留给读者这样一个印象，即我们相信本书包含了媒介话语分析的所有主要进路。我们不希望得出这种断言。我们在本文集中看到三个主要的缺口如下。

第一个缺口是个人性质的：罗杰·福勒（Roger Fowler），当今关于媒介语言的三大文本之一的作者（Fowler，1991），未能参与圆桌会议或向本书提交一篇论文。他对语言结构的分析运用了功能语言学的工具，包括句子及物性的分析、被动与名词化的使用以及情态等。福勒的进路以词汇为重点（包括对群体和个人在媒介中如何被标签化的思考），这在媒介话语分析的主要框架中可能是最易于运用的。我们对他的缺席感到遗憾。

第二个缺口是学科方面的。媒介文本的接受或理解只在本书的一章（理查森的章节）中成为焦点，尽管在贝尔和艾伦的章节中它也被认为是重要的。费尔克拉夫的"生活世界"概念也提出关于媒介被接受的语境的思考，尽管在本书中他没有继续探讨这一议题。受众对于印刷媒介和广播电视媒介的理解、他们对话语风格的评价性回应、他们对其他变量的偏好、他们接收媒介文本的情境，这些对于我们的媒介话语进路都是至关重要的。虽然有一些研究将媒介文本及其接受连接起来（例如，Morely，1980、1992；Meinhof，1994），文本与其接受的紧密联系至今在研究中仍是相对罕见的。理查森在这里和其他地方的贡献确实开始恢复了二者的平衡。

第三个缺口也是学科方面的，但更宽泛。本书没有章节关注媒介文本的生产。这不是一个意外。它反映了关于媒介文本的实际生产过程、最终的文本如何成型的研究的普遍欠缺。本书中大部分文章都在某些地方涉及生产的重要性：艾伦将它与霍尔模式的"编码"时刻联系起来，但没有提供自己的新材料；贝尔触及生产实践，假定它们可以在实际文本中被揭示出来，例如新闻工作者之间的不同意见；在出版设计的基础上，克雷斯与范·莱文提供了新闻版面制作者对于操作概念的诠释；作为费尔克拉夫的进路的三个组成部分之一的话语实践，将生产实践作为一个主要的方面。尽管如此，还没有人集中关注这个重要的领域。

生产研究的匮乏并非一个意外。研究生产比研究接受更为困难（研究接受又比研究文本自身更难）。那种困难不在于作为实践和互动有多少理论性。正如自拉扎斯菲尔德（Lazarsfeld，1948）以来数十年间的研究者所发现的，进入媒介组织并为全体人员所接纳是核心的难题。那些人的怀疑足以危害研究的主持或发现。这一点困扰了许多研究，包括格拉斯哥大学媒介研究小组（Glasgow University Media Group，1976、1980）、伯恩斯（Burns，1977）、施莱辛格（Schlesinger，1980、1987）和芬比（Fenby，1986）的研究。贝尔在一定程度上绕过了这个问题，因为他既是一个外来的研究者，又作为局内人而工作，但在更多的新闻工作者成为研究者或研究者成为新闻工作者之前，学者们需要设计出进入媒介组织并获得合作的可行路径。

本书向学生们介绍了一些有用的分析进路，同时还提供了关于媒介话语的前沿态势。这种研究的未来议程必须更清晰地关注话语的接受，尤其是话语的生产，以及它们与文本自身的联系。语言学的话语分析的方法和兴趣正与欧洲批判性的社会政治理论、文学批评和文化研究形成汇聚之势。二者共享了对于媒介文本的兴趣，因为媒介文本显现并作用于社会政治的结构与趋势。本书反映出话语分析的进路与文化研究及媒介社会学的融合方兴未艾，这也是媒介话语研究具有发展前景的迹象。发展的阻碍包括刚才强调的进入问题，以及分析框架本身的性质。但我们相信，克服这些障碍所产生的回报是有价值的。

第 2 章

# 媒介中的意见与意识形态

托伊恩·A·范·戴克[①]

## ■1  目标

　　媒体上的社论和专栏文章通常被认为是用来表达意见的（专栏是发表在与社论相对的版面上的言论）。依据报纸的类型和立场，这些意见在意识形态预设上有相当大的不同。这种相当普遍的表达方式似乎在暗示：新闻记者的意识形态在某种程度上影响着他们的意见，而这又反过来影响到言论的话语结构。在一个更大的话语和意识形态的框架内，本章审视了意识形态、意见和媒介话语之间的复杂关系的一些理论特征。例如，我们需要清楚地说明：这里

---

　　① Teun A. van Dijk，《作为话语的新闻》中文版（华夏出版社，2003）译为"托伊恩·A·梵·迪克"，《话语·心理·社会》（中华书局出版社，1993）则译为"冯·戴伊克"，此处译者参考国内语言学界的译法，认为"托伊恩·A·范·戴克"的译名更准确。——译者注

　　全书脚注均为译者注，以下不再一一注明。

的"意识形态"具体指什么，作为常识的"意见"概念的性质是什么，以及它们将通过怎样的话语结构而被表达。

在分析的层面上，意见和意识形态包括信念或心理的表征，因而我们的进路首先采取一种认知的观点。另一方面，报纸的意识形态和意见通常不是个人的，而是社会、制度或政治的。这要求一种社会或社会结构方面的解释。事实上，我们将这两种进路整合到了一种社会认知理论之中，以此来研究共享的社会表征及其在社会语境中的获得与使用。最后，由于我们特别审视了意识形态化的意见有时非常微妙的文本表达，因此这种社会认知的取向将嵌入到话语分析的框架之中（具体参见 van Dijk，1995）。

这个进路在抵制理论的还原方面是独特的，而理论的简化实际上是所有过去和现在的意识形态进路的特征。就语言和知识方面来说，意识形态也是非常复杂的社会现象，需要各个理论层面上独立的概念分析和经验描述。所以，承认意识形态是社会共享并由组织及其成员使用的，并不意味着它们因此不能也不应以认知的方式被描述。在这方面，意识形态就如同知识和自然语言（或更像是构成语言使用之基础的语法和话语规则系统）。因此，我们在心理与社会之间的区分是理论的和分析性的，用于解释不同维度的意识形态。

因此，根据当代认知科学，信念和意识形态的信仰系统也需要心理表征的解释，并最终落实到大脑神经生物学结构的解释（尽管这不是唯一的解释）。这绝不意味着个人主义、二元论或唯心主义立场的还原。相反，我们所追求的是精确地展示社会结构的要素（如群体、制度、权力或不平等），以及话语的日常生活实践和其他群体成员之间的互动形式，是如何与其观念的社会建构的维度相联系的。

那么，对我们而言，观念同时是一种常识和一个理论概念。它不比同样不可观察的社会结构和社会实践少一分（或多一分）"真实"或"实在"。后者也不比意识形态更像是"臆想"，而其他信念都在互动或话语之中。我们认为，只有整合的社会认知理论可以细致地解释社会意识形态如何"监控"社会行动者（如新闻记者）的日常实践，以及相反地，意识形态如何在群体关系和组织（如媒体）的社会语境中、通过成员的日常互动和话语而被构成和改变。

　　我们的例子来源于《纽约时报》（*New York Times*）和《华盛顿邮报》（*Washington Post*）上的言论，它们将或多或少地采用自由派或保守派的意见和意识形态，这取决于当时的议题，同时它们还可能展示出"美国人"关于新闻事件和世界的意识形态的总体观念的碎片。

# ■2　意识形态

　　"意识形态"概念是社会科学中最难以捉摸的概念之一，本章甚至不试图总结关于这个概念的漫长的理论争议〔可参见大量的其他书籍：当代文化研究中心（CCCS），1978；Eagleton，1991；Larrain，1979；Thompson，1984、1990〕。

　　然而，这一章的目标是进一步（逐渐地）发展出一种新的意识形态理论，以取代哲学和社会科学中迄今仍相当模糊的意识形态概念。这种新的理论有三个主要组成部分：

　　第一，社会结构。这是一种关于社会结构中的群体或制度的意识形态功能的理论。这种理论首先回答了"为什么人们要发展和使用意识形态"这个基本问题。

　　第二，认知结构。在这个框架内，这种理论研究的是意识形态的心理实质、内在成分和结构，以及它们与其他认知结构或社会表征的关系。比如，一方面是社会共享的价值、规范、态度、观点和知识，另一方面是个人与语境的模式（经验、动机、计划等）。这种理论回答了"意识形态看起来是什么"以及"它们如何监控社会实践"的问题。

　　第三，话语表达与再生产。这种理论关注的是意识形态被表达、获取和再生产的方式，以及社会化的文本和谈话的结构。它是关于意识形态被普遍的社会实践所表达和再生产的方式的广泛理论中的具体实例。

### 社会结构

　　由于意识形态的社会功能在经典文献中已被充分讨论，我们对它们的讨论将非常简短。但是，与传统的观点相反，我们不将意识形态的作用限定于对阶级统治的再生产和正当化。首先，被统治的群体也需要意识形态，比如将其作为抵抗的基础。其次，这意味着意识形态总体上没有错或对，而在于或多或少地影响一个群体的利益。最后，我们由此可以假设意识形态的主要功能是群体成员为实现社会群体的目标以及保护他们的利益而进行的社会实践的协调。这可以用于群体内的社会实践，也可以用于其他群体成员之间的互动。假定这是意识形态的普遍功能，那么，许多意识形态得以发展出来，无疑正是为了维系、管理群体的冲突以及权力和统治的关系，或使其正当化。

## 认知结构

为使意识形态有效地维系这些社会功能，它们的认知内容、结构和策略应在某种程度上也要适应于这些社会功能。换言之，人们作为群体成员的"行为"会反映出他们作为群体成员的"想法"，反之，想法也会反映行为，这种关系是从"社会认知"方面来研究的（Fiske & Taylor, 1991）。因此，社会实践中预设了大量的社会文化和特定群体的信念或社会表征，如知识、态度、规范、价值和意识形态。我们的理论认为，意识形态是社会群体成员共享的心理表征的不言自明的基础。即它们再现了主导社会判断的基本原则——群体成员怎样判断对或错、真或假。

这种意识形态看起来是怎样的？尽管有大量关于意识形态的文献，我们对此仍不清楚。但我们可以推测意识形态的典型内容，特别是意识形态的结构。例如，许多群体的意识形态包含"自我"与"他者"、"我们"与"他们"的再现。因此，许多意识形态似乎是两极化的——"我们"是好的，"他们"是坏的，特别是在牵涉利益冲突的时候。

这种正面的自我再现和负面的他者再现的基本命题会影响到无数的意见，以及更具体的社会领域中"我们"对于"他们"的态度。种族主义的意识形态尤其体现了这种不言自明的命题，它们会因此在少数族群或移民等社会群体的态度上形成偏见，比如迁徙、居留、雇佣或教育等议题。换言之，意识形态的主要认知功能是形成特定的群体态度。这并不意味着意识形态和基于意识形态的态度是一致的，尽管在另一种意义上它们很可能都与群体的基本利益有着紧密的联系。

我们普遍认为，意识形态反映了构成社会认同的基本标准，并界定着群体的利益。即，意识形态可能被表现为群体的自我图式，在一些范畴上起到重要作用，如成员资格（"谁属于我们的群体？谁会被承认？"）、活动（"我们在做什么？"）、目标（"我们为什么要这个？"）、价值（"我们应该怎么做？"）、定位（"我们在何处？我们与其他群体的关系是什么？"）以及资源（"我们有什么？我们没有什么？"）。由于这些图式是意识形态化的，从他们的观点（包括我们作为分析者的观点）来看，群体及其成员表现自身和他人的方式当然可能是有"偏见"的。

对于作为一个群体的新闻记者，这些意识形态化的范畴将对基本的信息起到重要作用：谁被承认为新闻记者（例如，通过持有证书或执照），新闻记者一般做什么（例如，新闻写作和编辑），他们的目标（例如，告知公众，成为"社会的看门狗"），他们的价值和规范（例如，真实、可信、公正），他们对读者或权威的立场，以及他们典型的群体资源（信息）。

意识形态和其他观念的社会表征是"社会的"，因为它们是社会共享的。语法和其他形式的知识就是这方面的例子，这种共享的表征应被看作普遍和抽象的。作为一个实际的标准，我们可以说，所有在话语和其他社会实践中被常规地预设的表征都是社会共享的。当然，通过社会化，个体成员会获得这些社会表征的微小变异的"版本"。一个群体中的一些成员（如"理论家"）会有一个比其他人更细致和完整的意识形态系统（参见 Lau & Sears, 1986）。这是基于意识形态的社会实践中的个体变异的第一个来源，但它并不因此意味着（有人所认为的）意识形态并不存在，正如不能因为一些成员比其他人有更多的知识，就说语法、话语规则或社会文化知识并不存在。换言之，正如前文所暗示的，意识形态的分析应当在抽象的群体层面发生，而不在个体的认知层面。进一步讲，由于个体可能从属于数个社会群体，他们可能会有几种意识形态，每种都可能会影响到他们的社会实践，这取决于发生的情境。这也解释了为什么个体在具体情境中使用的意识形态是可变的，并且常常显得矛盾。

### 模式

普遍的群体意识形态及其形成的特殊群体态度会在话语中直接表达，例如在男性沙文主义意识形态中，"女人能力较弱"的观点被普遍表达。然而，许多意见话语（包括媒体上的意见话语）要更为具体，并且不仅表达群体意见，还有个人知识和关于特定的人、事件与情形的意见（"我反对这种入侵"）。这种个人意见和特定意见源于社会共享的意见或态度，也来自人们的个人经验和评价，因为它们都反映在所谓的"心理模式"之中。

模式是介于社会与个人、普遍与特殊、社会表征及其在话语和其他社会实践的实现之间的关键界面。实质上，模型反映了人们的日常经验，如行动、事件或话语的观察或参与。与社会表征不同，它们是个人的、主观的，并受语境约束：它们影响着个体对特定事件的所知所想，并说明这些事件和行为是主观诠释的。因此，模式解释了为什么话语的诠释是建构的。

人们不断地使其日常生活事件"模式化"，包括他们参与的传播事件，或他们在媒体上读到的新闻事件。因此，回忆、叙事和编辑包含了过去模式的激活，而动机、计划、威胁和宣告包含了关于未来的事件和行动的模式。总之，我们所有的社会实践都通过心理模式而被监控（及预期和理解）。

尽管这种模式整体上是独特的、个人的，并受语境约束，它们中的大部分无疑仍是社会的，因为它们包含的知识和意见只是社会文化知识和群体意见在个人身上的"实例化"。换言之，模式实际上是一个界面，一边是社会表征（包括意识形态），另一边则是社会实践和话语。

## 从模式到话语

现在我们有了意识形态和话语之间极其重要的、曾失去的联系。意识形态形成特定的群体态度；这些态度可能被用于个人意见的形成，而在模式中再现；这些个人的意见最终会在文本和谈话中被表达。这是话语中常见的、间接的意识形态的表达方式。然而，我们已经从上文看到，在某种形式的话语，即在普遍的陈述中，意识形态也会被直接地表达。

由于模式再现了人们对一个事件或情境的所知所想，它们实质上控制了话语的"内容"或语义。但是，由于人们的所知所想比他们通常实际所说多得多，一个模式中通常只有小部分信息将在文本和谈话中被表达。对于意见也有同样的情况：人们并不总是觉得他们所想的东西必须或适于说出来或写出来。在许多方面，一个文本在模式中的心理再现仅仅是冰山一角。相反，由于模式的建构及知识与态度在这种建构中的应用，人们对于一个文本的理解通常比它实际表达的东西更多。

我们已经暗示，人们不但（通过个人经验或传播）形成了他们所知的事件的模式，也形成了他们参与的传播事件的特定模式。这种所谓语境模式将在一般定义的情境（如一个讲座，与一个朋友的谈话，或阅读报纸）中起到典型的作用，包括关于不同角色的参加者、总体的目标和目的、环境等的主观信念。语境模式在话语的生产和理解中是极为重要的，事件模式再现了什么正在传播，而语境模式大体上控制着它怎样被完成，即音韵的、句法的、词汇的和其他形式的文本和谈话的变化。与事件模式一样，这种语境模式无疑也对意见起到重要的作用，比如关于其他传播的参加者、他们的角色、可信度等评价性信念。因此，社论的阅读通常包含了意见的形成，不仅包括对社论内容的意见，还包括对作者或报纸本身的意见。

应当再次强调的是，这里提出的社会认知框架并不意味着话语或意识形态在认知或社会维度中占首要地位。它的目标是显示意识与社会之间的紧密联系。然而，它的确在理论和经验层面暗示了社会结构不能与任何形式的话语结构发生直接联系。这只有通过社会行动者和他们的意识才能成为可能，即通过群体成员对社会与情境结构的心理诠释与建构。所有忽视意识形态的发展和使用过程的认知分析的解释，在我们看来都是简化或还原的。事实上，如果社会结构（如那些主导的结构）可以直接影响（引起?）社会实践和话语，首先就不需要意识形态或其他共享的意识（如知识）的社会表征。如果（在模式中再现的）个体的经验和诠释被忽略，这就意味着一个群体中所有的社会行动者都在做和说同一件事情。

## ■3   意见

在我们仔细检视社论中的意见的话语表达之前，我们需简要地关注相当难以琢磨的"意见"概念本身。在上文中，我们将意见定义为"评价性信念"，即一种对评价性概念有重要影响的信念。在许多情形中，这是没有问题的。任何预设一种价值以及包含关于某人或某物的判断的信念都是评价性的，比如"X是好的（坏的、漂亮的、丑陋的、诚实的、聪明的）"，这取决于一个群体或文化的价值。一些判断只是间接地作出评价，或在特定的情境中是评价性的，例如当某人或某物被认为是小或大的、轻或重的，以及当这种事实的信念本身预设了一种价值判断时（例如，"一个小的 X 是坏的"）。

分类也是同样的情况，例如当某人被认为是小偷或恐怖主义者时。这可能是"事实性信念"。如果被社会接受了，普遍的标准可以具体规定这种分类，比如法律判决的执行。另一方面，如果事实的标准是不大相关的，而这种观念只是用于或主要用于提出一个价值判断（某人是坏的），那么我们将它处理为一种意见。显然，所有的价值和判断都是如此，它们可能在文化和社会方面发生变化。只要牵涉群体或群体利益冲突，这些意见就将被认为是意识形态的。

这种高度简化的解释对于话语分析具有实际涵义。它隐藏了认知和哲学上的根本问题，例如知识和信念、评价和判断的基础（Kornblith，1994；Lehrer，1990）。在意见和态度的社会心理学中，这种问题通常是被忽略的（Eagly & Chaiken，1993）。

在特定意识形态的讨论中，真实和谬误的标准是与此相关的。因此，正如我们所做的，我们将意见定义为评价性信念，并与事实性信念进行比较，如果不能在评价性信念和事实性信念之间作出区分，我们就会生出疑问。二者都包含了一种判断，如果简单地说这种判断预设了意见中的价值以及事实性信念中的真实标准，仍然需要进一步的解释。举一个当下的现实例子，"吸烟有害健康"的信念是一种意见还是一个事实性信念？它体现了一种典型的评价性观念（"坏的"），因而吸烟和吸烟者这类观念看起来是一种意见。另一方面，当信念建立在科学研究的结论的基础上时，这个信念可能看起来是事实性的。

换言之，它取决于判断的根据或标准。如果这些基础仅仅是一种文化的或群体的规范或价值（"吸烟损害我们的健康"），那么信念是一种意见。但是，如果这些根据是社会共享的真实的标准（例如，观察、可靠的交流、有效的推论、学术研究，等等），或其他以这种标准为基础的知识，那么这种信念就是事实性的（真或假）。这两种判断都与社会、历史和文化相关。而且，真实的标准在不同时期或不同群体中也有所不同。但对于事实性信念，它只须运用每种文化或群体所接受的知识标准。不论它们在特定的时候偏向哪个特定的群体，这个知识系统和真实的标准都可能成为意识形态的基础。

要注意的是，我们这里并不使用"意见"的概念来指涉错误的信念，而这有时是发生在日常语言中的。如果错误的信念在原则上被评价为与一个真实标准的系统相关，那么它们也是事实性的。相反，意见和意识形态经常被认为再现了特定的人或群体的"真相"，但我们并不认为那是事实。只要牵涉到规范和价值，它们就是评价性的，而非事实性的。

许多其他通常用于区分知识和意见之间的相关概念，如主观性和客观性，或共识，在这里都被忽略了。同样，介于知识和信念之间的话语的定义也不会被采用。尽管意见通常是异议的对象，并在特定的辩论结构中被争论，对于事实性信念可能也是一样的。即在争论中被辩护的主张可能既是事实性的，也是评价性的。我们也不接受对意见和知识的话语还原。我们与大多数心理学家一样，认为这些是心理的表征，而不是话语的结构。也就是说，人们是"有"意见和共享意见的，不论他们在话语中表达或并不表达；并且这种意见既在特定的语境之内又是跨语境的。这些信念显然也通过话语被社会获得、建构、改变和使用，但这并不意味着它们具有"话语的特征"。

## ▄4　话语结构

简要地总结了我们关于意识形态和意见的理论之后，我们现在需要更细致地检视它们如何得以普遍地在文本和谈话中被表达，特别是在媒介的言论中被表达。对于这个问题，一种话语分析的进路将通过检视话语的各个层次和维度这种典型的方式来完成。

### 词项

在传统的意识形态和语言研究中，最有名的是词项的分析。词语可能被选作普遍的或语境化的价值或规范，并以此表达一种价值判断（例如，"恐怖主义者"、"种族主义者"）。尽管许多谓语常常被用于表达一种意见（例如"美丽"、"脏"等），其他则被事实地或评价地使用（例如"污染的"、"民主的"、"聪明的"），这取决于它们的用法中是否预设了一种知识或价值体系（正如上文所述）。

但是，在特定的话语分析的进路中，我们希望超越这种典型的词项分析。意见也可以在许多文本和谈话中以其他更复杂的方式来表达。例如，大标题、故事结构、争论、图示、句子结构、一致的语义结构、总体的话题等。让我们更仔细地检视其中的一部分，并集中在话语的各种语义结构上，因为它们构成了意识形态的意见表达的核心"内容"（van Dijk, 1995；关于这里使用的语义概念，参见 van Dijk, 1985）。作为一种惯例，当我们提及含义、概念和命题（以及意见）时将采用双引号，提到实际的词语、句子或该含义的其他表达时将采用斜体字。

### 命题

概念及其在词项中的表达通常不是孤立的，而是结合在短语和句子所表达的命题中。因此，一些词语看似暗含着意见（比如"恐怖主义者"），但如果我们不清楚它们所在的句子的含义（当然还有我们下面要谈到的整个文本和语境），则不具有充分的意义。例如，"他是一个恐怖主义者"和它的否定句"他不是一个恐怖主义者"之间有相当大的差别，即使它们都包含了"恐怖主义者"的概念，即使它们都可能作为意见来表达。

命题通常以一个主要的谓语来分析（通常被诠释为一种特征、事件或行动）同一些不同的语义角色的争论，比如行动者和被动者等，例如"被杀"（行动者：恐怖主义者；被动者：人质）。这个命题可以进一步在情态上进行修饰，例如"……是必要的（可能的、不可能的，等等）"。

每种命题还可以被另一个谓语修正：例如"绝望的（恐怖主义者）"和"害怕（人质）"。如前所述，每个概念都可能对暗含的意见产生重要的影响。因此，选择"绝望的"而非"冷血的"来修饰"恐怖主义者"是一种较少负面含义的意见，它暗示恐怖主义者没有其他选择而只能杀掉人质。这个含义也可以从"他们被迫……"的情态选择中推断出来。这种必然句式常常被使用，以作为限制我们这一群体的权威的负面行动的策略，比如"警察不得不对示威者采取严厉的行动"（关于警察行动的新闻报道，参见 van Dijk, 1988a）。

然而，有趣的是，不仅是命题中的概念，而且命题结构本身也可能表达意见。如果负面的行动归因于扮演能动角色的人，那么他们会比扮演其他角色时承担（更多的）对这些行动的责任。此外，表达这种命题的句子的语义结构会发生变化，而导致一个特定的人或群体的能动性不再被强调，被动句式就是这种情况（例如，示威者被警察杀害，或示威者被杀）。按照这种方式，当行动是好的的时候，我们的人倾向于作为主要的行动者而出现，而他们的人则在行动是坏的的时候出现。反之亦然：他们的人将比我们的人较少地作为好的行动者而出现（这些策略的具体分析，参见 Fowler，1991；Fowler et al.，1979；van Dijk，1991）。

我们在这里发现共享的、以群体为基础的态度和通过心理模式的意识形态的一种普遍的表达策略。这种两极化的策略——内群体的肯定表述和外群体的否定表述——因此就有以下抽象的评价性结构，我们可以称之为"意识形态方阵"：

（1）强调我们好的特征/行动。

（2）强调他们坏的特征/行动。

（3）弱化我们坏的特征/行动。

（4）弱化他们好的特征/行动。

在整个意识形态的自利策略中，这些功能性的动作在多数社会冲突和行动中出现（例如，种族主义、性别歧视等话语），它们可能在暗含正面或负面评价的词项选择以及整个命题及其类别（积极/被动等）的结构中被表达。这里的"我们"可能指内群体及其朋友和联盟，而"他们"可能指外群体及其朋友和联盟（对于这些原理的社会心理学研究，如归因，参见 Fiske & Taylor，1991；关于印象管理的维度，参见 Tedeschi，1981）。

## 含义

意见并不总是需要在命题中清晰地表达，它也可能是暗示性的。在理论上，这意味着给定一个（表达的）命题 P，在一个事件模式或语境模式的基础上，一个或多个命题 Q1、Q2 等可能从 P 中推断出来。这些模式自身可能包含了实例化的知识或态度。因此，《纽约时报》一则关于哈马斯（Hamas，一个伊斯兰主义的巴勒斯坦运动组织）的 400 个成员被驱逐出以色列的社论中，包含以下内容：

> （1）不论以色列有什么过错，对阿拉伯人来说，可笑的事实是将驱
> 逐与萨达姆·侯赛因对科威特的罪行或利比亚的国家恐怖主义阴谋等同
> 起来。以色列当然要遵守《日内瓦公约》。但不要将违法的程度和性质夸
> 大。（《纽约时报》1993 年 1 月 29 日）

第一个句子暗含了阿拉伯人夸大事实的意见命题，而最后一句暗含着以
色列的*违法*事实上是次要的，这也是一种意见。*违法*这个特定概念的选择本
身是一种减轻程度的形式。因为以色列是在*我们*一边，而萨达姆·侯赛因和
利比亚是典型的敌人，并因此成为*他们*，我们也看到基本的意识形态框架的
表达，用于解释这种减轻的操作和暗含的命题（在下面一篇言论样本的具体
分析中，我们将看到萨达姆·侯赛因也可能被我们用来描绘其他敌人）。

## 预设

命题可能被暗示，因为它们在既定的事件模式中被假定为已知的（真实
的）或是预设的。它们被策略性地引入到可能完全不真实的文本命题中。同
样，对于包含意见的预设也是如此。因此，在前面的例子中，*阿拉伯人确实
被预设为夸大了违法的程度和性质*，它本身就是一种关于阿拉伯人的反应的、
有党派倾向的意见。在早先相同的社论中，我们读到以下段落：

> （2）以色列的辩护者公正地辩称，世界太少注意到伊斯兰激进主义
> 者犯下的恐怖主义罪行，以及他们阻止以色列人和阿拉伯人之间任何妥
> 协方案的狂热决心。（《纽约时报》1993 年 1 月 29 日）

35

由于《纽约时报》宣称以色列的争辩是有理的，这也就暴露了关于这个
争辩的预设，即"伊斯兰激进主义者"犯下了恐怖主义罪行并阻止任何妥协
方案。这个预设的用语，没有（通过引语）归因于以色列，而是《纽约时报》
的立场，它也通过使用*恐怖主义罪行、激进主义者*和*狂热决心*等词项暗示了
意见。这种词语没有被运用到以色列驱逐 400 名巴勒斯坦人的描述中。相反，
文章明确地宣称违法不应当被夸大。在早先的文章中，它因此被描述成过错，
而不是以色列的国家恐怖主义罪行（如同巴勒斯坦人可能的所作所为）。我们
再次看到关于朋友和敌人的意见是如何按照上面提出的意识形态方阵而被描

述、暗示与预设的。

## 描述

现在将注意力转移到话语层次的命题序列来，我们发现这些事件会在各种普遍或特殊的层面上被描述，并在每个层面都有或多或少的命题（van Dijk，1977）。如果将意识形态方阵应用于这个现象，我们会预料我们好的行动和他们坏的行动会普遍在一个较低的、更具体的层面上被描述，并带有许多（具体的）命题。对于我们坏的行动和他们好的行动，情况也是如此。如果它们都被描述，其描述方式都会是相当普遍、抽象并因而"有距离"的，不会有大量的细节。

由此，前面引用的《纽约时报》的例子以谓语犯错和违反日内瓦公约的原因而评价性地概括哈马斯成员被驱逐。然后，这些巴勒斯坦人被描述为挤在黎巴嫩冰冷的无人地带的帐篷里，这可能被读出某种关于以色列人的负面含义。但是，这是这篇文章中唯一的对以色列政策的负面描述，而那些巴勒斯坦恐怖主义者和阿拉伯国家被具体得多的细节所描述，正如我们之前看到的恐怖主义罪行和狂热决心的描述，还有下面的段落：

> （3）但它将与过错掺和在一起，并危及阿拉伯国家的中东和平对话，从而在克林顿总统班子采取行动前给美国的制裁施加压力……（巴勒斯坦人挤在帐篷里……）这非常符合被驱逐的伊斯兰军人的意愿，因为他们的困境已有效地使他们强烈反对的和平对话停止下来。（《纽约时报》1993 年 1 月 29 日）

因此，巴勒斯坦人被描述为试图强烈阻止对话，并狂热地决心这样做，在文本的其他部分也是同样的：阿拉伯人的负面反应被清楚细致地说明（和强调），而以色列人的负面行动被减弱或在结构上处于次要地位，只得到很少的注意。

在方法论上，像这样单独的例子并不能完成充分的论证，此外也需要量化的描述来确定实际应用的总体策略。这里的例子只是说明这种操作方式的类型：我们希望知道意见与态度是如何得以在话语中被表达的。其他研究则可能检视这种方式如何频繁地发生，以及经验性的假设（关于内群体与外群体的差异的描述）是否可能在量化的比较中得到支持。

## 局部的连贯性

文本的关键的语义条件之一是连贯性，即文本和谈话中连续的句子（或命题）何以"结合在一起"或构成一个"统一体"的特征，而非构成一个任意的句子的集合。在形式的话语研究和我们的社会认知进路中，连贯性都与模式相关。大略地说，如果一个模式可以为句子而建构，这个序列的句子就是连贯的。这可能包含由模式所表征的事实之间的因果关系或条件关系。换言之，连贯性既是相关的，又具有指示性。即，它是依据模式中被提及或谈论的事实之间的关系而界定的。

如果连贯性建立在模式的基础上，而模式会对意见起重要作用，并可能随之而意识形态化，那么连贯性也应被认为包含了意见和意识形态。如果荷兰的雇主们相信（事实上他们中很多人是这样），移民工人没有足够努力地工作，或没有充分的语言知识，或缺乏教育，这些都是意见，但由于它们被认为是"真实"的，它们就会作为解释的原因而发生作用，并因此使雇主的文本显得具有连贯性（至少从意识形态的观点来看是如此）。其他人可能更倾向于将少数族群的失业归因于雇主的歧视，而非责怪牺牲者，他们的解释性话语的"意识形态的连贯性"会因此变得相当不同（关于这种公司管理者的有偏见的谈话的分析，具体参见 van Dijk, 1993）。

在这种指示或外在的连贯性之外，命题的序列也可能与内在的或功能性的关系相关。一个命题可能一般化或具体化，或是另一个命题的对照或实例。由于这里包含的似乎是意义而非模式，我们难以看到这些关系是如何被意见以意识形态化的方式控制的。然而，这些功能性联系的使用可能具有策略的、争辩的或修辞的功能。因此，一篇社论将一次"暴乱"描绘成黑人的"暴力"是一回事，而将它一般化地称为"经常的情形"又完全是另一回事，许多关于移民的负面的谈话式报道正是那样做的（van Dijk, 1984、1987a）。同样，在相同的报道中，一个讲故事的人可能会指出，我们不得不为一套房子而等多年，而他们马上可以得到一套新房子。叙述者因此得到一个普遍的断言，例如移民缺乏文化适应，然后添加一个实例（可能引入一个完整的故事）。总之，内在的关系也可能准确地反映群体之间的冲突关系、一般化和具体化的认知操作及其比较和对比，等等，他们显然也可能灌输意识形态化的意见。前面讨论过的将 400 名哈马斯成员驱逐出以色列的政治后果的例子也是如此：

    （4）现在更大的挑战是恢复已停止的和平对话。而要这么做，政府需要阿拉伯人的帮助。既然以色列已经在一个原则问题上作出妥协，那么阿拉伯的领导是否愿意作出同样的让步？（《纽约时报》1993 年 1 月 29 日） *38*

以色列和阿拉伯之间的对抗和比较在最后一句中变得特别明显，这是基于以色列的"积极行动"（已经准予 394 名被驱逐的巴勒斯坦人中的 100 人返回）以及阿拉伯领导人对任何积极行动的怀疑的对比。这两方面都包含了意见，并且在这个例子中，双方的对立体现了更广泛的正面的自我再现和负面的他者再现的策略（事实上，接下来的句子是：可以预料的是，巴勒斯坦解放组织已经急于说不了）。

## 整体的连贯性与话题

谈话或文本的命题之间的局部连贯性，对于话语的连贯性是必要的，但不是充分的条件。另一个发挥作用的统一原则即总体或整体的连贯性，它是由段落、大块的文本或整个话语的"话题"所界定的。这些话题可能在形式上被描述为语义的宏观结构，它依据具体的图绘规则而从局部微观结构中派生出来。在实际的话语处理过程中，这些规则采用了有效（但可错）的宏观策略来建构话题或者在局部完成话题（van Dijk & Kintsch，1983）。

由于命题可能是信念的命题，宏观命题也可能是意见的再现，这在社论中尤为典型。在局部和整体上，一则社论将分别表达局部和整体的意见，这在摘要中变得尤其清晰。实际上，我们刚刚分析过一个片断的《纽约时报》社论可以总结如下（这是从 Lexus 数据库下载的内容）：

    （5）一篇社论祝贺克林顿总统在中东外交政策上取得第一次的胜利，赢得了以色列在驱逐 400 名巴勒斯坦人的问题上的让步，并推断阿拉伯国家能够最大限度地对国际法采取新的严肃态度，回归和平对话。（《纽约时报》1993 年 2 月 3 日） *39*

这样，祝贺的言语行为首先预设了克林顿做得很好（一个意见），而最后的建议（总结）也包含了阿拉伯人应该做什么的意见。因此，我们可以更普遍地认为社论一定会在总体、宏观的层面表达、预设或暗含意见。

这种意见反映了有党派偏见的立场，也可能从同样的例子中推断出意识形态。我们可以从《纽约时报》的编辑祝贺克林顿总统赢得以色列的让步、而非指责他未能迫使以色列人遵照联合国安理会的决议（要求让所有被非法驱逐的人返回）的事实，推断出他们站在哪一边。这个立场与他们对以色列的批评无关，这在社论中也能得到证明。事实上，关于以色列的局部批评并不等于总体、宏观的负面意见。相反，关于以色列的负面意见典型地出现在低层次的、从属的句子中。

### 语义的转移

正面的自我再现和负面的他者再现的总体性意识形态策略也可能贯彻到局部的句子和句子序列中。以这种方式，一个分句可能表达一个命题来实现某种策略，另一个分句和命题则实现另一种策略。这种局部的语义转移在所谓"免责声明"中尤其典型：我从不反对黑人，但是……在这种所谓"表面的否认"中，第一个分句强调说话人的容忍，而紧跟在"但是"后的句子其余部分（通常也是文本的其余部分）可能是非常负面的。同样，我们可能在种族主义的范例中遇到"表面的让步"（也有一些聪明的黑人学生，但是……），或"表面的同情"（当然难民面临一些问题，但是……），等等。

基于这种语义转移的特定策略意在准确地操作意见和意识形态，即我们的对话者将如何看待我们。为避免一种褊狭、无知的顽固者的负面表达，免责声明可用作文本的负面部分的策略性前言。这并不意味着这种转移只是修辞性的。显然，说话人可能确信，基于其他（人道主义的）意识形态，人们不应在任何事情上反对黑人（Billig，1988）。

在例（1）的结尾，我们发现两个表面的让步，以色列的违法和责任得到承认（在句首，但是是从属的分句），但主要焦点放在阿拉伯人可笑的声明上（将以色列与萨达姆·侯赛因相比）。当然，这种转移也能应用到其他部分，比如下面《纽约时报》对拉宾总理同意驱逐的批评：

(6) 不论拉宾先生的国内政治代价是什么，宽宏大量都将使以色列

赢得更多的利益。(《纽约时报》1993 年 1 月 29 日)

由此,让步部分赞扬国内反对执行驱逐巴勒斯坦人的禁令的现实,但争辩的要点集中在《纽约时报》思考什么对于以色列是最有利的。顺便也要注意建议的风格,即它特别选择了肯定的宽宏大量,似乎取消 400 名公民的驱逐与听从联合国的决议是难以兼容的。《纽约时报》会将恐怖主义者释放一些人质描述为"宽容大量"吗?即,对于朋友的批评立场也会使用哄骗的手法,并且事实上表达了基于意识形态的意见。这就是一个强调我们好的行动策略的典型例子。

### 整合?

回顾了几种语义结构的意见图绘后,我们可能问自己:是否可以从我们的分析中得到一些普遍的原则?在这种意识形态(或他者)的评价方式中是否存在一些"逻辑"趋于在话语的意义中显现自身?

为了回答这个问题,让我们简要地回顾将我们从意识形态带到话语的理论路线。话语的意义源于事件的心理模式,并由语境模式所控制。这些模式可能体现了关于事件或其任何相关方面(参与者、他们的特征和行动,等等)的个人化和实例化的社会意见。"应用"于一个具体事件和语境的社会意见可能在态度中被组织起来,并反过来以群体共享的意识形态为基础。这些意识形态是心理的表征,它们的类别是按照群体主要的社会维度(认同、行动、目标、立场、价值、资源)进行图式化的编码,并包含着以利益为基础的价值选择,而这些价值支撑着群体成员的评价和社会实践。

由此,尽管存在个人和语境的变异,关于事件的意见可能被认为表达了潜在的意识形态框架,它们也以策略性的、自利的方式监视着社会实践乃至话语。特别是在制度性和公共的话语中,它将普遍地服从一个群体的利益:信息是从一种模式中被选择出来的,并在话语中对说话人的群体进行正面的强调,而对反对者或"他们"进行负面的强调。反过来,选择和强调对"我们"是负面的或对"他们"是正面的的信息,将不符合我们的最大化利益。这就是前面讨论的严密的意识形态方阵,它暗示了文本和谈话模式中的一种总体策略。

这种总体策略如何影响话语的语义?语义策略在各个层次的话语意义中

承担了什么？我们尝试通过区分各个维度的、从总体的意识形态策略到语义结构的转换来回答这些问题。

**容量** 模式一般比文本所表达的要具体得多。我们所知的通常多于我们所说的，我们的意见也是同样的，我们常常以语境方面的好的理由来"保守自己的秘密"。这意味着我们能够对一件事情多说或少说。我们会以一些普遍的命题来描述它，或使用许多具体的说明事件（以及我们对它的意见）的命题。显然，这种变化会受到意识形态方阵的明显约束：说大量的关于"我们"的好事情，以及"他们"的坏事情，以及很少的关于"我们"的坏事情和"他们"的好事情。

**重要性** 模式与大多数心理图式一样，被层级化地组织起来：它们在顶端有总体的命题（宏观结构），在底层有更具体的命题；由于同样的原因，在一个事件的总体再现中，从概念来说，一些信息是重要的，其他信息则不那么重要。由于人们对每个事件会有不同的理解，并因而形成不同的模式，事件的层级结构也会因此而不同。同样，由于策略性意识形态的原因，这些重要性的差异会在话语的意义中被操纵。一些命题只在低层次的微观结构中出现，其他则可能典型地成为总体性的宏观命题。因此，"种族暴乱"可能主要作为"黑人暴民的暴力"行动的概念，因为保守的白人政客和媒体就是这样将它概念化；或使之成为一种"都市抵抗"的形式，因为黑人或白人的激进分子会这样将它概念化。模式的宏观结构组织（事件是如何在整体上被诠释的）将由此影响到话语的论题，及其整体的连贯性与再现的信息的重要程度。在微观层次也是一样的，重要性将转化为前置的（以及分句的）结构，话题的评论或焦点的架构也是如此。那么，作为一种策略，我们期待支持"我们"和反对"他们"的信息被建构成重要的或话题性的宏观信息，反之亦然。

**相关性** 相关性的实用维度指信息对（语言的）使用者或参与者在功用方面的重要性，因而是由语境模式所控制的。如果我们以使用者的认真程度或影响范围来衡量重要性的话，重要的信息可能对读者或受众仍是不大相关的，相反，不重要的细节可能对他们是非常相关的。在细枝末节上，我们会希望我们的话语影响与"我们"特别相关而与"他们"不相关的信息和意见，反之亦然。例如，尽管关于白人种族主义的信息是重要的，它可能被白人报纸编辑认为不大相关，并因此赋予较少的新闻价值，事实也正如此（van Dijk，1991）。

**隐匿/明晰**　模式信息的在场或不在场可能在语义上被建构为隐匿或明晰。意识形态的策略方阵的影响在这里是明显的：使对"我们"有利及对"他们"不利的信息和意见变得明晰，反之亦然。此外，这将发生在话语的总体层面（正如我们在容量中看到的），或在词语和句子的层面。

**归因**　在解释性的语境中，行动以各种方式归因于行动者，并以他们的特征或情境来解释（Antaki，1988；Jaspars，Fincham & Hewstone，1983）。能动性、责任和过失也会被归为一种意识形态导向的功能：好的行动通常将"自我归因"为"我们"（或我们的同盟者），坏的行动则"他者归因"为"他们"（或他们的同盟者），而且在这两种情形中，这些群体都被认为完全控制着自己的行动并对其负责。反过来，对"我们"的坏行动和"他们"的好行动也是同样的："我们"的坏行动将不被强调，并归因为超出我们控制的环境，对"他们"的好行动亦然（他们仅仅是运气好）。这些不同的归因策略会在所有层次的行动描述和词语次序中出现（负责的能动者会在主语和开头的位置中得到优先的表达）。

**视角**　在意识形态的概念群中，态度及建立在其基础之上的特定的意见是"立场"的概念。事件是从说话人的立场、观点和视角而被描述和评价的。这种视角可能是文化的、社会的、个人的或情境的，并可能应用于话语的所有层次和维度。即，如同"立场"（"意见"的同义词）所暗示的，判断是被相对地界定的。对于个人的主体意见及群体成员之间共享的、主体间的意见，情况也是一样的。首先，情境化视角是通过倚赖语境的指示词（代词、指示形容词和副词，如"这里"、"现在"和"今天"）、动词（如"来"和"去"）以及倚赖方位或关系的名词（如"家"、"姐妹"和"邻居"）来表达的。个人化视角则在固定表达中得到琐碎的显现，如"从我的观点来看"、"我的意见是"、"我认为"。这种表达的复数形式会标示社会的视角（"从我们的观点来"，等等），但这种视角也可能简单地由第一人称的代词复数来表达，比如有名的种族中心主义的例子我们这里不习惯那个，用来表达对于外来人的行为的负面意见。一个表达社会政治（和地理的）视角（反美的）的著名口号无疑是*美国佬，滚回家*。法国政党"国民阵线"（National Front）有一个隐含种族主义的标语：*法国人第一*（Les Français d'abord），无疑暗示着说话人是法国人。

总之，在一个事件的心理模式及当下的传播事件的语境模式中，以上检视的总体的策略原则使语言的使用者不仅通过清晰的评价性词汇来表达意见，也通过以下方式来表达意见：

- 普遍性 VS 具体性以及在事件的描述中使用的模式命题的数量
- 模式命题的明晰性 VS 隐匿性
- 赋予命题的、相对于他者的重要性
- 赋予命题的、语境方面的相关性
- 将行动归因于能动性、责任和过失
- 事件被描述和评价的视角

这些不同的话语策略有几种功能，比如提高描述的生动性或解释的可靠性，并且对于我们的分析，它们在表达意识形态视角与群体及其成员的意见方面尤为相关。在不同情形中运用的策略都涉及意识形态方阵：描述的类型（普遍的、明晰的，等等）必须支持"我们"、符合"我们"的利益，或者以任何其他方式正面地、有力地促进"我们"的自我呈现和印象管理，或者相反，对我们的对手、敌人或"他们"起到普遍的负面再现的作用。

## 表层结构

在前面的部分，我们集中图绘了话语的语义结构中的意见和意识形态。然而，意义是在各种"形式"或"表层结构"中被表达的，这些"形式"或"表层结构"即具体的语项、分句和句子结构、句型类别、词语次序、论述语调、图示结构，以及标准图式的宏观结构，例如那些叙述、争论或新闻报道。

因此，上面检视的许多语义结构，以及包含在其中的意见，需要从这种表层结构中推断出来。但是，这些结构或形式也可能在意见表达中扮演了自己的角色。其中一种方式就是在形式上执行意识形态方阵。意义与意见，也可能被它们的表达所强调，或不再被强调。它们可能在顶端被表达（比如大标题），在正文的前列（比如新闻报道的导语），在句子的论题位置（开头），或贯穿一个复杂的修辞体系（反复、比拟、隐喻、比较、反讽、反语，等等)，或对于不需要被强调的含义/意见采取相反的手段。在本章中，我们将不再进一步地探讨这些意见表达结构的细节，但应当记住：许多意识形态表达的话语策略侧重的只是形式。反过来，在文本理解中，这些表达结构影响着语义的诠释，并因而影响到模式中的意见的建构。

# ■5　一个例子

为说明以上提出的理论分析，在这里让我们考察意识形态与意见可能如何表达的一些细节，并与一篇典型的"言论"的不同层次结合起来分析。在此我们采用了《华盛顿邮报》(1993 年 12 月 15 日)的一篇专栏文章，作者为吉姆·霍格兰 (Jim Hoagland)(1997 年，《华盛顿邮报》同意转载)：

*46*

## 卡扎菲：摆出恶意的姿态

[1]这个时刻到来了：一个暴君做得过火了，走上了不归路。他的头脑为妄自尊大所控制，再没有能力作出成本与收益的理性计算。他在恼怒与畏惧中突然发动袭击，意图进行破坏，即使这意味着毁灭会反加在他身上。

[2]伊拉克的萨达姆·侯赛因在 1990 年春就曾做得过火。但外界当时对他很少关注，直到那个夏天，他侵入了科威特。利比亚的穆阿迈尔·卡扎菲现在已经做得过火了。国际社会不应重犯对待萨达姆的错误。

[3]星期天，卡扎菲邀请了世界上最臭名昭著的巴勒斯坦恐怖主义者艾哈迈德·贾布里勒 (Ahmed Jibril) 和阿布·尼达尔 (Abu Nidal) 访问的黎波里，有可能在那里设立了总部。利比亚领导人在小镇阿齐萨告诉欢呼的群众，这些邀请意味着对联合国的公然反抗。

[4]卡扎菲已经表明，他不再看重外界对他寻求交易或勒索的罪恶所保持表面的沉默或默认，他正在发起进攻，并将与西方世界的对抗推到了临界点。

[5] 几个月来，埃及的外交官担心卡扎菲将危及他们的国家，而欧洲石油行政主管和华盛顿的律师则迷恋于卡扎菲可能给予他们的利益，他们为卡扎菲新的"缓和"作出说明，并敦促国际社会对他保持理性与耐心。

[6] 律师们提出，他将改变恐怖主义的地点。埃及人说，他是被误解的，任何事件都比不过宗教激进主义者对埃及政权宣战的祸害。石油官员宣称，他是一个他们能够以最好的方式与之做生意的领导人。

[7] 由于卡扎菲重新以言辞和行动拥抱恐怖主义，他们对耐心的恳求已经灰飞烟灭。他已经对联合国安理会对其政权采取的温和的经济制裁作出尖刻的回应和威胁。

[8] 安理会要求卡扎菲仔细考虑对他的两个安全助理进行海外审讯，这两人被美国指控执行了 1988 年 12 月 21 日的泛美航空公司 103 次航班爆炸案。卡扎菲的回绝引发了安理会的制裁，后者对来往利比亚的空中航行进行了管制，并冻结了利比亚在海外银行的石油收入。

[9] 情报报告将贾布里勒以及他的总指挥部与泛美航班屠杀计划联系起来，该行动造成 270 人丧生。尽管贾布里勒的确切角色并不清晰，卡扎菲的邀请仍暴露出利比亚人对该案的公正审讯所表现的兴趣不过是个托词。

[10] 与他邀请两个恐怖组织的同伙一样心怀恶意的事情是，卡扎菲涉嫌参与了周末在开罗绑架利比亚前外交部长曼苏尔·基希亚（Mansour Kikhiya）的行动，基希亚因恐怖主义问题与卡扎菲绝交，从而成为其主要的反对者。基希亚在美国居住，并预计将于明年成为美国公民。

[11] 基希亚的合伙人告诉我，他得到埃及高层官员个人的安全保证后，才不情愿地前往开罗。他非常清楚利比亚秘密警察在场，也清楚埃及政府正努力通过反对制裁来保护卡扎菲，使其免于国际处罚。

[12] 但在 11 月 10 日，基希亚从他在开罗的宾馆房间中消失了。留在他房间的是他需要的胰岛素和注射器，这是他为治疗糖尿病而每隔八小时就要使用的。

[13] 像基希亚这样的政治敏感人物按惯例要受到埃及国内情报机构的监护。他的消失引出了一个问题：埃及人是否与利比亚人在消灭利比亚流亡者运动的图谋方面达成了共谋或持容忍态度。这个运动已经使卡扎菲感到不安，他给流亡者打上了"迷路的狗和美元的奴隶"的标记。

[14] 卡扎菲站在了 1990 年春夏萨达姆曾面对的同样的十字路口上。他对可能阻挠他的人同样回应以猛击，甚至不惜以使为他辩护的埃及政府陷于窘迫为代价。

[15] 利比亚没有像伊拉克那样被一场长时间的战争所破坏或严重削弱。但卡扎菲却被制裁所打击，并陷入窘困之中。制裁向利比亚人表明，卡扎菲并非他宣称的无所不能的、令人景仰的领导人。

[16] 萨达姆选择开战，而不肯坐以待毙。卡扎菲没有地面部队来开战。但他的确有一支国际恐怖分子的武装队伍，包括五年前的这个月执行他的命令轰炸泛美航班的那些人。

[17] 阿布·尼达尔也支持将基督教徒和犹太教徒的年底假期作为恐怖主义暴行的时刻。他的手下于 1985 年 12 月枪袭了罗马和维也纳的机场。

[18] 我们无法知道卡扎菲是在简单地提醒世界他拥有邪恶的能力，还是在以公开欢迎恐怖分子的方式预告他将有新的暴行。但他已经对世界发出警告，在一个季度的伪装和平后，他必定受到新的正视。

让我们逐段地分析这篇文章的评价性策略与意识形态策略，首先从大标题开始。

卡扎菲：摆出恶意的姿态

在这个大标题及文本的其他部分，霍格兰攻击的主要目标当然是卡扎菲，他已是众人皆知的、保守的美国外交政策中的罪恶化身（具体细节参见 Chomsky, 1987）。在结构上，卡扎菲的重要性首先通过他在大标题中出现而得到强调，这意味着他是一个宏观命题的行动者。其次，将他的名字放在大标题的前面，进一步强调他对动词名词化的*摆出姿态*的能动性和责任。在以正常次序排列的句子"卡扎菲摆出的恶意姿态"中，效果就不那么明显。那

*49* 么，霍格兰的负面意见在恶意和*摆出姿态*的措辞选择中得到明晰的表达，前一个谓语与秘密和黑势力相联系，后者带有造作和摆谱，并且只有夸口而没有实质。两个谓语都显然有政治含义，因此不仅表达了霍格兰的个人意见，而且是美国对卡扎菲的一致评价。需要注意卡扎菲的行为并没有在大标题中成为话题，而只是他的行动方式成为话题，因此被强调的是评价本身。在意识形态方阵的系统中，这是一个清晰的负面的他者再现的例子，也是强调他者的负面特征的一个例子。

> 1. 这个时刻到来了：一个暴君做得过火了，走上了不归路。他的头脑为妄自尊大所控制，再没有能力作出成本与收益的理性计算。他在恼怒与畏惧中突然发动袭击，意图进行破坏，即使这意味着毁灭会反加在他身上。

这里表达的相关意见首先出现在词汇类型中，即，诸如暴君、妄自尊大、突然发动袭击、恼怒和破坏等词语，都在断言一个想象的独裁者，但（在大标题之后）它们明显意指这种描述是符合卡扎菲的。在暴君这一词汇选择上，政治评价变得更为明显，不但将他归入不民主的人，甚至归入独裁者，而且恶意地压迫他的人民。并且，"暴君"（tyrant）这一措辞是历史上西方对东方"专制君主"的描述的一部分，例如它也用来指萨达姆·侯赛因，但很少用来指"西方"的独裁者，比如古巴的巴蒂斯塔、智利的皮诺切特或巴拉圭的斯特罗斯纳。也就是说，存在各种类型的名称，其中对于论断意见的选择，最重要的政治标准在于独裁者是"我们的"还是"他们的"，其遵循的意识形态原则是：我们的坏事情被减轻，而他们的坏事情则被强调（参见 Herman，1992；Herman & Chomsky，1988）。

另一个评价性序列或"意见路线"，是大标题中的"摆出姿态"之后使用的"妄自尊大"一词。卡扎菲再次被负面地描绘成比他的实际情形更强大，但具体措辞也暗含着一种心智缺陷：他是一个疯子。这种某人"失去理智"的个人评价也出现在卡扎菲没有能力作出理性计算以及他在恼怒与畏惧中突然发动袭击并且导致自我毁灭的陈述中。

*50* 由此，卡扎菲先在政治上被排除在民主和人性之外，继而又被排除出"我们头脑清醒的人"的世界。这些各种评价预设了霍格兰站在西方、我们、

理性、民主的观点上说话，而卡扎菲成为反西方、反美、反民主等势力的化身，通常的意识形态两极化在这里就表现为与敌对群体中的主要敌人的对抗。

此外，卡扎菲不仅（对他自己的人民）是一个暴君和疯子，而且是一个威胁，因为文章中称他*意图进行破坏*，并引入了以上相关的国际观点。需要注意的是，关于"他的存在是一个威胁"的意见不是通过自身来表达的，而是建立在推断的基础上，即有明晰的观点认为他是具有破坏性的，也有隐匿的知识说明他是一个国家的首脑：暴力的、疯狂的独裁者对于世界是一个威胁，正如这段话中随后使用的"破坏"概念所暗示的。

或许这段话中最有意思的是看似没有恶意的短句"即使这意味着毁灭会反加在他身上"。卡扎菲在国际上的攻击性似乎暗示着反击的正当性，这就遵循了军国主义意识形态的格言：我们可以摧毁那些决心摧毁我们的人。这种明确的正当性在若干年前美国空军轰炸的黎波里时里根无疑曾经使用过。他们杀死了大量的市民，其中包括一个卡扎菲的孩子。（顺便提及，在那个案例中，卡扎菲摆出的姿态，而非他的破坏性，被视为攻击的黎波里的充分理由。）

2. 伊拉克的萨达姆·侯赛因在 1990 年春就曾做得过火。但外界当时对他很少关注，直到那个夏天，他侵入了科威特。利比亚的穆阿迈尔·卡扎菲现在已经做得过火了。国际社会不应重犯对待萨达姆的错误。

不出所料，卡扎菲这样的"暴君"会被与美国外交政策中的另一个魔鬼相提并论：萨达姆·侯赛因。海湾战争中用过的一个隐喻（越过沙漠中的界线，即做得过火），现在用在了利比亚，以强调两个独裁者对国际社会造成相似的威胁。需要注意的是外界当时对他很少有关注看似一个事实的陈述，但 *51* 实际上暗含了一种意见，即依据霍格兰的看法，外界应当给予更多的关注，这是一种规范的含义，并在这段的最后一句有清楚的说明（不应重犯对待萨达姆的错误）。这里我们遇到了典型的劝告言说行为，它是社论和专栏文章中的一种标准做法：在分析什么是错误（意见）之后，推断出应当做什么，这在语义上也是一种意见，在语用上则是一种建议或劝告行为。

3. 星期天，卡扎菲邀请了世界上最臭名昭著的巴勒斯坦恐怖主义者艾哈迈德·贾布里勒（Ahmed Jibril）和阿布·尼达尔（AbuNidal）访问的黎波里，有可能在那里设立了总部。利比亚领导人在小镇阿齐萨告诉欢呼的群众，这些邀请意味着对联合国的公然反抗。

在社论的评价性引言后，我们在这里发现，具有新闻价值的"事实"是卡扎菲对两名巴勒斯坦人的邀请，这构成了即刻的原因或意见的"借口"。"臭名昭著"和"恐怖主义者"这种词汇使用所暗含的评价是统一的，而且是文章总体的连贯性意见的一部分，它再现了霍格兰和他的许多同事对于中东冲突的部分态度。这段的最后一句更有意思。看起来，它是事实的陈述，而非一种意见；实际上，它可能对也可能错，并且真实的标准是非主观的（尽管可能有一些争论：一个群体的人们怎样才能被称为"群众"，以及他们的行动怎样才能被叫作"欢呼"）。再者卡扎菲可能实际上已公然反抗联合国，尽管对于他实际上是否这样说可能有一些疑问。然而，鉴于联合国的权威，对联合国的公然反抗一般会是一种负面的行动（尽管美国自己多次公然反抗联合国的决议）。这种陈述意味着至少有一种隐含的、基于普遍的评价性信念的意见，即公然反抗合法的机构是错误的。这种描述与先前关于卡扎菲作为一个危险的妄自尊大的人物的特征描述联系起来，同时提供了这种特征的"证据"：公然反抗联合国的人必定是既有侵略性又是愚蠢的。

52

　　4. 卡扎菲已经表明，他不再看重外界对他寻求交易或勒索的罪恶所保持表面的沉默或默认，他正在发起进攻，并将与西方世界的对抗推到了临界点。

这里的意见非常清楚，它以最明显的标准方式描述了最坏的敌手：他们是罪恶的，正如里根将前苏联描述成有名的邪恶帝国。它从词库中借用了勒索、攻击、对抗等相似的词语来描述敌人的行动。但是，我们注意到，这个意见不仅仅含有攻击性的负面评价。世界上有大量的侵犯行为是吉姆·霍格兰和《华盛顿邮报》平时没有写到的。关键问题在于，如同前面的"公然反抗"，是卡扎菲对抗在西方的我们（特别是"我们"美国人）。即，"我们"和"他们"之间（或者"我们"和"他"之间）的意识形态两极化在这里被激活，从而影响这篇文章中的意见。正如理论所预示的，这种情况通常将通过

"他者"的特定的负面态度而发生，在这里的情形是"他们"的暴力和攻击是普遍的，而他们的恐怖主义行动是特定的。霍格兰相当忠实地遵循着这个标准的评价性脚本。

  5. 几个月来，埃及的外交官担心卡扎菲将危及他们的国家，而欧洲石油行政主管和华盛顿的律师则迷恋于卡扎菲可能给予他们的利益，他们为卡扎菲新的"缓和"作出说明，并敦促国际社会对他保持理性与耐心。

霍格兰的意见话语现在转换到针对那些准备接受卡扎菲的人，而"迷恋于利益"的选择暗示着过分在乎利益，在这里被看作是负面的。当然，并不是因为这背离了资本主义的基本信条——这个信条霍格兰和《华盛顿邮报》无疑都是支持的，而是因为这意味着与敌人做生意。关于卡扎菲的"缓和"的引语暗示着霍格兰不完全同意这种特征描述，实际上他早先在这篇文章中使用的形容词已非常明白地显示了这一点。"敌人的朋友也是我们的敌人"的老规则在这里似乎也是适用的，这里对石油行政主管和律师的评价就是依据了这个规则。

53

  6. 律师们提出，他将改变恐怖主义的地点。埃及人说，他是被误解的，任何事件都比不过宗教激进主义者对埃及政权宣战的祸害。石油官员宣称，他是一个他们能够以最好的方式与之做生意的领导人。

那些对卡扎菲持较少负面意见的人的争论正在重演，但用来描述这些争论的词汇并没有表示同意争论方的观点。动词*提出*和*宣称*的使用也作出了暗示，*并且将改变恐怖主义的地点*这种表达揭示了霍格兰对于卡扎菲的改变的严重怀疑。这段话中的平行结构修辞进一步强调了霍格兰对所批评的声言的怀疑。我们的分析感兴趣的是，当人们评价他人的意见时，自己的意见也得以显现。

  7. 由于卡扎菲重新以言辞和行动拥抱恐怖主义，他们对耐心的恳求已经灰飞烟灭。他已经对联合国安理会对其政权采取的温和的经济制裁作出尖刻的回应和威胁。

这段话继续论证了霍格兰的怀疑立场。卡扎菲罪行的列举用于再度证明那些试图安抚他的人是错误的：*拥抱恐怖主义，尖刻的回应和威胁*。这些意见符合卡扎菲作为一个危险的恐怖主义者的总体负面特征。按照这种意见，保持耐心显然是一种不充分的回应。对于我们的分析，这是有趣的，因为它显示出通常表示正面意见的词语在这里以批评的方式被使用。

8. 安理会要求卡扎菲仔细考虑对他的两个安全助理进行海外审讯，这两人被美国指控执行了 1988 年 12 月 21 日的泛美航空公司 103 次航班爆炸案。卡扎菲的回绝引发了安理会的制裁，后者对来往利比亚的空中航行进行了管制，并冻结了利比亚在海外银行的石油收入。

54 这些事实陈述似乎简单地解释了对卡扎菲（温和的）经济制裁的历史背景，而没有清晰地表达意见。然而，卡扎菲被控炸毁一架飞机的事实符合并支持了前文对卡扎菲作为一个恐怖主义者的认定，同时提到他拒绝遵从安理会的要求，这是对他之前的挑衅行为的评价性描述的具体化。换言之，关于负面行动的事实陈述（炸毁一架飞机）可能并没有表达一种意见，但强烈暗示了这种意见，在这个例子中可能成为读者的意见。并且，事实的陈述可能支持意见的陈述：炸毁飞机是恐怖主义的一种形式，拒绝遵从国际社会（特别是联合国）的要求则是一种狂妄自大的表现。

9. 情报报告将贾布里勒以及他的总指挥部与泛美航班屠杀计划联系起来，该行动造成 270 人丧生。尽管贾布里勒的确切角色并不清晰，卡扎菲的邀请仍暴露出利比亚人对该案的公正审讯所表现的兴趣不过是个托词。

一个相似的"事实"的负面描述在这里落到另一个敌人贾布里勒身上，屠杀和 270 人丧生这种措辞显然为一种强烈的负面意见所控。我们也注意到，尽管贾布里勒的确切角色并不清晰这一免责声明，与情报证据之间保持了某种新闻工作的距离，但也暗示着接下来是负面的评价。

10. 与他邀请两个恐怖组织的同伙一样心怀恶意的事情是，卡扎菲涉嫌参与了周末在开罗绑架利比亚前外交部长曼苏尔·基希亚（Mansour Kikhiya）的行动，基希亚因恐怖主义问题与卡扎菲绝交，从而成为其主要的反对者。基希亚在美国居住，并预计将于明年成为美国公民。

大标题的关键词恶意再次认定卡扎菲的行动是有威胁的和不祥的，这与其他描述一起勾画了一个恐怖主义者的形象。画面以卡扎菲（涉嫌）参与绑架一名前任的副手来构成。邀请两名恐怖主义者的重点在于，这本身就是一种负面的行动，将它称为"恶意的"仅仅是强化了这一点。通过常见的"我们"对"他们"的意识形态话语表达，基希亚现在被提升到反对者的地位：我们敌人的敌人成为朋友，并且可能被授予公民资格。换言之，卡扎菲不仅涉嫌绑架了一个前任副手（实际上，那与"我们"有什么关系？），而是事实上在绑架一名（邻近的）美国公民，并因此在攻击美国。

55

11. 基希亚的合伙人告诉我，他得到埃及高层官员个人的安全保证后，才不情愿地前往开罗。他非常清楚利比亚秘密警察在场，也清楚埃及政府正努力通过反对制裁来保护卡扎菲，使其免于国际处罚。

12. 但在 11 月 10 日，基希亚从他在开罗的宾馆房间中消失了。留在他房间的是他需要的胰岛素和注射器，这是他为治疗糖尿病而每隔八小时就要使用的。

这两段中仅有的意见可能是利比亚的秘密警察表达的：只有独裁国家才有秘密警察，因此利比亚是一个独裁国家。注意这里还提到一个消息源，这是言论中相当不寻常的做法，但在策略上是有效的，它使控告更为可信。同样间接提到基希亚是需要定时服用药物治疗的病人，却把他的药物留在宾馆房间，这暗示他必定已经被绑架了。这种劫持的"证据"同时强调"他们"的负面特征：他们甚至劫持病人并且不给他们药物治疗。

13. 像基希亚这样的政治敏感人物按惯例要受到埃及国内情报机构的监护。他的消失引出了一个问题：埃及人是否与利比亚人在消灭利比亚流亡者运动的图谋方面达成了共谋或持容忍态度。这个运动已经使卡扎菲感到不安，他给流亡者打上了"迷路的狗和美元的奴隶"的标记。

注意"我们的朋友"埃及的安全力量并不叫"秘密警察"，而是称一个国内情报机构，这样就在词法上将那些与"我们"相关联的人和那些与"他们"相关联的区别开来。最后一句标记的使用暗示霍格兰不同意卡扎菲描述他的

56

对手以及他自身的性质的方式，这种描述是如此荒谬，以至于仅仅提到它就足以说明了。流亡者被卡扎菲称为美元的奴隶，进一步加剧了"我们"和"他们"之间的两极化，因为"美元"是与西方或美国联系在一起的。

14. 卡扎菲站在了 1990 年春夏萨达姆曾面对的同样的十字路口上。他对可能阻挠他的人同样回应以猛击，甚至不惜以使为他辩护的埃及政府陷于窘迫为代价。

15. 利比亚没有像伊拉克那样被一场长时间的战争所破坏或严重削弱。但卡扎菲却被制裁所打击，并陷入窘困之中。制裁向利比亚人表明，卡扎菲并非他宣称的无所不能的、令人景仰的领导人。

第 14 段重述了前文的部分内容，比较了卡扎菲与萨达姆·侯赛因的相同之处，并且回应以猛击是第一段在恼怒与畏惧中突然发动袭击的延续。二者都有负面的含义。第 15 段结尾的意见是复杂和有趣的。动词表明的使用暗示说话人持有的命题是正确的，卡扎菲事实上不是无所不能和让他的人民景仰的，因此他是一个独裁者。同样，由于他们打击的是卡扎菲而不是他的人民，因此施以制裁也是合法的，这是一种间接的意见。

16. 萨达姆选择开战，而不肯坐以待毙。卡扎菲没有地面部队来开战。但他的确有一支国际恐怖分子的武装队伍，包括五年前的这个月执行他的命令炸毁泛美航班的那些人。

17. 阿布·尼达尔也支持将基督教徒和犹太教徒的年底假期作为恐怖主义暴行的时刻。他的手下于 1985 年 12 月枪袭了罗马和维也纳的机场。

57　　尽管卡扎菲和萨达姆·侯赛因在军事方面上是不可相比的，但卡扎菲通过他的恐怖主义武装和他指挥的泛美 103 次航班的爆炸案弥补了这一点。前文中美国对卡扎菲的控告在此作为事实而呈现。并且和之前一样，由于卡扎菲让自己与恐怖主义者阿布·尼达尔为伍，因此他自己就成了一个恐怖主义者。这些例子几乎不能表达明晰的意见，但将他的同伙及其行动描述为恐怖主义者和恐怖主义暴行，就清晰地揭示了一种负面的评价。

18. 我们无法知道卡扎菲是在简单地提醒世界他拥有邪恶的能力，

还是在以公开欢迎恐怖分子的方式预告他将有新的暴行。但他已经对世界发出警告，在一个季度的伪装和平后，他必定受到新的正视。

在结论段中，评价性的描述恶意再次被使用，并且暴行也被沿用作对卡扎菲行动的负面描述。最终的建议（他必须受到正视），当然是基于该文的规范和价值，因而是一种政治性的意见。甚至正面的概念"和平"与卡扎菲联系起来也变成一种伪装和平，因而使卡扎菲成为不可靠的人，即使在他保持安静的时候：他从来就是不被信任的。

# ■6　总结

简要地对美国报刊上一篇典型的保守派的专栏文章中各种类型的意见表达进行评论后，在此我们将试图在先前的理论框架的指导下，更具分析性地总结我们的观察。

## 两极化

意见会按照意识形态的类型而两极分化为内群体与外群体、"我们"对"他们"。这个原则也有许多格言式的推论，例如"敌人的敌人就是我们的朋友"。在这种情形中，基本的二元意识形态是已为人熟知的西方的优越性和阿拉伯人的劣等性，"我们"与正面的价值如民主、理性和非暴力联系起来，而"他们"与独裁、暴力和非理性联系起来。更具体地，阿拉伯人的意识形态劣等性在此集中表现为对恐怖主义的态度，成为一个关于恐怖主义及其团伙的各个方面（例如爆炸、绑架、杀害无辜百姓等）的社会共同意见的集合。并且，沿着内外群体关系的逻辑，"他者"也被表述为一种威胁。

## 意见的连贯性

关于特定的恐怖主义者（卡扎菲、尼达尔、贾布里勒）的特定意见会遵循这种普遍态度的应用。这种态度的实例化与关于恐怖主义者攻击和绑架政治对手的观念一道，维持着我们所称的话语的"意见的连贯性"，这包括恐怖主义被讨论的各个方面。

58

### 归因

对我们的敌人的负面行动的归因要求我们的敌人被描述成需要负责的行动者，他们对其所为和后果有自觉的、有目的的和愤世嫉俗的意识，即使这些行动会同时带上非理性甚至疯狂的烙印。另一方面，"我们"当中那些对我们的敌人过于友好的人并不能完全意识到他们在做什么，因此他们会被劝告修正他们的方式。

### 描述

与"我们"和"他们"相关的群体或组织的鉴别描述也遵循意识形态两极化的原则。因此，他们的安全力量会被称为"秘密警察"，而我们的则是一个"情报机构"。

*59*

### 利益

关于"我们"或"他们"的行动的正面或负面的意见，基本遵循一种基于"我们"的最大利益建构的评价性逻辑。因此，卡扎菲主要不是因为"摆出姿态"而被判断为邪恶的（实际上，许多"我们"的朋友，比如以色列，做过相似的事情），而是因为他们看起来威胁到"我们"（美国、西方）在世界上的利益而被判断为邪恶的。

### 含义

意见可能是明显或隐匿、直接或间接的。这篇专栏文章中有些意见可能来自事实陈述与规范、价值和作者立场的结合。照此，做得过火不是一个评价性的谓语，而是在当下的语境中表达了卡扎菲已经走得太远的意见。同样，对恐怖主义行动（比如炸毁飞机）的事实描述也不是表达一种意见，而是关于这种行动的共同的社会态度，它允许读者引申出适当的意见。

### 元意见

意见可能是关于其他意见的意见。因此，对敌人的（过于）正面的意见是不被允许的（因为过于节制、温和）。同样，意见可能适用于他者的言语行为。因此，对于他者所宣称的内容的疑问，会被表达为仅仅是"声言"或"提出意见"而不可置信。

## 表达

意见的表达可能在几种文体和修辞方式中被提升。描述负面行动的词语可能来自心理健康的词库，而反对者可能被描述为非理性、极其愚蠢和妄自尊大的人。另一种策略是将目标敌人与另一个已被认定的敌人相比，例如把卡扎菲与萨达姆·侯赛因相比，他们都是邪恶和极其残忍的。负面的特征描述也通过修辞对比而强化：将"他们"的负面行动与"我们"的正面行动进行对比（例如，联合国的轻度制裁遭遇恶意的姿态和恐怖主义冲突的威胁）。头韵［恼怒（fury）与畏惧（fear）］、平行和特别的词汇重复（恶意的）将注意吸引到特定意见上来。同样，关于"他们"的负面意见趋于细致、反复，并以具体例子来说明：由此，恐怖主义者卡扎菲、贾布里勒和阿布通过参照返美航班爆炸案、一个利比亚持不同政见者被绑架等事例而被具体化。

## 不可言及

关于"我们"的负面信息和负面意见（如自我批评）在猛烈的意识形态对抗中可能是完全不被言及的。不仅卡扎菲完全是邪恶的，而且"我们"（美国、西方等）完全是正义的。我们没有做任何招惹卡扎菲的事情。因此，美国空军轰炸的黎波里、杀害无辜儿童、与恐怖主义同等的行动甚至是不被提及的，尽管在毁灭会反加在他身上这个短语中有所暗示。因此，我们对敌人的进攻总是被挑衅激起的，并因而是正义的。

## 争论

意见通常需要支持。即它们需要在前后有一系列基于态度和价值、经过各种推论的主张来使它们更合理。同样，在表达关于我们的可能的负面意见之前，需要有针对这种意见的隐匿的争论作为铺垫。专栏文章中的意见通常被阐述为对一种劝告、建议或警告的言语行为的评价性支持，这就确定了一篇言论文章的语用重点或结论。

## 运用历史

意识形态的意见选择性地唤起历史或隐藏历史。因此，恐怖主义被呈现为一种永恒的罪行。没有任何关于"他们"对"我们"的暴力的历史背景或解释，没有任何中东冲突产生的参考资料，甚至没有一份关于巴勒斯坦人苦境的简要的免责声明。此外，展示历史的延续性是必要的，这样我们能从历史中得到海湾战争和萨达姆·侯赛因的参照。同样，从一个更侧重文化的角度，我们需要按照意识形态的意见将阿拉伯人呈现为西方的敌人的延续，这是西方优越性和阿拉伯人劣等性的漫长历史的一部分。

我们已经在一些相当具体的对策方面总结了我们的分析，我们发现，它们是典型的言论中潜在的意识形态表达。这些措施一般在意识形态话语主要的整体策略中被实施，这种整体策略即正面的自我再现和负面的他者再现。同时，内在的话语结构使我们能够目睹"表层"的一些将意识形态与话语联系起来的潜在轨迹，例如包含在意识形态陈述中的价值及其两极化、相关领域的态度的执行（如国际政策方面）、关于特定事件和参与者（卡扎菲的所作所为）的特定模式的影响，以及它们作为一种语境模式的功能而被呈现的方式（霍格兰在《华盛顿邮报》中的写作，特别是对美国公民，以及更具体的、面向美国政治家和其他精英如商业人士的讲话）。

# ■7 意识形态分析的建议

批判性话语分析没有一种标准的方式，对于社论或其他类型的文本或谈话的意识形态分析也是如此。然而，从本章的讨论以及我们的其他著作中，可以得到以下实用的意识形态分析的建议：（a）检视话语的语境，（b）分析哪个群体、权力关系和冲突是被涉及的，（c）寻找关于"我们"和"他们"的正面和负面的意见，（d）清楚地说明预设和暗含的意义，（e）检视所有强调（或不再强调）两极化的群体意见的形式结构。

### 背景

62

至少要有某次关于某次冲突的历史、政治或社会背景，它的主要参与者、冲突的理由以及之前的立场和争论的"事实"的基本知识，否则，严肃的意识形态分析是不可能的。许多意识形态的对策密切地涉及"事实"的自我服务和滥用。

### 语境

为了理解作者（写作者或说话人）的意识形态立场，就要描述传播的语境：作者的群体成员身份、传播事件的目标、作者使用的文类、有意图的受众、传播环境（时间和地点）、传播媒介，等等。通过语境的时机或话语的功能，它的意识形态功能将清楚地展现。例如，一篇社论的功能可能是对特定的（通常是精英的）群体或制度的批评和建议，因此包含媒体和媒体人与其他群体之间的（权力）关系。这个语境也界定了言语行为包含的意识形态的维度（例如，"警告"可作为一种运用权力的方式）。

### 意识形态范畴

意识形态是"不言自明"的、社会共享的关于群体自身以及它们与其他群体的关系的表征，包括成员资格的标准、活动、目标、价值和关键性的群体资源等范畴。要把文本中提及作者所属群体的利益或认同的基本范畴界定的表达找出来。

### 两极化

许多意识形态维系和再生产着社会的冲突、统治和不平等。这种冲突会包含之前提到的任何类型的利益（特别是象征性或物质性的资源），并以一种具两极化特征的方式组织起来，即再现为"我们"对"他们"。这种两极化建立在许多意识形态话语的基础上，即作为正面的自我再现和负面的他者再现。由于意识形态包含着价值，它们一般作为评价性的信念或意见而浮在表层。要找出文本中所有使我们和他们的评价两极化的意见。对于这种文本的意识形态"解读"，几乎不需要话语分析的专门技术。

*63*

### 隐匿

然而，意识形态的意见并不总是以特别明晰的方式来表达。即，它们常常是暗示、预设、隐藏、否认或想当然。因此有必要更系统地检视上述各种暗含、间接或否认形式的文本语义结构。实际上，看似非评价的、非意识形态化描述的"事实"可能暗含关于"我们"的正面意见和"他们"的负面意见。话语的句子的聚合方式（例如，基于因果关系）也是意识形态隐匿表现的一部分。同样，在话题或主题方面，整个话语的聚合表明了什么样的信息（和什么样的意识形态化的意见）被认为是更重要的，什么样的又是不太重要的，由此反映出潜在的意识形态化的心理模式、态度和意识形态的结构。

### 形式结构

间接地，一种话语的各种形式也会包含在意识形态立场的表达或标记中。意识形态方阵或两极化在这里也得到应用。结构的特征会强调或不再强调关于"我们"和"他们"的信息或意识形态：谈话的声音结构（例如声调、重音、音量、语气、喝彩、大笑），印刷文本中的样式结构（大标题、专栏、位置、文字类型、照片，等等），话语的总体（概要的）组织（例如争论），"我们"对"他们"的描述中的词语选择和变化，分句和句子的句法结构。

第 **3** 章

# 新闻故事的话语结构

艾伦·贝尔

## ■1　关于分析

　　本章提供一个新闻话语结构的分析框架，并举例说明。为什么人们希望做这样一种研究？为什么要分析新闻的故事结构？费力的新闻故事文本的分析的回报是什么？

　　故事是人类本性的重要组成部分。人们讲述的故事是他们的社会认同的核心部分，而生活故事的建构对我们的自我认同是至关重要的。故事的观念也是新闻媒介的核心部分。新闻记者不是在写文章，而是在写故事——伴随着结构、次序、观点和价值。因此，我们社会每天发生的事情通过我们在媒介上讲述的故事得以表达。

　　此外，媒介是重要的社会机构。它们是文化、政治和社会生活的呈现者，塑造并反映着这些事物是如何被构成和表达的。媒介的"话语"是重要的，不仅因为它是社会的表现，也因为它促成了社会特征的形成。关于媒介的语言学研究一直强调后一个问题，集中关注意识形态和权力的议题与其表征最贴近之处。但所有这些问题的先决条件是一种正当的话语分析，而这正是媒介的研究者在热切追寻意识形态检测的真谛时险些略过的。

对于语言学家而言，关于为什么要做这种研究这一问题的第一个答案是"因为它存在"。新闻是语言的一个主要的语体。理解它是如何运作的对于理解语言在社会中的功能是重要的。这种研究也使我们能够将新闻与其他类型的故事进行比较，例如人们面对面谈话时所说的故事。我们还可以将新闻的话语结构与其他的媒介类型（比如社论）进行比较，将一种新闻媒介与另一种新闻媒介进行比较，例如小报和大报，或者不同电视台的新闻播报。

文本是新闻的组成部分。新闻内容并非独立于它的表达，而我们只希望通过新闻文本的细致分析得到一个关于新闻内容的性质的理解。一种细致的、熟练的语言学的文本分析需要成为解析新闻背后的意识形态的所有努力的基础。这种分析表明，即使看似简单的新闻故事实际上经常是非常复杂的，而他们描述的事件比我们所猜想的要不清楚得多。这也说明故事是如何被制作出来的。这对新闻的受众是重要的——去了解他们消费的新闻产品是如何生产的。新闻是一种"产品"这个观念本身可能带来某种惊异，而分析可以揭示出这个产品的构成。

我的新闻话语的进路集中关注"这个故事如何讲述实际发生的事情"。它从新闻媒体对事实的关注开始，以及我们作为读者对这种故事以及他们告诉我们的内容的日常接收（参见本书 Scannell 的文章）。至少在开始时，这些报道是否再现了"真实"发生的事情并不是一个问题。我们被告知的事情在新闻中之所以重要，只是因为法院付出了大量的时间来调查事件的缘由。

这个分析框架主要对一个故事的"事件结构"进行还原，即从经常碎片化呈现的信息以及故事所说的且实际发生的事情中重构事件结构。因此它集中关注讲故事的基础，这在新闻中被记者压缩为"5W 和 1H"：谁、何事、何时、何地、为什么、怎么样。我们只有在明白故事说什么之后，才能在一个位置上来看它没有说什么。正如下文将显示的，我们将发现，新闻故事经常并没有在说我们在初次接受时认为它们在说的事情。它们并不是在讲述一个简单明白的故事，而是充满了含糊性、不一致性和漏洞。

这种细致的分析以一种关于新闻文本中的意识形态问题的更复杂的进路为先决条件。它使我们意识到新闻的复杂性和含糊性。它使我们能够审查一个大标题是否公正地再现这个故事。它显示出新闻中谁是消息源，以及哪些信息没有完全确切的来源。它引导我们思考为什么恰好是这些特定事件被报道，为什么它们被收集起来组合成一个单独的新闻故事得以发表。

本章是这样安排的：首先我会勾勒出新闻的话语结构的分析框架，然后通过审查报纸上的一句话故事进行简要的例证。然后我会提出具体的分析话语结构的指导方针，并对一个新闻故事进行细致分析。最后，我将检视新闻故事结构中一个最重要而有趣的方面——时间，并再次以报刊故事为分析的例子。

# ■2　框架

本章使用的媒介话语分析的进路是从贝尔（Bell，1991）处发展起来的。它从故事分析的一般框架中提取出要素，特别是拉博对谈话中的个人经验的叙事分析（Labov & Waletzky，1967；Labov，1972），以及范·戴克（van Dijk，1988b）的新闻话语分析框架。新闻故事中的时间分析来自贝尔的研究（Bell，1995b、1996）。它们用于分析不同类型的故事结构的框架具有许多共 *67* 同要素（例如，Labov，1972；Rumelhart，1975；van Dijk，1988b）。拉博著作中的观点是最常见的，具有六个要素（摘要、方向、行动、评价、解决和结尾）（参见 Bell 1991 年在新闻故事的研究中对这个框架的运用）。

图 3—1 显示了描述新闻故事的话语结构所需的要素。一个故事通常由归属、摘要和故事本身构成。故事来自哪里即归属并不总是明确的。它可以归在通讯社名下并（或）由记者署名，也可能署上地点和时间（"日期栏"）。摘要由导语或新闻故事的"引言"构成，报刊新闻还会有一个大标题。导语涉及故事的核心事件，可能还包括一个或更多的次要事件。这必然导致导语要提供一些关于行动者以及事件发生环境的信息。故事主体由一个或更多的片

段构成，而这些片段又由一个或更多的事件构成。事件必须描述行动者和行动，通常会表示时间和空间的环境，可能还会有一个消息源的明确归属。片段是事件的集合，它们分享了共同的场所或新闻行动者的环境（并且当一个单独的故事包括两个或更多清楚的事件环境时才需要详细的说明）。

*68*

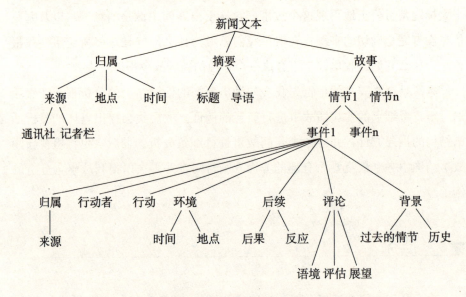

**图 3—1 新闻文本的话语结构模式（Bell，1991：171）**

与以上呈现核心事件的要素一样，新闻故事中有三类其他素材：背景、评论和后续报道。它们再现了故事的主要行动中所描述的事件的过去、（非行动的）现在和将来。

背景一类的报道涉及当下行动之前的任何事件，即过去的故事。这个范畴经常是指在之前的情境中本身能够构成新闻故事的事件。如果这个背景超出了最近的过去，它就被归为"历史"。下文中一句话故事的例 3 就包含了这样的背景。

评论提供了记者或新闻行动者对新动向的现场观察，并对事件的发生进行评估和评论（而非对事件本身进行事实叙述，也非其他党派的口头回应）。它可能会提供语境，借以帮助人们理解正在发生的事情，或提供对行动的评价性意见，对形势将如何发展的展望。下文分析的故事同时包含了语境（记号为 S9：S＝句子）和评价（S1，S3）。

*69*

后续报道涉及后来的故事——跟随在一个事件的主要行动之后的任何行

动。它可以包括其他党派的口头回应，也可能是非口头的后果。因为它报道了发生在故事的主要行动之后的行动。后续报道是随后更新的故事的主要来源——他们本身被记者称为"后续报道"。后文的图 3—6 中的故事包含了 S2 中的后续报道素材。

# ■3　分析一句话故事

　　本章只讨论报刊新闻的结构，以及一种特定类型的报刊新闻："硬新闻"或"现场新闻"，我们认为它们是每日媒体的"主食"——火灾、战争、事故、疾病、危险等故事以及各种降临人类生活的混乱。极简短而且合乎文法的硬新闻故事仅一句话之长。许多报纸发表一句话故事，用来填补零散的角落或收集在新闻概要的专栏中。在大量的广播电视新闻中，许多故事可能只由一句话构成。一句话故事一般也是检测较长的故事结构的一个有效指标。新闻故事总是聚焦在第一句话上——它的导语或引言（Bell，1991）。当故事本身被简化为只有那句话时，我们可以最清楚地认识到这一点；但导语本身就是一个微型故事，即使它后面跟着完整的故事。它浓缩了故事得以发表的"新闻价值"。

　　因此，一句话故事是介绍这种分析的一个很好的起点。下面是 1994 年 2 月发表在英国日报上的五个一句话的现场新闻故事的文本。它们都来自国际通讯社——美联社、路透社和法新社，它们是西方新闻文体的典范。

　　例 1　冲突死八人

　　加纳北部的宾比拉（Bimbila）地区的部落冲突中至少已有八人丧生。——法新社

　　例 2　熏倒

　　东京：两个日本清酒酿造者被浓烟熏倒后得了重病，当时他们中一个掉进了半满的酿酒桶，另一个在试图救他时也陷入了困境。——路透社

　　例 3　驱逐受阻

　　昨日冰岛的暴风雪使 12 名声称计划在冬季奥运会期间游行示威的美国反流产行动者从挪威被驱逐出境一事得以延迟，他们曾在到达奥斯陆机场时被

70

警方拘留。——美联社

例4　冰柱恐慌

昨晚一个女人在为生命而抗争，一根巨大的冰柱从纽约一座摩天大楼的30层掉下并砸中了她。

例5　等待结束

朝鲜共产党正在建一座地下陵墓和一具防水玻璃棺材，以备他们的"伟大领袖"金正日主席死后之需，一位韩国记者说道。——法新社

例1报道了一个单独的事件，可以用图3—2表示（在此图及随后的图中，为简化树形图，省略了结构中的一些节点）。它有一个大标题——"冲突死八人"——同所有一句话新闻一样，它还有一个通讯社来源的归属：法新社。它由一个单独的事件构成，具体包括：

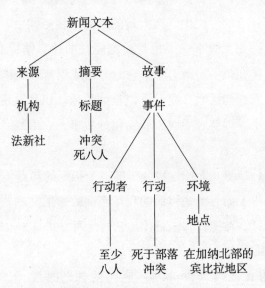

**图3—2　例1中的一句话故事的话语结构（为简化而省略了一些结构中的节点）**

● 行动者——"至少八人"

● 行动——"死于部落冲突"

● 环境，具体地点——"加纳北部的宾比拉地区"

这个故事的结构已尽可能地简化。不过，当然，这里我们可能还没有分析任何一个行动——八个遇难者很可能在孤立的各个事故中丧生。

例2将包含五个行动的链条压缩为一个句子：

（1）第一个日本清酒酿造者掉进酿酒桶。

（2）第二个制造者进去救他。

（3）第二个制造者也陷入困境。

（4）两个制造者都被熏倒。

（5）两个人现在都得了重病。

例 2 最显著之处在于它讲述的顺序。我以上所列是历时的顺序，即事情实际发生的时间序列，从（1）开始至（5）结束。但新闻一般从最近发生的事情开始（例 3 和例 4 也一样）。所以故事 2 中行动的叙述次序是（5）—（4）—（1）—（3）—（2）。它从最近发生的事情开始，然后是次近的事情，再回到第一个作为起因的行动，然后填充剩下的步骤（再次与历时的顺序相反）。因此，这个故事是以一种相当非连续的方式来讲述的——我们将在本章稍后回到这个问题讨论细节。

这些一句话故事大部分叙述了不止一个事件。按照图 3—1 所示的故事结构模式，它们的结构是复杂的。例 3 包含了四个事件的序列，还嵌入了包含多个时间点和方位的复杂背景。这四个事件（的历时顺序）是：

（1）反流产行动者声称计划在冬季奥运会期间游行示威。

（2）当他们到达奥斯陆机场时被警方拘留。

（3）曾计划昨日从挪威被驱逐出境。

（4）驱逐行动因冰岛的暴风雪延迟。

这些事件中的三个有各自不同的地点说明。每个事件有一个不同的时间说明：事件（1）包括一个事实上不曾发生的未来（"计划游行示威"），事件（3）是迄今未曾发生的"非事件"——驱逐出境。图 3—3 解释了这个例子的话语结构（树形图上一些潜在的节点仍被省略以将复杂性降低）。它显示出即使是一句话故事也能涵盖一些行动、地点和时间的复杂性。

这样的故事向读者的理解提出了重要的挑战，正如我将在下面进一步讨论的，特别是因为它多重嵌入了不同事件，其中一些事件事实上（到目前为止）还没有发生。显然这个故事还有更多"幕后"的事情可说，它的真实性无疑将在不同党派中引发争论。故事还有一个明显的缺口需要读者用他们对世界的知识来填补——为什么冰岛的暴风雪会使行动者从挪威被驱逐一事得以延迟。

73

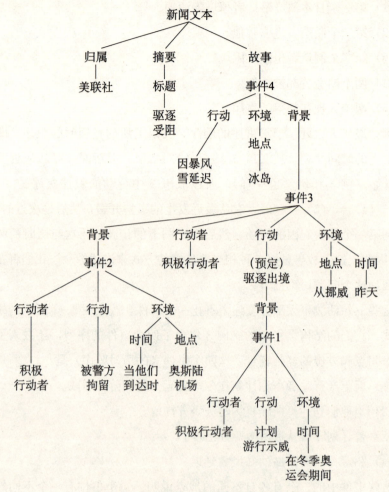

**图 3—3 例 3 中的一句话故事的话语结构**

我们大概可以理解为暴风雪使积极行动者将要乘坐离开的飞机延迟或转向。

　　纵观这五个作为例子的故事，我们可以看到它们话语结构中的模式。首

74 先，它们都详细说明了主要的事件、新闻行动者和地点——新闻工作中的何

时、何人以及何地。例1只包含了这几个要素。大多数例子中都提供了时间。

除例4外都提供了消息来源的新闻机构，例5还提供了一个地方机构。但它

们没有信息来自其他消息源，如旁观者、发言人或官员。

　　其次，这些故事表明了它们的新闻价值。作为一句话故事，它们可能源

自国际通讯社的较长报道的导语。因此它们的作用是集中整个故事的新闻价

值。新闻价值是将一个故事变成新闻的要素。它们包括一些属性，如负面性、

快捷性（或新近性）、接近性、不含糊、新奇、个性化以及新闻行动者的精英色彩等（Bell，1991）。一个故事的新闻价值集中在导语句中的词汇的新闻价值上。例如，在例 4 中，几乎每个词语都包含了新闻价值："为生命而抗争"、"巨大的冰柱"、"从 30 层掉下"、"纽约的摩天大楼"、"砸中"。大多数故事包括死亡、暴力或这些迫近的威胁。故事的真实性通过已提及的人物、地点和时间的细节以及数字的使用而得以强调。

第三，除例 3 外所有故事都以"谁"来开头——主要的新闻行动者。对个性化和精英的新闻行动者的强调引导着句子的构成次序，即使这将产生一个被动语态的动词。新闻写作的神话学认为，动词应该是主动的，但被动化也是常见的，它是在句子开头知悉主要的新闻行动者的唯一方式。因此，如同词法一样，我们有一个关于新闻价值的语法。句法规则（如被动化）要服务于新闻话语的价值，例如通过时间连接词［比如，之后（after）、当（as）］进行连接。在大多数情形中，一个事件是另一个事件的延续或结果，如例 3和例 4。

第四，时间有时在这些故事中是直接表达的，如"昨天"或"昨夜"。但通常没有日历时间的直接说明。我们将这些故事诠释为"过去一日的报道"。但这个"新近"的标准可能并不总是正确的，这些故事中有些是很多天前的新闻（如例 1、例 2），而我们的读者也许不能分清楚。

第五，这些都是国际通讯社的报道，因此通常在日期栏（例 2）有明确的事件发生地点。有时地点也会以介词短语的规范形式表示，如"加纳北部的宾比拉地区"（例 1）。

最后，信息的容量、简洁性和清晰度会相互冲突。比如在例 3 中，清晰度是受损者，结果是被报道事件在一个句子或故事中的层次和分布损害了读者的理解。这与范·戴克的发现（van Dijk，1988b：77）是一致的，即新闻故事中的导语句通常在句法上与在信息方面是复杂的。

## ■4　故事实际说了什么

我现在转向考虑篇幅更长的新闻故事，并对它进行话语结构的细致分析。

下面的分析指南呈现了一个逐步确定故事所说事情的程序，即故事的事件结构。以这种方式进行故事的话语结构分析的成果，是一种对于故事所说的实际发生的事情的理解。至少在这个阶段，我只考虑故事所说的事情，而非它与发生的"事实"是否相符以及相符的程度。

事件分析考虑的不仅是事件本身的公开说明，而是故事所说的新闻行动者、事件的地点和时间，以梳理出故事的结构。在逐个检视这些方面之后，我们一般将不得不修正我们对于发生的事情的设想，因为人物、时间或地点的进一步说明将清晰地显示出我们之前的模式是不充分的。

图 3—4 包含了来自（英国）《每日镜报》的一个常规新闻故事的文本。我选择这样一个故事，是因为它是普遍的而非特殊的。第一组分析试图揭示故事所告诉我们的实际发生的事情——发生了什么事件，它们是在何时、何地发生的，以及谁参与其中（即，新闻工作的 5W 和 1H 中的四个，"为什么"和"怎么样"除外；参见 Manoff & Schudson, 1987）。这个分析形成了这四个方面的结构：事件、时间、地点和新闻行动者。在理论上，这四方面都应融合到故事所说的发生的事情的统一图景中。实际上，它们通常并不能很好地结合，而正是这些差异赋予了故事最有趣的阐释。下面我使用的分类标签来自早先的研究（Bell, 1991），它是之前图 3—1 的新闻故事结构的树形图的复制。通过这个例子，我遵循着指南所示的步骤，尽管这里所列的要点对这个故事或其他单个故事的分析并不全是有用的。我所列出的步骤中有一种次序的逻辑，但并非所有的步骤都必然同等地有助于每个故事的理解。它们也非必然遵循着特定的次序或彼此独立——一些后面的步骤可能通常比我列在前面的步骤更有意义。

<sup>76</sup> ## 指南

如何分析和诠释一个新闻故事的话语结构？首先要给故事的句子编号。第一步是在每个编号的要点下列出基本的分析。每个要点下的随后步骤（缩进、斜体）是进一步阐释的程序。

### 什么（What）

1. 大标题

什么事件出现在大标题中？概括并给每个事件编号。

2. 导语

什么事件出现在导语和引言中？概括并编号。

3. 事件

什么事件出现在故事中？总结并编号，然后在故事的每个句子旁标上编号数字（参见图 3—6）。

对大标题和导语中的事件重新分类，使之与你现在从故事中得到的更完整的图景保持整体的一致。

整个故事的核心事件是什么？（通常就是导语中主要的"硬"新闻事件。）

4. 大标题、导语和故事

大标题与导语的关系是什么？

　　*导语中的什么事件包含在大标题中/排除在大标题外？*

　　*什么样的新闻价值隐藏在包含和排除的事件背后？*

　　*大标题是导语的有效再现吗？*

导语与故事整体的关系是什么？

　　*故事中的什么事件包含在导语中/排除在导语外？*

　　*什么样的新闻价值隐藏在包含和排除的事件背后？*

　　*导语是整个故事的有效再现吗？*

　　*是否存在任何信息是出现在导语中，但故事其他部分没有提及？*

　　*导语是怎样开始讲故事并作为其摘要的？*

## 谁（who）

5. 故事归属

故事有一个整体的归属吗？是谁（通讯社、记者）？

6. 来源归属

故事内有任何归属吗？归属于谁？（列出）

在每个句子旁，记下谁是归属对象（如果有的话）。

具体哪些信息是有归属的？归属于谁？

归属中使用的言语动词是什么？（列出）

　　*归属的来源必须提出什么要求？*

　　*谁的话被直接引用了？间接的呢？*

为什么需要使用特定的言语动词？

故事的哪部分没有归属？为什么？

不清楚或模糊的归属在哪里？这是否有什么影响？

7. 新闻行动者

什么新闻行动者被提及了？（列出：人物、组织、民族，等等）

他们是如何被贴上标签或提及的？（列出）

什么样的人物或实体在故事中被提到？

为什么他们在新闻中？新闻行动者是否为精英？

新闻故事是否具有个性化？

故事提到他们或给他们贴标签的方式有什么类型？

能否具体说明哪个新闻行动者修订了之前建立的事件结构？

## 何处（where）

*78*

8. 地点

故事中使用了什么地点表达？（列出）

它们出现在故事的什么地方？（句子编号）

9. 地点结构

故事发生在什么方位？（列出）

故事停留在一个方位还是在多个地方来回移动？为什么？

是否清楚什么事情发生在什么方位？

事件发生在什么类型的地方？

能否具体说明这样的地点如何修改了你之前发展的事件结构？

## 何时（when）

10. 时间

故事中使用了什么时间表达法？（列出）

它们出现在故事的什么地方？（句子编号）

11. 时间结构

故事中的时间结构是什么？将核心事件的时间标记为时间0。在它们实际发生的历时序列中，将之早的事件标记为时间—1、—2等，将之后的事件标记为时间＋1、＋2等。

在每一句旁，记下时间数字，或者那里提到的行动发生的时间。

故事所说的次序与事件的历时次序是如何联系起来的？

为什么故事以这个顺序来写？什么价值隐藏在次序背后？

这个次序是有助于还是阻碍了读者理解故事中发生的事情？

能否具体说明这样的时间如何修订了你之前发展的事件结构？

12. 背景

是否给出了背景（先于核心行动的事件，不论是新近的事件还是久远的历史事件）？

是否有某种背景暗示出故事背后有某种特定的意识形态框架？

13. 评论

是否有关于事件的评论——对事件作出评价（或发表社论）？是否有事情发生的语境？是否有形势将如何发展的展望？

是否有某种评论（特定的评价）暗示故事背后有某种特定的意识形态？

14. 后续报道

是否有事件核心行动的后续报道［随后的事件，（口头的）反应或（非口头的）结果］？

是否有某些后续报道暗示故事背后有某些特定的意识形态？

## 事件和话语结构

15. 事件结构

核对你对故事中连续的事件范畴进行核对，提取出新闻行动者、地点和事件，以及行动本身。

列出事件的历时顺序及与之相联系的行动者、时间、地点以及它们出现的句子的编号（如表3—1的例子）。这表示你最终确定的事件结构。

注意任何其他的选择，它们表示故事本身具有的不一致性和不清晰性。

故事是否按节来讲述？即，事件是一个接一个，还是各自散布的？

16. 话语结构

在这个阶段你可以提取出话语结构的树形图（如图3—2、3—3、3—5）。

注意，只有在一连串草稿之后，才可能发现这些例子展示的表面次序！

这种结构掩盖了模糊性和不清晰性，在这个意义上，它是理想化的。

17. 衔接性

什么样的联系在故事的句子或事件之间得到了表达或暗示？它们是如何得以表达或暗示的？（列出）

什么样的联系被遗漏了？（列出）

句子或事件之间的联系（或联系的缺席）对于故事的理解意味着什么？

句子的组织方式中是否暗示不同事件之间有一种因果联系？

故事是平缓地进行，还是跳跃着的？

为什么？

18. 混乱

现在是否可以准确地说出故事中发生了什么？

或者，是否如可能的替代事件或话语结构的例子所证明的，故事仍有含糊性、缺口或混乱？（列出并解释）

| 事件结构 | | | 时间结构 |
|---|---|---|---|
| 3 | HL | **二人被拘捕，同时爱尔兰共和军突袭被阻** | +2 |
| 1 | | | 0 |
| 1（2？） | S1 | 英国警察和军情五处（MI5）突然采取秘密行动，缉获炸弹制造机器——可能还阻止了一支主要的爱尔兰共和军对英国大陆的突袭。 | 0（+1？） |
| 1（2？） | S2 | 他们找到足以炸毁一个大型办公区的塞姆泰克斯（Semtex）炸药。 | 0（+1？） |
| 1？（2？） | S3 | 安全机构还相信，他们已经截捕了一名向基层恐怖组织提供装备的爱尔兰共和军高级军需官。 | 0？（+1？） |
| 3 | S4 | 昨晚，两名男子在伦敦对恐怖主义行动的戒备下被拘捕。 | +2 |
| | | **手枪** | |
| 1 | S5 | 一名三十来岁的人在兰开夏郡艾宁顿被捕，他的车中有能制造 10～15 磅强爆炸性炸药的机器、一只手枪和弹药。 | 0 |
| 1 | S6 | 身着防弹衣、携带半自动武器的便衣警察在临近查理·布朗汽车中心的停车场抓住了这名嫌疑人。 | 0 |
| 2 | S7 | 在两个小时内，另一名五十来岁的男子在伦敦北部的威伯里被拘捕。 | +1 |
| 1 | S8 | 昨晚在艾宁顿，一间连排房屋处于警方的看守之下。 | +2 |
| 3 | S9 | 嫌疑人在被控告或释放前可能被拘留至多七天。 | +3 |

**图 3—4　事件和时间结构范例故事**
（《每日镜报》，伦敦，1994 年 2 月 23 日；经镜报报业公司允许复制）

### 1. 大标题

大标题看来叙述了两个事件——"两个嫌疑人被拘捕",以及"一次爱尔兰共和军突袭被阻止"。两个事件明显是紧密相连的,或者甚至在效果上可能属于同一行动。突袭被阻止可能正是由于这两人被抓捕。因而新闻大标题中的"同时(as)"表明这不是一个意外,而恰好是两个事件之间明确的时间和因果关系。也可能是这次行动阻止了突袭,导致两名嫌疑犯被抓捕。仅靠大标题中我们无法分辨。我们必须读下去。 *82*

### 2. 导语

导语看来在说一个事件:一个安全机构"突然行动",发现了炸弹制造机器。这个行动显然与大标题陈述的两个事件相关,但并不完全一致。大标题中的"被阻"表示对袭击的意义评价,而非任何其他单独的行动。因此我们发现导语句阐明了大标题的含糊之处,但该行动当然仍可能由不止一处的袭击构成。

### 3. 事件

我们现在可以进而梳理整个故事的事件结构。导语和接下来三个句子(例 S1-S4)引出的诠释是曾有一次单独的袭击。但故事的后半部分说两名嫌疑人被捕的地点相距甚远。至 S7 才明白我们处理的是相当孤立的事件,而它们在某种意义上是否为一次单独的安全行动,或它们是否为意外的巧合,仍是不清楚的。两个事件的核心行动显然是各自的袭击(假定威伯里被牵涉进了一次袭击——我们只被告知那个男子被"拘捕",这里奇怪地以主动的方式来使用一个静态动词,类似于"逮捕")。在这一点上,假定将两名嫌疑人持续的拘留看作一个单独的事件,那么似乎可以将故事描述为以下三个事件 *83* 的总体:

(1)艾宁顿的逮捕。

(2)威伯里的逮捕。

(3)两名嫌疑人的拘留。

艾宁顿的逮捕似乎是故事的核心事件,故事的大部分篇幅显然也集中于此(事件结构见图 3—4)。

### 4. 大标题、导语和故事

我们已经看到这个故事中导语的内容消除了大标题的含糊意义。但再仔细看大标题开头"二人被拘捕"的陈述，与其说来自导语，不如说来自 S4。这是一个罕见的样式，因为大标题大多只源自导语句，而非来自故事接下来的信息（Bell，1991）。

在大标题和导语中使用的动词情态也存在一个对比。导语避免采取评价，而称"可能阻止了"，但大标题将它作为无可掩饰的事实呈现出来——被阻。导语的核心事件"袭击"，在大标题中只在"被阻"的表象下再现出来——即导语中表达的试探性评价在大标题中成为不再回避的行动描述。这是一种经典的新闻中的"过度断言"，我在对新闻稿件的编辑变化的研究中发现这是普遍存在的（Bell，1983、1984）。最初的导语句可能是由一名新闻记者所写，而大标题出自稿件编辑。这种变动是为了使故事尽可能明确（"不含糊"是一种经典的新闻价值：Galtung & Ruge，1965；Bell，1991）。因此，大标题看来不是一个故事整体的有效再现，它在某种程度上始终遗漏了情态动词，并夸大了导语中包含的评价的确定性。情态在大标题中可能很少被表达。

此外，我们没有被告知"一支主要的爱尔兰共和军的突袭可能已被阻止"是谁的观点。这里没有这个评价的出处。故事的主体对此也没有提及。我们可能会假设来源是 S3 所说的"安全机构"，但它可能实际上是写这个故事的新闻记者的产物。一个更大的可能性是，这个陈述是由稿件编辑虚晃地插入的，以提升故事的新闻价值——让它欢闹起来。这么认为的证据是，S1 中这个陈述出现在破折号之后——一个可以避免的标点泄露出 S1 的后半部分是后来匆忙加上去的。

### 5. 故事归属

这个故事没有归属于作为作者的新闻记者，也没有归属于作为提供者的通讯社。我们必须假定它是由没有署名的记者职员所写的。

### 6. 来源归属

更重要的是，故事没有直接说明其信息的来源。我们获得的最近的来源在 S3，我们被告知"安全机构相信"的信息是与行动的结果有关的。我们可以假定它们也是一些关于事件本身的信息来源，以及 S1 中的评价的可能来源。S3 中使用"相信"而非"说"，这可能是有意义的，它表明安全机构没有准备提供"记录"的信息给媒体，或者可以由此作出评论：新闻记者所构造的内容比消息源提供的更多。我们可以注意到 S9 关于拘留权的背景可能来自新闻记者自己的知识而非出自其他来源。

### 7. 新闻行动者

故事中详细说明的新闻行动者如下：

安全机构（S3）

　　警察（S1，S6，S8）

　　军情五处（S1）

两个爱尔兰共和军嫌疑人（S4）

　　一名在艾宁顿被捕（S5）

　　一名在威伯里被捕（S6）

这里再一次提到一名爱尔兰共和军成员——"一名爱尔兰共和军高级军需官"（S3）。S3 的提及方式暗指这个特征与 S1－S2 中的事件所包含的人是不同的。使用并列的"并且"（and）来引出这个句子，加上不定冠词"一名……军需官"，暗指一个不同的人。如果是相同的人，我们宁愿采用这样的语句："安全机构相信嫌疑人是一名爱尔兰共和军高级军需官……"

此外，考虑到 S5 中艾宁顿的嫌疑人携带的具体武器，S3 更有可能提到他。但由于那样牵涉 S1－S2 提及的威伯里嫌疑人，这个诠释也不完全令人满意。剩下的可能性是，这里指的是没有提到过的第三人，但这似乎又是可能性最小的。

注意我们的分析逐渐移向故事时，我们如何获得更多信息，而这些新获得的信息如何修正了我们对之前信息的理解。但并不总是能够澄清理解，在这一点上我们不得不说军需官的身份是不明晰的。这种涉及身份的问题在新闻中很常见。在编辑实践的研究中（Bell, 1984），我发现一些编辑明显不能对不同句子中的表达是否意指相同或不同的地点或人物进行解码。他们试图澄清提及之处，却有时进行了错误的诠释，并将故事中第二次提到的某个城市误作首次提及的另一个城市。

## 8. 地点

故事使用了以下地点的表达：

对英国大陆的突袭（S1）

在伦敦被拘捕（S4）

在兰开夏郡艾宁顿（S5）

在他的车上带有弹药（S5）

在临近查理·布朗汽车中心的停车场抓住这名嫌疑人（S6）

在伦敦北部的威伯里被拘捕（S7）

在艾宁顿的一间连排房屋（S8）

不说什么比说了什么更引人注目：袭击和逮捕发生在什么地方直到 S5 及接下来的句子才有具体说明。这导致了我们对于发生了什么的不清晰性理解。

我们也可能想知道为什么故事详细说明"查理·布朗汽车中心"，因为这是不大可能为艾宁顿地区附近的人所知道的。但是，对于当地人，这个描述可能意味着袭击是在镇的核心、热闹区域。这可能是一条线索，即故事的这个部分的起源是一个艾宁顿当地记者的叙述，它没有经过面向全国读者的适当编辑。相反，威伯里——英国人都不需要它的介绍——被注释说明是在伦敦北部，这大概是面向国际读者的。因此在两个句子中，通过某种假定的或没有假定的共享知识，我们假设有不同的读者：地方的 VS. 国际的。

## 9. 地点结构

然后故事似乎（至少）有三处方位——英格兰西北部的艾宁顿，伦敦北部的威伯里，加上在伦敦两名嫌疑人被拘留入狱的地点。因此我们可以确定我们对故事中可能有三个事件的说明。如果有更多的细节，我们可能希望将其他行动——例如在艾宁顿的一间连排房屋的看守（S8）——看作更孤立的事件，因为这所房子看来并不在艾宁顿的嫌疑人被捕的停车场的地点。

然而，最为引人注目的是我们越深入分析，我们所被告知发生的事情就变得越不清晰。一个表面上看来简单的故事变得相当复杂而难以理解。不太明显的是，S5－S7 中详细说明的两组新闻行动者、方位和行动实际指涉的是在 S1－S3，因为 S1－S2 这三个句子没有涉及明确的人，并且完全不涉及地

点。例如，我们不能肯定 S2 中塞姆泰克斯炸药被发现的地方，或嫌疑人是否 *87*
为 S3 中的军需官。

## 10. 时间

在一个新闻故事中，时间的具体说明总是惊人地少（除了动词时态的标
注之外）。留下的推理通常是"这必定是最近的，因为它是新闻"。这个故事
中的时间表达是：

昨晚（S4）

在两个小时内（S7）

昨晚（S8）

至多七天（S9）

直到故事的第四句才出现时间的表达，"最近的假定"一直支配着我们的
阅读，直到那个点为止。两人被逮捕的日期时间没有具体的说明，尽管我们
知道它们之间不会超过两小时。我们假定逮捕发生的时间在故事发表之
前——一定在"昨天"之前。但事实上，新闻可能追溯到前晚或甚至更早。
故事对事件的时间保持沉默并非罕见的事情。"最近的假定"偶尔是明显错误
的——有时这种对于时间的沉默似乎造成了对于新闻的"新近性"的误解。

## 11. 时间结构

与故事事件结构的梳理紧密联系的是它的时间结构的具体说明：什么事
情以什么次序来发生，故事的历时顺序是什么？这个故事的时间结构是相当
直接的，除了缺少绝对时间的清晰性，以及什么行动是什么事件的一部分。

时间结构如图 3—4 的右边所示。我们取主要的新闻行动的时间为 T0， *88*
即 S1 中描述的行动，我将假定它指的是艾宁顿袭击（尽管它可能涵盖了两次
袭击）。那么 S1、S2、S5 和 S6 都描述了袭击的某些方面。我将 S3 也理解为
指涉艾宁顿。所有这些都因此是 T0 事件。S7 发生在威伯里袭击的"两个小
时内"，因此在 T+1，即 T0 后的下一个时间点。S4 和 S8 都指"昨晚"，随
后是两起逮捕，即 T+2。S9 可被认为发生在其后，因此是 T+3。

这是一个相对简单的时间结构，因为即使是一个简短的新闻故事也能不
费力地在非历时次序中包含十个或更多的行动，正如我们在下一个例子中将

要看到的。这个故事并非由最近的时间来引导，这也是不寻常的，或许是因为我之前注意到的"拘捕"的静态性。但我们也可以注意到大标题确实集中在最近的事件上——两名嫌疑人被拘留。因此，对于什么构成了这个故事中核心的新闻事件已有一种意见的差异。写这个故事（包括最初的导语）的新闻记者认为它是袭击。将故事进行编辑、写了大标题的稿件编辑认为它是两名嫌疑人的拘留。这种不一致是新闻编辑部的苦恼所在。

因为时间是新闻故事中如此重要的成分，值得进行更多的讨论和举例说明，我将在下文中带着例子回到这个问题，在那里时间将起到更重要的作用。

## 12. 背景

背景的范畴（参见图3—3）涵盖了故事核心行动之前的事件，并可能包括刚过去的事件或更久远的历史。这个故事没有包含背景。

## 13. 评论

评论涉及正在发生的事件的语境、评价或展望。在这个故事中，我们已注意到评价性的评论涉及对一次爱尔兰共和军突袭被阻止（S1，大标题），以及对安全机构的发现（S3）的意义评估。此外，还提供了恐怖主义行动的语境（S4），它清楚地说明了嫌疑人会被持续拘留（S9）。

## 14. 后续报道

如果我们将袭击作为故事的核心事件，那么两名嫌疑人的拘留就可被看作那个事件的后续报道。后续报道通常成为随后的事件的导语，并且我们已经注意到那个大标题（当然是写在这个故事之后）正趋于朝向这个方向。

## 15. 事件结构

我们已经注意到故事在"谁"和"何处"上的含糊和缺乏清晰。图3—4的左边是我尽可能判断的事件结构。通常，时间是理解故事中发生的事情的可疑因素。但在这个案例中，地点结构却更令人困惑，也使新闻行动者身份的辨识度更低，因为不同部分的描述中提到的地点是指艾宁顿还是威伯里，是很不清晰的。表3—1扼要表示了这个事件结构，将每个事件的行动、行动者、地点和事件联系了起来。

**表 3—1**　　　　　　　　　　　　**爱尔兰共和军故事的事件结构**

| 事件 | 句子 | 行动者 | 地点 | 时间 |
|---|---|---|---|---|
| 1. 袭击，<br>逮捕，<br>捕获 | 大标题<br>S1，S2，S3，<br>S5，S6，S8 | 安全机构、<br>爱尔兰共和军 | 艾宁顿 | 0<br>+2 |
| 2. 逮捕 | S7<br>(S1? S2? S3?) | 安全机构、<br>爱尔兰共和军 | 威伯里 | +1<br>两个小时内 |
| 3. 拘留<br>（"拘捕"） | 大标题<br>S4，S9 | 两名爱尔兰<br>共和军成员 | 伦敦 | +2，+3<br>昨晚 |

## 16. 话语结构

图 3—4 根据我所提供的诠释图解了故事的话语结构，它仍舍弃了一些细节，以免一个已经很复杂的图解变得更复杂。最终的事件树形图的整洁性不应隐瞒它曾以一系列粗糙的草稿为前提（即使草稿是不断精炼的）。事件 3 被安排为事件 1 和 2 的后续报道。每个事件简单地由行动者、行动和环境，以及评论和后续报道构成。

如果我们采用故事中的含糊信息的其他诠释，就意味着将某些构成变换到图解的其他点上。因此，如果将"突袭被阻"这一说明理解为既是指艾宁顿又是指威伯里的袭击事件，我们就会认为那个评价同时与事件 1 和事件 2（也可能整个故事）相关联。如果我们判定军需官是威伯里的嫌疑人而非艾宁顿的嫌疑人，那么我们将重新把那个评价仅与事件 2 相关联。

## 17. 衔接性

新闻故事被标准地写成一系列的一句话的段落，并且通常句子间很少有联系。每个新闻句子通常自成一段，而没有更大的文本组织单位。通常没有从一句到另一句流动的时间序列，并缺少诸如使用副词以表达句子之间的联系等手段。句子之间的凝聚性通常是不清晰或不存在的，我们可能由衷地怀疑：故事中哪些行动是一起的，哪些地点发生了变动，或者哪些材料的来源是谁。

正是缺乏这样的标识，加上地点的混合，导致了这个故事的含糊性。由于缺乏相反的指示，我们通常将 S1－S3 作为描述发生的事情的一个简单的集合，尽管没有明晰的线索来表明这一点。S4 之后事情变得清晰了，那里的联系表达为：S5 开头的一个人将新闻行动者重新联系到 S4，并且 S6 中的

"嫌疑人"延续了提及的线索。S7 中的标识也清晰地显示出这是不同的事件——另一个时间、另一个地点的"另一个男子"。然而，S8 再次跳回艾宁顿，这是相当为难读者的。

### 18. 混乱

我已经说明一些不清楚、含糊或让人对故事中实际发生了什么、对谁及何处感到困惑的点。这里将它们作为问题列出（如同从事跟踪报道的新闻记者会追问一个来源）：

两次逮捕是单个行动的两个部分，还是巧合的两件事情？（S1）
安全力量认为哪次逮捕代表"阻止了爱尔兰共和军的袭击"？（S1）
塞姆泰克斯炸药在威伯里和艾宁顿都被发现了吗？（S2）
是艾宁顿还是威伯里的嫌疑人是军需官？（S3）

这个故事中混淆的理由可能是故事之间缺乏衔接性和具体指示。这通常给报道和理解的准确性带来问题。在对天气变化的报道的一个研究中（Bell，1994），我发现一个故事中由于句子间缺乏衔接关系，使一个记者在故事里连续的句子中交替地提及温室效应和臭氧耗尽，从而严重混淆了这两个根本不同的气候现象。

在一个故事中两次袭击的聚合，暗示了它们和嫌疑人是紧密联系的。然而，我们被告知的关于威伯里的逮捕的信息如此之少，以致我们不能对此保持肯定。事实上，当我们审查安全机构在故事中作为新闻行动者的角色时，提到"警察"时两次与艾宁顿联系起来（S6，S8），而军情五处只在导语句中泛泛地提及。看似艾宁顿只有警察参与，威伯里只有军情五处参与，但在时间上与其说是单个行动，不如说是巧合。这个不清楚的指示事实上通过将较小的故事嵌入一个更大的故事而提升了新闻价值（Bell，1991）。故事的一种读法是：最重要的行动大多与艾宁顿相联，很少与威伯里相关。因此，当威伯里事件可能完全没有被报道时，指示的含糊性使人们认为它是与艾宁顿袭击共谋的，而不是单独的行动。

我在这部分中的具体分析已经显示了这个故事的许多特征——语义不一致和存在空缺的证明，以及背后的新闻价值的表现。我们可以看到它宣称的新闻价值主要在于内容的负面性——现场冲突，发现武器和炸药，动用军队等——还有精英的新闻行动者（安全机构）的参与，孤立的故事之间可能的协同从而互相加强，降低了的逮捕的意义的含糊性，以及可能提高的新近性。

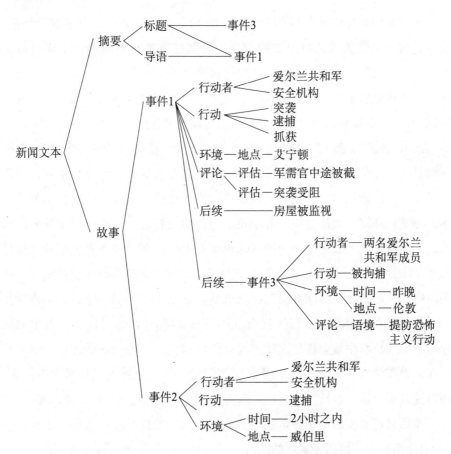

**图 3—5  图 3—4 中爱尔兰共和军的故事的话语结构**

新闻记者自身对一个故事的最终摘要是一个词的"简短说明"（slug-line），每个故事通过它而在新闻处理系统中得到确认——现在也假定它是故事在电脑中保存时所用的文件名。简短说明通常是新闻价值的一个好的向导，推测一个特定的故事可能使用什么样的简短说明也是有益的。在我看来，这个故事的例子中可能的候选就是："突然行动"、"突袭"或"被阻"。

# ■5  新闻时间

正如我们到目前的分析所看到的，时间是新闻故事中一个重要的维度，它本身的作用也值得进行更多的讨论。时间在故事的不同语言层面得以表达——在动词短语的形态和句法、时间状语中（词汇或成语）、句子的话语结构中。各种故事中有一个特征似乎在文类和文化间被共享着，以至于被称为"标准"——事件倾向于以它们发生的历时顺序来进行叙说。

故事中的时间已经广泛吸引了不同学者群体的兴趣（Toolan，1988）——文学理论家、研究话语理解的认知心理学家，以及文本和话语语言学家。文学理论倾向于把历时顺序看作潜藏在虚构叙述下的未标明的或基本的形式，并饶有兴趣地将一部小说的时间结构看成是从年代表中分离出来的：热内特的普通叙述话语理论（Genette，1980）就是依据普鲁斯特《追忆似水年华》发展而来的，主要专注于时间。时间顺序是他的主要范畴——从历时序列开始，在"时间倒错"（anachronies）方面进行分析。认知心理学家对事件结构和话语结构进行了区分（Brewer，1985），即事件实际发生的次序与它们在故事中被叙说的次序（我在前面讨论的框架允许话语中存在非历时性的事件结构）。真实世界的事件结构只有一个，但话语结构可能有许多。历时性表面上是"自然"的次序，因为它使话语结构与事件结构相匹配。

童话具有典型的——甚至是原型的——标准的故事时间次序。因此，在《三只小猪》中，讲述了这样的故事：

第一只小猪遇到一个担着稻草的男人，它买下稻草，并用来建了一间房子。大恶狼来了，喘气，喷气，吹倒了草房，并吃掉了小猪。

第一只小猪遇到一个担着枝条的男人，它买下枝条，并用来建了一间房子，最后它也被狼吃了。

第三只小猪遇到一个担着砖块的男人，它买下砖块……

但狼没能吹倒砖屋，小猪把火上的锅烧开，狼从烟囱爬下去抓小猪，但反而被烧成晚餐。

故事结束。

### 故事时间结构的分析

新闻实质上是受时间约束的——它是一件易碎品。时间是新闻的性质中一个明确的特征、新闻采集程序中一种主要的动力，以及新闻话语结构的一个影响因素。图 3—6 展示了一个典型的通讯社报道的文本，它发表在《惠灵顿晚邮报》（Wellington's *Evening Post*）上。故事事件的时间结构列在右边。时间 0 是故事中的现在，导语句中导入事件的时间。在这之前的时间标记为时间－1，表示发生在前的事件，故事中的时间－6 回到了报道背景中最早的事件。故事也报道了时间 0 后的事件，标记为时间＋1（诊断），等等。这里我的报告的目的只是进行简要的说明，更具体的分析参见我的另一篇文章（Bell，1995b）。

| 抗议被中断 | | 时间结构 |
|---|---|---|
| S1 | 利马，1 月 18 日——被秘鲁总统阿尔韦托·藤森疏远的妻子今日被送进医院，这发生在她绝食抗议她的党被取消国会选举仅 24 小时之后。 | 0<br>－2<br>－3 |
| S2 | 医生说她得了急性心脏病，或是一次心跳加剧。 | ＋1 |
| S3 | 之前，（被罢黜的第一任夫人）苏珊娜·藤森樋口，在灼热的夏日里坐在全国选举委员会总部外的伞下，誓言要抗议到底。 | －1 |
| S4 | 选举委员会在星期一说，藤森樋口的 "21 世纪和睦组织" 没有资格参加四月的国会投票，因为它未能提供一份 120 名立法委员候选人的完整名单。 | －3<br>＋2<br>－4 |
| S5 | 委员会成员曼努埃尔·卡塔科拉今天说，由于藤森樋口在离截止时间仅剩 10 分钟时才提交她所在政党的国会候选人名单，因而允许政党在五天内修改错误的规定是不适用的。 | 0<br>－4<br>0 |
| S6 | 藤森樋口是一名 44 岁的土建工程师，她被藤森疏远是从 8 月她反对禁止她参加公务员竞选（原文如此）的选举法开始的。——路透社 | －5<br>－6 |

**图 3—6　发表在《晚邮报》，惠灵顿，**
**1995 年 1 月 20 日的国际新闻通讯社报道（经路透社允许复制）**

导语句涵盖了时间上和因果上的三个连续事件，但历时顺序是颠倒的。结果（藤森樋口被送入医院）在原因（绝食抗议）之前，这又放在更早的原因之前（被取消选举的资格）。它们通过表达时间的短语联系起来，通常是遵循前面分析的例 2 和例 4 的一句话故事的序列，或是作为同时发生的事件（如图 3—4 的大标题）。时间短语通常暗含了一种因果联系，尽管这一点可能并不总是看起来有根据的。

在图 3—6 中，时间 0 在导语中有明晰的标识——"今天"，后面的句子中还有之前或之后的其他时间点的标识。一些时间指示使事件处于日历时间之中（S6 中的"从 8 月"），其他是互相联系的（S1 中的"仅 24 小时之后"，S3 的"之前"），还有其他是以当下为指示点而直接证明的。

拉博发现，个人叙述作为一种形式的规定特征在于它的"从句"的时间序列。即，行动始终是遵照它发生的次序而叙说的，我把它称为标准次序——"使从句的言辞序列与事件的序列相匹配"（Labov，1972：360）。相反，新闻故事很少（如果有的话）以历时顺序来叙说。图 3—6 中故事的时间结构是非常复杂的，有九个时间点在分析中被辨识出来。故事整体被分为三个部分：S1—S2，S3—S5，S6。我们看到，仅导语句就涵盖了三个事件和时间。每个部分重复成一个循环，它们通过事件追溯时间，以与实际的事件相反的顺序（加上故事中有两处未来的时间）呈现出事件的链条，其高潮是在故事的导语事件中。最早的事件是最后被报道的，最后一句描述了六个月以前的事件，它是当前发生的事件的前情。

在故事的主体中，被感知的新闻价值颠覆了时间序列，并强加了一种与线性叙述完全不一致的次序。它在时间上前后移动，在每个循环中选出不同的点或赋予现在提及的事情具体的细节（S4 和 S5）。我们期望叙述通常按照时间连续性来进行，而这种违背是新闻故事的突出特征——倒金字塔结构。范·戴克将它称为分次连载的方法（Van Dijk，1988b：43），一个事件被引入后，将两次以上地被提及更具体的细节。正如我们在图 3—4 的爱尔兰共和军的故事中看到的，句子之间时间的极其不连续导致了新闻故事中句法、语义和话语的衔接的普遍缺失。在新闻实践中，倒叙的结构有一种直接好处（在一定程度上也可能是一种起源）——故事通常从底端开始删节，使之符合可用的空间。因此，重要的信息必须尽早地出现，并且故事应当能够在任何一句中结束。因此，在爱尔兰共和军的故事中，至少最后两句可能被删去而不影响前面部分的故事（这个问题更多的讨论参见 Bell，1991）。

### 新闻叙述的早期形式

作为新闻消费者，我们已经习惯这样的方式，而忘记了它与其他叙述文类及新闻报道的早期形式相比发生了多大的背离。图 3—7 展示了《新西兰先驱报》1886 年 6 月 11 日的一篇报道。它报道了位于奥克兰东南部约 200 公里的塔瑞瓦那火山的爆发，《先驱报》正是在这个地方出版。火山爆发导致许多民众丧生，使新西兰地貌大面积地被改造。

这是一则可以在任何现代报纸上发表的典型的灾难报道，但这里它完全是以历时顺序来叙述的。事件的叙说由奥克兰读者的视角展开——首先听到遥远的爆发的声音并推测其原因，然后终于得到真实原因的新闻。历史上的故事从开端说起，现代的导语句则以类似这样的方式进行：

> "塔瑞瓦那火山昨晚爆发，造成至少 30 人死亡以及数千人逃离……"

现代新闻叙述类型的发展研究表明，倒金字塔结构是 19 世纪末在美国新闻业中发展出来的。舒德森（Schudson，1982、1989）发现，直到 19 世纪 80 年代，联邦州长讲话的报道才在开头就总结出要点。到了 1910 年，作为总结的导语已成为标准。

*98*

星期四早晨，许多奥克兰居民听到炮鸣一般的声音。

由于连续的火光、响声，以及不时传来的像是大炮齐鸣的声音，这里和奥尼洪加的人都感到好像是一艘俄罗斯军航闯入了马努考海湾，这些都是她遭遇危难信号。

像是炮火的鲜艳闪光在奥尼洪加以及从《先驱报》办公室的圆屋顶都可以看到，这几乎证实了一场海上灾难。然而，大约上午 8 点 30，一种气氛开始在镇上环绕，一场远远超过恐慌甚至最严重的船舶失事的灾难已经发生了。

第一条新闻出于主管电报部的菲尔比先生的礼节，由我们以号外来发表，并包含了下面的信息；它由这里的电报员丹瑟从罗托鲁瓦发出，他在最可怕的危险面前，刚毅而勇敢地坚守在他的机器前：

"我们都已度过一个可怕的晚上。在凌晨 2 点 10 分，有一次猛烈的震动，然后是一阵可怕的轰隆震响，它使每个人冲出自己的房子，那种惊人而恐怖的景象离我们如此之近地呈现出来。塔瑞瓦那山突然变得活跃，火和熔岩从火山口高高喷出。4 点时大量浓密的火山灰流到这里，夹带着来自较低地区的令人窒息的气味。"

"几个家庭穿着睡衣离开了家，带着他们在匆忙中可以抓到的任何东西冲向陶兰加。其他更幸运的人得到了马匹，骑向牛津。"

**图 3—7　新闻作为历时性的故事：《新西兰先驱报》，1886 年 6 月 11 日**

*99* ### 新闻时间和新闻理解

当代新闻故事的时间结构的非连续性、非历时性提出了读者和听者如何对其进行理解的问题。奥苏卡和布鲁尔（Ohtsuka & Brewer, 1992：319）在介绍他们对叙述理解的研究时写道："读者要理解一个叙述文本，就必须能够从给定的文本序列中追溯出潜在的事件序列"。如果严格地这样去分析，那么新闻的可理解性将是令人畏惧的。本章的案例分析显示，学者都要用相当多的努力才能解开时间结构，更不用说偶然的受众了。

关于叙述理解的心理学研究[1]已经阐明了不同类型故事的时间结构以及不同次序对于受众理解的效果。奥苏卡和布鲁尔（Ohtsuka & Brewer, 1992）发现，读者理解标准/历时的故事是最容易的。相同故事的第二个版本以截然相反的时间顺序呈现出来，第三个版本对某些事件使用了倒叙手法，则导致理解水平的显著下降。最后一个版本包含了"前叙"（flashforwards），它并不能立即与已经叙述的事情联系起来，这里的理解就如同碰巧一般了。

与这些新闻故事的原则和发现相关的是，我们可以看到标准/历时的类型没有用于当代新闻中，从最后的事件回溯到第一个事件来讲述一个完整故事的完全倒叙类型也没有得到运用。但是，新闻故事的段落中确实以反向的次序来处理事件。倒叙看来是新闻故事中主要的时间结构，这在本章检视的故事中是能够得到充足的证明的。

标准的新闻写作的非线性时间序列事实上是否更难以理解，或历时次序是否较易于理解，到目前为止，新闻故事理解研究对此的发现仍是含糊不清的。一般读者显然有某种复制新闻格式的能力。卢茨和沃达克（Lutz & Wodak, 1987）让接受实验者复述新闻故事，并让他们自己写一个导语句，以此来检测故事的形式。他们发现大多数中年级的学生复制了一个标准的、
*100* 逆时次序的新闻格式。一些低年级的信息提供者则将许多想得到的信息都包含在内，他们的复述并没有遵循新闻文体。

在另一项研究中，杜斯扎克（Duszak, 1991）让读者将一个新闻故事中随意安置的句子重建起结构顺序。多数人正确地辨认出了导语句，但在如何组织导语后的句子方面有两个互相关联的趋向。报告人似乎在通过将表面衔接的句子进行分组来避免极其不连续的新闻格式。他们还倾向于以一种比原

文更符合历时顺序的方式重组事件，例如将背景材料放到故事较前的部分而非最后。读者似乎有一种默认的策略——不存在相反的线索，为此，他们重新将事件的历时顺序加入到话语中。杜斯扎克正确地将此诠释为一种历时地复述事件的"有力驱动"，这与新闻图式所推动的、读者关于次序的知识形成了冲突。

我们需要更多关于时间结构对于新闻理解的效果的研究。在其他叙述文类的理解研究的基础上，非标准的新闻格式对于理解起到相反效果的假设是合理的，但是对新闻模式的熟悉程度能否减轻这些问题则是不清楚的。

布鲁尔假设特定话语文类对于理解具有特别的用意。在这里，"话语中事件的次序图绘出潜在的次序"（Brewer，1985：187）——即它们以历时顺序来写作。在假定为理解而设计的文类中，他明确而且正确地将新闻故事包括在内——而对新闻故事事实上从没有遵循简单、可理解的标准顺序这一点，他未做任何评论。当电影或小说中的倒叙、前叙和颠倒的叙说构成被运用到新闻故事中，就对受众的解码能力形成了挑战。

那么，既然新闻记者的一个公然目的是让读者理解，为什么他们以我们不太容易理解的顺序来写作呢？奥苏卡和布鲁尔（Ohtsuka & Brewer，1992：331）对任何叙述类型中的非历时顺序提出了相同的问题："为什么作者不总是以标准的方式来写作？"他们的答案是：作者是有目的的，并且叙述是具有功能的——而这目的和功能不仅仅是让人理解。例如，它们起到娱乐和劝说的作用。然而，对于新闻故事而言，问题尤其尖锐，因为受众的理解是新闻写作主要的明确目标之一。答案在于新闻价值、新闻实践和技术发展的联姻，这强大到足以颠覆理解的动力。

媒体的价值控制着新闻呈现的方式。我们可以解释根据价值构造新闻故事的方式，即判断一个"事实"比另一个更有新闻价值，因而更值得记住和理解。具体地说，正如我们已看到的，新近性的价值是新闻话语中一种强大的力量。其原因是时间在新闻实践中发挥了主导的作用（Bell，1995b）。时间主宰着新闻工作，这在其他工作中是少有的：产品必须在规定的时间内完成，否则就是无用的。施莱辛格对 BBC 新闻编辑室的实践的研究正确地将新闻工作的特征描述为"一种停表文化"（Schlesinger，1987：83）。新闻编辑室在与钟表的对抗中运作，以在最后期限前生产出所要求数量的故事的能力来衡量每日的成绩。第一个获取新闻的动力深嵌于新闻的精神特质中，并从根本上影响到新闻文本的结构，也在某种程度上激发了隐瞒不太新鲜的新闻的时间的企图。这些工作实践由技术发展所驱动并加强。电报的发展产生了我们所知的现代新闻报道，卫星和电缆的出现促成了现场新闻的呈现，这些技术创新的目的在于缩减新闻事件的发生及其叙说之间的时间差。

# ■6 结论：应用与适用性

本章呈现的新闻故事的细致分析已经告诉我们许多故事的特征——语义不一致和存在空缺的证明，以及它们背后的新闻价值的显现。从这种比较简单的话语结构分析可以得到相当多的回报。它揭示了新闻的潜台词，例如一些暗含的联系也许并不是经得起推敲的。它可以使我们更接近于"故事实际所说的事情"。

例如，在爱尔兰共和军的报道中，我们已经能够推断出大量关于它的生产和潜在的接收以及文本自身的信息。我们已经看到，不同的输入文本联结为一个故事，这些输入所针对的当地和国际读者的分歧，以及新闻记者和稿件编辑对事件中什么是真正的故事所持的观点冲突。我们已经注意到，可能的替代性话语结构反映了我们所读内容的大量的模棱两可之处，它们使这个单独的文本无法正确地决定包含的人物、地点和事件。我们已经看到常规的混杂的时间结构以及句子之间缺乏衔接导致某些地方不清晰，并观察了一些可能作用于新闻故事的理解的影响因素。我们已经能够评估大标题的有效性，以及在故事中提出评价的可靠性。

我们对事件、人物和地点的具体说明会随着故事分析的深入而变化，这是特别有益的。只基于大标题和导语的诠释是相当具有误导性的。如果这是本章早先分析的一句话故事，不清楚和含糊的层次仍是非常高的。将这个经验投射回早先的例子，我们发现，如果我们曾得到故事分割前的完整文本，似乎我之前提供的这些事件和话语结构的诠释将被证明是非常错误的。

我在早先的指南中提出的分析系统涵盖了多数我们可能希望知道的故事

话语结构，但还有其他我们可能要问的与它相关的问题，诸如：

- 什么词汇在导语中被用来宣示故事的新闻价值？
- 在导语中句子构成的次序是什么？那种次序的背后有怎样的新闻价值？ *103*
- 在导语中新闻记者的简洁和清晰的目标是否存在冲突？
- 故事包含了怎样的数字或类似的"硬事实"？故事怎么用它们来支持自己的新闻价值？
- 故事由多少谈话构成？它们是什么类型的谈话——陈述、控告、回应、公告？
- 发表的新闻故事中形成的新闻价值是什么？

这个分析框架集中于新闻记者的 5W 和 1H。但是，其中两个要素显然并没有被描述清楚——"怎么样"，特别是"为什么"。当然，"怎么样"以许多方式在"是什么"的细节中得以再现，但"为什么"并没有在爱尔兰共和军的故事，或许多其他故事中明显地给出。凯瑞将"怎么样"和"为什么"描述为新闻事业的"非洲大陆"，这并非是意外的（Carey，1987；参见 Bell，1996）。其次，尽管我们从一种职业新闻人的角度来理解作品（Manoff & Schudson，1987），仍一定不要忘了这些范畴本身应当服从于分析和解构。

这个框架中包含的分析工作并不少。事实上它要求的是真实反映新闻故事这样的文本的实际的复杂性，它们有时看起来是一种被蒙蔽的简化。从事这样的工作，必须有系统的行动，一点一点地进行分析。

然而，当我们需要有选择地进行分析，并知道什么是合适的切入点时，对我来说显而易见的是，只有按照分析指南所勾勒的模式展开的具体工作接近尾声时，才能形成许多洞见。因为做到完全的理解分析是要耗费时间的（参见 van Dijk，1991：10），我们需要补充一些完整的文本，对较大的样本更多地进行逐步的、具体的分析。但这种工作的回报是更好地认识我们时代正在言说的新闻故事，并理解它们可能被生产和接受的方式。

## 注释

本章在很大程度上是我 1994 年在威尔士卡迪夫大学语言与传播研究中心 *104* 主持的一个资助项目的成果。因此也体现了整个卡迪夫圆桌会议和这本有关多种媒介话语研究进路的出版物的理念。我感谢中心——特别是主任尼古拉斯·库普兰（Nicolas Coupland）在此期间及后来的支持和热情的款待。在资助项目期间，我教了一门有关新闻语言和话语的课程，现在的章节大多是从那些材料和经验中发展出来的。我正式的工作是研究者和新闻记者，而非教师。让学生发现理解和运用这些分析进路是多么艰难，这是有益的事情。它成为圆桌会议和这本文集背后的主要动力。我非常受惠于本书合作编辑彼得·加勒特的鼓励，以及他给本章和整本书带来的洞见。

[1] 在这部分，我报告了与我的时间顺序问题相关的其他研究者关于"理解"的二手发现。它所要求的方法论和理论的问题超出了这里能处理的范围——例如回想与理解的关系、书面与口头渠道的关系，以及受众诠释日常生活的意义的动态方式等，这些方面可以比照本书理查森和艾伦的章节。

# 第4章

# 新闻在此:
# 电视新闻话语与领导权的建构

斯图尔特·艾伦

## ■1 引言

新闻在此(NowHere)?这个标题从一开头就表明,我的目标在于取代后现代理论关于电视新闻"无处看世界"(view from nowhere)的观点,以探究话语建构"现在—在此"(now-here)的政治格局的方式。换言之,我希望使电视新闻寻找它的观众的方式成为问题,通过这种方式,电视新闻与表面上看不见的观众或目击者建立了特定的观看关系。电视新闻宣称提供一种最新的(此时)叙事,并依次地为观众投射一个特定的方位(此地),在这里她或他可能使具有特定"新闻价值"的事件对他们的日常生活产生意义。这个再现过程完全不是"彼处世界"的中立反映,而是对于一个诠释社会生活的惯例规则的再肯定。因此,

*106* 我认为电视新闻报道鼓励我们将它接受为自然的、明显的或习以为常的、具有特定优先性的现实定义，并且这些定义对于社会中的权力关系的文化再生产具有深刻的意义。

本章的讨论主要吸收了文化研究领域中电视新闻话语的探究。辨识文化研究的轮廓需要努力认识到，它作为一个研究学科的正式定义是通过不断的争论而得到特征描述的。围绕"什么是文化研究"的意见分歧，人们越来越意识到，要避免"文化由什么构成"这种规定主义的界定（特别是在不同国家的语境中）。然而，尽管后来的讨论间或是热烈的，这些不同的声音仍普遍共享了一个重要的前提，即所有文化研究的定义必定在他们的主张中具有党派性、临时性和选择性。有鉴于此，我建议将文化研究普遍地理解为包含着各种不同的（概念的和方法论的）进路，它们努力阐明与社会分工和等级统治的自然化相关的日常经验的文化动力学，特别是阶级、社会性别、族群和性等问题。当文化被理解为物质的表意实践的形塑，并且通过这种形式，规范、规则、价值、信仰、意义、主体性和认同成为"整个生活方式"的再现（Williams，1961）时，文化研究的考察范围的边界将必定处于不断的再协商之中。

在这个变化和更新的背景下，我将进行广泛而重要的关于电视新闻话语的文化研究。如果说文化研究的定义至少在英国通常与理查德·霍加特（Richard Hoggart）、雷蒙德·威廉斯（Roymond Williams）以及提及程度较少的 E.P. 汤普森（E.P. Thompson）的著作联系起来，那么，正是 20 世纪 70 年代和 80 年代斯图尔特·霍尔（Stuart Hall）及他在伯明翰当代文化研究中心（CCCS）的同事的介入，最紧密地将新闻话语与新兴的文化研究的"进路"联系了起来。[1] 为了图绘出这个研究领域一些最显著的特征，并以这 *107* 种方式促进该进路的未来应用的评价和批评，本章将采用以下方式。首先，讨论将从与大众传媒相关的"领导权"问题的考量入手①，在我看来，这是

---

① Hegemony，中文有"霸权"与"领导权"的不同译法。季广茂先生从葛兰西对"政治社会"与"市民社会"的区分出发，认为前者是政治集合体，以军队、法院、监狱为支撑物，是专政的暴力机构，以"政治治理权"为核心；后者是民间集合体，以政党、工会、教堂、学校、传媒为支撑，其威力在于广泛的社会舆论，以"文化领导权"为核心；"政治治理权"与"文化领导权"的含义和"霸道"与"王道"的含义相近（季广茂：《意识形态》，65～66 页，桂林，广西师范大学出版社，2005）。因此，译者认为"霸权"的译法有欠妥当，"领导权"的译法更准确。

新闻话语的文化研究展开分析的重点。其次，我将注意力转向细致的电视新闻运作机制的具体说明，这种运作使其优先的真相的宣称变得权威、可靠和具有事实性——并且，通过这种方式，形成了潜在的领导权。为达到这个目标，霍尔（Hall，1980）在它的编码—解码模式中辨认的传播过程的三个主要"时刻"将得到强调：具体地说，新闻讯息的生产或"编码"跟在"新闻文本"自身的时刻之后（下文将提供解说），然后是它的新闻受众的协商或"解码"。每个时刻的重要性将经过检视，以探究电视新闻话语是如何表达出领导权的流动和矛盾性的，并被推断为与"常识"的支配是一致的。最后，本章的总结简要勾勒了这个探究模式未来可能的详细阐述的基础。

## ■2　新闻与常识

　　早期文化研究中涉及新闻话语分析的大多数著作试图介入与经验的实证社会科学传统的对抗。在 20 世纪 70 年代，电视新闻的社会科学研究倾向于优先采用定量的内容分析模式，当时这种内容产生的"受众效果"的进路通常以公众调查和问卷调查法为框架。研究者通常试图辨识电视新闻从发送者传到接收者的独特"讯息"（表面上是线性的方向）。当文本意义生产的复杂性成为探究的问题时，常常被"偏见"或"客观"这样的语言来描述。即，注意力通常集中于一条给定的新闻是否以一种不偏不倚的、政治中立的（非党派的）方式来描述一个新闻事件。那么，概念层面的主要问题就是报道是成功地"反映"了现实，还是事实上"扭曲"了实际发生的事情。研究可以确定各种威胁到社会秩序的新闻报道的"社会影响"，由此允许一种伴随而来的危险评估，以恰当地维持着更多的"多元共识"。新闻媒体一般被认为是有利于政府领域平稳运行的"制约与平衡系统"的一部分，因此，这种功能主义的相互作用成了社会科学家考虑的重要问题。

　　文化研究者从各种不同的角度对这些概念的宣称提出了反对意见。在他们来看，社会科学式的探究的最大局限在于不能充分揭示新闻媒体在社会权力压迫关系的文化再生产方面的含义。与此相反，文化研究者寻求辨认新闻媒体系统地延伸和强化经济精英与政治精英的利益的方式。其强调的重点是需要阐明常规化的逻辑，这些机构借此复制出等级化的关系，以表现资本主义社会如英国的日常生活关系（特别是早期研究中的阶级问题，后来转换为研究社会性别、种族、族群和性等领域）。在一定程度上，新闻媒体促进了这些关系的"自然化"，它们被认为赋予了意识形态正当性，以改变多重的社会不平等的程度。

这意味着电视新闻远非被描述为一种现实的"反映"，而是在理论上被理解为一种表意习惯的复杂集合，其中铭刻着优先的"社会现实地图"。也就是说，尽管新闻话语被它的制作者呈现为一种客观的、不偏不倚的现实译本，相反地，它仍可能被看作一种现实的意识形态建构，那么，文化研究者试图展示出现实的唯一确定定义是如何与人人皆以为真的"常识"相联合的。然后这种定义可能作为话语权力分析的例子，因为在一定程度上它们将一个优先的真相主张自然化（同时损害了其他替代的主张），使其显得最合理或最理性，这种做法是在为领导权的规则进行再生产。

毫不奇怪，"领导权"的概念在新闻话语的文化研究进路中占据了核心地位。多数概念的界定要将它的发展归于安东尼奥·葛兰西（Antonio Gramsci），一位激进的意大利哲学家，他被囚在墨索里尼的监狱里十多年后，于1937年去世。在他对现代社会的权力动态的批判中，葛兰西（Gramsci，1971：12）非常简要地将领导权描述为这样一种关系：

> ……对于主要统治集团强加在社会生活的总方向，人民大众所给予的"自发的"首肯；这种首肯是由统治阶级因其在生产界的地位和职能而享有的威望（以及由此带来的信任）"历史地"所引发的。[①]

以这种方式，葛兰西识别了强制与说服之间的关键区分。在前述情形中，他强调"'合法地'对那些既不积极也不消极'首肯'的集团加以强制的国家强权机构"（1971：12）。这种强制控制是排斥，而非统治，而权力更普遍地借助于他所称的"政治和意识形态领导权"，施加于隶属的集团。于是，一个统治集团具有的领导权取决于它在其优先界定的现实范围内获得其他集团的

① 转引自［意］安东尼奥·葛兰西：《狱中札记》，曹雷雨译，7页，北京，中国社会科学出版社，2000。

首肯的程度。更具体地说，这些隶属集团被指向表面的"常识"的限制内对现实的协商，而事实上这些"常识"是与主导的规范、价值和信念一致的。因此，领导权被定义为针对"常识"的意识形态斗争的场所。用葛兰西的话来说（Gramsci，1971：348），一场改变大众的"心态"、传播哲学新理念的文化斗争是紧要的，这些新理念在它们变成具体的——即历史的和社会的——普遍性时，是"历史地正确的"（重点为作者所加）。①

雷蒙德·威廉斯试图通过勾画领导权的鲜活文化前景来详细地阐述葛兰西的文化研究进路。在他看来，最重要的是要将领导权视为一种"活着的意义和价值系统"，即"对于整个生活的整体实践和期望：我们的意识和分配的能量，我们所塑造的对自身和世界的感知"（Williams，1977：110）。以这种明确的表达，领导权构造了"一种社会中大多数人的真实感"，并且照此方式，它成为特定集团为"活着的统治和隶属"而进行的日常文化实践斗争的领域。活着的领导权远非自上强加的统一的系统或结构，而是一个过程："它是被认识的经验、关系和活动的复合体，并带有特定的变化中的压力和界限"（Williams，1977：112）。因此，没有一个集团可以不通过适应变化的环境而维持领导权，这是一种可能与反对其意识形态权威的力量形成特定的策略性妥协的动态关系。统治不以被动的方式实行或接受："它不断地被更新、再创造、保卫和修改。它也不断受到压力的抵抗、限制、改变和挑战，而不完全是来自自身"（1977：112）。威廉斯强调领导权的对抗性的决定因素，因此鼓励研究者关注人们正在争辩的、时而矛盾的转变和收编过程是怎么样的。

在文化研究中，通过细致的新闻媒体的分析扩展领导权概念的努力在各种广泛的理论和方法论语境中是可辨别的。然后，正如上文所指出的，我认为霍尔及他当代文化研究中心的同事在 20 世纪 70 年代和 80 年代的著作已被证明是最有影响的。当代文化研究中心的研究成功地示范了葛兰西的领导权进路的一些方式，这种进路有助于对新闻话语如何促进阶级、性别、种族、同性恋、年龄歧视和民族主义的有害逻辑在社会上的日常更新提供了一种批判的反思（几篇关于议程设置的论文收入科恩和杨编辑的论文集中：Cohen

---

① 参见［意］安尽尼奥·葛兰西：《狱中札记》，曹雷雨译，260 页，北京，中国社会科学出版社，2000。

& Yong, 1981；Curran & Woollacott, 1977；Gurevitch, Bennett, Curran & Wollacott, 1982；Hall, Hobson, Lowe & Willis, 1980)。具有重要意义的是，这种转变设法以领导权取代一系列"主流意识形态"的不同表达，它们大多数使新闻媒体成为资本主义生产关系的文化再生产的共谋，并与统治阶级或集团的利益具有直接的一致性。新闻话语通常在这些理论化的表述中被认为"隐蔽"或"掩盖"了经济对抗的"真实"起源，即它们的阶级斗争基础，因此受众有效性的问题更容易被架构为"虚假意识"的问题。文化研究者意识到将这种还原的新闻话语的动力理论化的局限，而他们在葛兰西的写作中能够看到一种更为复杂的批判模式的手段。

在早期的文化研究中，《监控危机》的集体研究广泛地代表了主要的新兴课题（参见 Hall, Critcher, Jefferson, Clarke & Roberts, 1978）。简要地说，这项研究调查了"拦路抢劫"是如何被新闻媒体作为"一种新的犯罪恐慌"而揭露出来的，其结果是意识形态的破裂引起了国家对"法律和秩序的利益"的严重干预，从而一种领导权危机的显现得以确认。他们写道：

> 领导权的危机表明一个社会的政治与经济生活出现严重破裂时，一种矛盾将会积累。如果说在"领导权"主导的时刻，一切都自然地运作，以维持和加强一种阶级统治的特定形式，并通过共识的生产机制使社会权威的基础隐藏起来，那么，在均衡的共识被打破时，或在竞争的阶级力量非常接近，以至于它们不能达成平衡而在解决方案上摇摆不定时，就是整个政治领导权和文化权威的基础暴露并展开竞争的时刻。(Hall et al., 1978：217)

"道德恐慌"的产生随后会导致公众对于犯罪的重新认识，它远远超出了威权主义的路线，新闻媒体特别是日报的作用在此得到了仔细的记录。犯罪控制机构寻求得到大众对更强制的措施的赞同（例如，显著上涨的"小街道犯罪"的句子的长度），它们通过使新闻媒体接受它们对"拦路抢劫盛行"的定义而获得许多收益。霍尔等检查了各种在不同程度上被使用的策略，他们通过日报重新调整这些行动者产生的危机的语言。这集中表现在特定的诠释框架是如何展现的，这种关于"公共道德的衰败"的原因的政治辩论的界限在哪里，以及谁为此而遭到责备（此外还必须采取什么措施来终止这样的危机）的问题被依次地确定下来。因此，特别需要关注的是新闻机构出于一些行政、官僚、职业、技术和表面的实际原因而常规地对权力的社会释义进行再生产的方式。这种方式的实现大体上——但不完全地——埋没了那些对抗的或反领导权的声音提出的释义。[2]

据此，"不偏不倚"的职业要求对电视新闻制作者强加了一系列约束（在英国即议会实施的法规要求），其关注点是避免消息来源的有力声音被过度使用的具体机制，从而支持着"客观"与平衡的意识形态统治。文化研究者已努力质询常规的排他命令、"常识化"的新闻价值和判断。然而，对于这种批判的路线，显然要求一种新的概念为他们的探索提供一种更大程度的分析特性。一些研究者以此为目标，开始从其他文本分析的进路中"借"来一系列的范畴，特别是来自符号学的范畴。正如下一部分将要讨论的，这种变动要求一种新的重点，这种重点阐明电视新闻报道的"编码"是如何在不断演变的"常识"的界限中、通过新闻受众对社会现实的"解码"构造领导权统治的。

# ■3　领导权的编码

符号学的贡献深刻地塑造了文化研究的发展。符号学研究承诺要打破那些将语言还原为表达"现实"的"中立"工具的进路。通过勾勒表意的文本关系的前景，它提示了以令人着迷的新方式来思考威廉斯关于活着的"常识"的领导权的论题。此外，符号学启动了一个原已成为空洞假设的思考，即电视新闻文本具有内在的意义，因此它打开了电视对现实的再现中暗指的"符码"的自然状态。

简要地说，"符码"的概念在文化研究中经过了变调，以说明根据特定的规则或惯例形成的意义的系统安排。有鉴于讯息潜在的"多义性"在实践中从来未被完全地认识（Barthes，1967），吸引分析者的是特定意义在其他地方的变化。在电视新闻广播中，它不能向观众呈现一种"未经过媒介"的事件。正如霍尔所写道的（Hall，1980：129）：

> 事件只能在电视话语的视听形式中被表示。当一个历史事件被话语
> 符号表述的时候，它服从于所有语言表意的复杂的正式"规则"。吊诡的

是，这个事件必须在它成为一个传播事件之前成为一个"故事"。

这暗示了电视新闻报道远非一个现实事件的简单反映，而实际上是在建构一个应当被认为是现实事件的编码定义。这总是经过媒介化的动态过程以意识形态的方式来完成，但并不简单地停留在电视文本本身的层面。相反，文本被生产和消费或"解读"的复杂环境需要在文化研究的进路中被解释为一种领导权话语的形式。

为澄清这些分析如何可能最大限度地辨别出电视新闻话语的符码与领导权的嵌入关系，霍尔（Hall，1980）引入了一个新的概念模型。[3]它很快被称为"编码—解码"模型，并且至今仍是文化研究中走进那些议题的最有影响的尝试（参见 Ang，1996；McGuigan，1992；Seiter et al.，1989；另见 Hall，1994a）。霍尔的议程的核心是要说明：为什么电视文本作为一个探究的对象，需要定位于更大的"编码"和"解码"的过程。首先谈到"编码"的问题，霍尔试图强调，那些有助于建构电视讯息的生产实践占据了非常多样的话语方向。具体地说，生产过程是"通过意义和理念而架构的：关于生产常规的实用知识、历史形成的技巧、职业的意识形态、制度化的知识、定义和假设、关于受众的假定，等等，它们通过这种生产结构而架设起节目的构成"（Hall，1980：129）。此外，他的论述中再次提到，电视新闻广播的编码将在其所处的更广阔的社会—文化和政治结构中，从其他来源和话语构成里"提取出主题、处理方式、议程、事件、人员、受众形象等情境的定义"（1980：129）。

接着，如霍尔所论，尽管电视讯息的编码和解码发生在不同的时刻（即它们不完全是对称或透明的），它们通过整个传播过程的社会关系而相互联结（1980：130）。然而，在这种话语形式前要有一种"效果"，它需要被电视观众挪用为一种与个人相关的话语，即它必须被"有意义地编码"。对于霍尔来说，这种被编码的意义就是影响、娱乐、指导或劝说的集合，并带有非常复杂的知觉、认知、情绪、意识形态或行为的后果（1980：130）。因此，意识形态形式的讯息在编码和解码的决定时刻占据优先的位置。这些时刻都有各自特定的模态和"存在的条件"，因为它们各自的表达对于传播过程是必需的，而编码的时刻并不能"保证"解码的时刻与之对应。换言之，编码和解码是"相对匿名的"：它们不可避免地密切相关，但在编码者—生产者和解码者—接收者之间存在着非常多样的对称性（"理解"与"误解"）。

霍尔勾勒了解码可能被建构的三个假设性立场（部分源自 Parkin，1971）。这些"理想类型"的解读在解码的时刻都是"可用的"，它们被区分如下：

（1）当电视新闻的观众对讯息的解码与其编码一致时，她或他正占据着"主导—领导权的立场"。霍尔认为，在这个立场上，新闻事件权威的、不偏不倚和职业的含义被接受为完全明显或自然的；顺从的观众在其赋予的主导的主体性内运作，由此再生产出意识形态领导权的"情境定义"。

（2）在霍尔描述的"协商性立场"上，观众认为优先定义的普遍的合法性是恰当的，但在一种具体的情境中能辨识出特定的差异或"规则的例外"。

（3）最后的解读立场与"对抗性"的符码相一致。即，观众直接地反对主导—领导权立场的逻辑，这种方式使定义的权威直接地受到挑战。霍尔提供了一位观众的例子，他观看了限制工资的辩论，但每当提及"国家利益"时都将它"解读"为"阶级利益"（1980：138）。通过这种方式，主导性的符码在一个抵抗的、反领导权的参考框架中发生了新的变调。

这里有必要指出，标明这些"理想类型"的解读立场是为了分析的清晰度，它们并不与事实的经验性或活着的立场混在一起（参见 Corner，1980；Morley，1992；Richardson，本书；Scannell，1991；Silverstone，1994；Wren-Lewis，1983）。观众参与到一个实际的电视新闻节目中可能产生一些复杂范围的（通常是矛盾的）立场，因为意义协商的行动总是依据特定运作中的表意的社会关系而定的。尽管其假定的性质是相当抽象的，但编码—解码模式允许议题的文本决定性指向一个流动的、异质的过程，同时并不丧失它对于嵌入权力关系的方式的洞见。观众的地位并不被还原为一个虚假意识的牺牲者（即被动默认"主导意识形态"通过文本强加的命令），也不狂热地庆祝观众这种自由地辨识文本的多重诠释的能力。相反，这种动态的活动处于一个特定条件下的协商过程中，但又总是一个变化的参量，编码—解码模式由此成功地将一组潜在的立场的光谱突显为一种被占满的、但又是短暂的决定方式。[4]

## ■4　作为话语的电视新闻

　　编码—解码模式的核心是认识到电视新闻话语的意义编码是由一种特定的表意的政治构成的。其要害在于厘清概念的空间，这对于探索特定领导权通过话语合法化而定义现实的过程中具体的文化联系是必要的。从这一优势来看，电视新闻中用于建构理所当然的领导权意识的传播策略可能"主导地"（至少在原则上）构造出一个多义的文本。并且，潜在地与一个既定的讯息相连的完整意义一旦被承认并不"平等地"（真正多义地）存在，那么新的问题由此提出：为什么特定的意义被认为优先于其他可能性？意识形态的领导权动力可能因此被阐明，至少部分地通过视听手段检查新闻广播如何鼓励它的受众将这些优先的意义理解为人们可以达到的最真实、可靠或理性的方式。

　　我们在此的目的是依次地强调：编码—解码模式暗示了传播线路的每个"时刻"或阶段都与电视新闻话语相联系。具体的注意力将集中在领导权一致的政见是如何在每个相互联系的时刻的（规则导向的）议题编码过程中被勾连的。通过这种方式，我试图阐明文化研究者如何使电视新闻文本与其消费环境联系起来，以完整地解释其话语构造的复杂性。首先转到"编码"时刻，电视讯息的领导权的"常识"铭文显然总是短暂的（完全关闭是不可能的），但它决非按照编码者的企图"赢得受众的赞成"（Morley，1992），乃至达成讯息的优先解读。什么是（与不是）新闻受众的"常识"的预设范围——即编码者相信为"不言而喻"的——为此承担了明显的意识形态的意义。

### 电视新闻编码

　　文化研究对那种认为新闻工作者是有意或无意地以某种共谋的方式在新闻编辑室里为主导意识形态指令编码的参与者的观点提出了挑战。[5] 相反，通过将电视新闻生产中制度化的常规与实践的探究置于优先的地位，这个进路为分析电视新闻编码的矛盾指令提供了重要的优势。一个关键的假设是那些被认为最"自然"、最有"现实"代表性的电视新闻的视听符码，实际上是最为意识形态化的。当然，新闻工作者的目标就是在一定条件下尽可能地强化具体报道中新闻话题的变调与受众对它的"购买"或解读之间的联系。在新闻工作者能够保证意识形态的封闭，以至于编码和解码时刻接近一致的范围内，话题的"优先意义"的参量将被加强。

至今，文化研究中许多关于领导权动力的讨论陷在这些传播形式之中，还有一些研究试图辨别编码者为达到"直接的现实效果"、同时维持新闻广播不偏不倚的立场而使用的策略类型。这些研究特别将注意力集中于编码过程是如何组织起来以制定推论的"规则"的，想象的解码者（作为"目击者"的话语立场）通过这种方式重构文本赋予的"优先意义"。在一篇具有多方面的纲领性意义的论文中，霍尔、康奈尔和柯廷（Hall，Connell & Curti，1976：65）指出：

> 在节目编排的过程中，事实必须被安排，以呈现一个可理解的"故事"：因此，呈现的过程将反映其对于播音员、他（或她）的编辑团队及他（或她）的专家评论员可能最合理、可靠或充分的解释和诠释。总之，一个情境的已知事实必须被译成可理解的视听符号，并组成一个话语。电视不能将"未经加工的历史事件"如实地传播：它只能传播它选择处理的事件的图像、故事、告知性的谈话或讨论。

因此，编码者在技术与传播方面的能力有助于决定一个话题的优先意义被确立的可能性。并且，意识形态的封闭总是不安全、不稳定的，因为没有编码者能够保证她或他有意图的讯息将被解码者所"接受"。依照霍尔、康奈尔和柯廷的观点（Hall，Connell & Curti，1976：68），尽管讯息是"结构化的，并且结构化的目标是制造一种特定意识形态的封闭，它还是只能围绕任一种解读而相对地被封闭。并且，准确地说，那种党派性的封闭是操作——意识形态的操作的结果，即表意系统及其在任一事例中优先的应用促成的结果，及其维系的效果"。领导权的编码在它为更新而进行转化与收编的竞争性过程中，总是冒着即将被解散的风险（另见 Allan，1995）。

为了更好地解释新闻工作者介入这些规范动力的鲜活经验，文化研究者有必要提出有关新闻生产的文化指令的分析范围，特别是那些被社会学家、犯罪学家和常人方法论学者主导的领域（例如，Chibnall，1977；Cohen & Young，1981；Elliott，1972；Ericson，Baranek & Chan，1987、1989、

1991; Fishman, 1980; Gans, 1979; Gitlin, 1980; Halloran, Elliott & Murdock, 1970; Jacobs, 1996; Pedelty, 1995; Reeves & Campbell, 1994; Schlesinger, 1987; Tuchman, 1978; van Zoonen, 1991）。这些经验性调查倾向于检视他们在特定的新闻制度中能够揭示的日常互动的文化。对于文化研究者来说，那些有助于洞察新闻的意识形态特征、通过话语规范和报道价值而被编码的方式的研究是特别有趣的。

例如，菲利普·施莱辛格（Schlesinger，1987）的研究已经被收入关于常规化的编码实践的文化研究理论。具体地说，在他对 BBC 广播电视工作者的职业意识形态的探究中，他描述了几个塑造着编码的矛盾逻辑的意义重大的限制。其中一个最重要的限制是每日截稿的压力，因此他使用了"停表文化"一词来突出时间关系是如何与整个生产过程相交织的（另见本书 Bell 的文章；Schlesinger，1990；Curran，1990）。他认为，新闻工作者有一种苛刻的时间意识，这部分地归因于他们要不断地与一系列新闻工作活动合作与同步。这种看得见的"快捷性"对电视新闻是如此重要，因而主要被视为一个技术（以及某种程度的审美）问题来克服，并与日常基础上的规范逻辑的协商联系起来。

施莱辛格主张，电视新闻生产的不确定性是通过一系列张力而显现的，因为新闻工作的价值（竞争、专业主义、与截稿压力相关的速度）与组织的价值（准确、声望、生产值、受众到达范围）在现实中处于冲突状态。这些张力是施加在新闻工作者身上的严厉的制度性约束的表现，因为他们要努力决定什么是"真正"的新闻，以及谁应成为无可争议的"事实"的来源。这需要在其他资源中掌控时间（持续的时间段）与空间（"运作秩序"的地点）的稀缺性，这将导致预测新闻事件潜在轨迹的方法的常规化。通过新闻工作的"策略性仪式"（Tuchman，1978），这些媒介化的方法确保在可能的地方，任何"非预期"的发展将迅速地按照符合组织的官僚原理的、（基本内化的）"新闻工作标准"的方式而进行。职业的理念，如不偏不倚和客观性，可能成为制度化的精神特质与优先重点。甚至这些编码的常规方法中的"新闻价值"的合法性也在不间断的妥协中获得了正当的理由，这是部分地通过时间要求的命令而变得必要的。施莱辛格（Schlesinger，1987：105）写道：

　　　　生产是如此紧张有序，以致故事的易逝性成为工作中基本的重点。

故事一天一天地进行，受众将被假定经过一天的报道后已对素材充分熟悉，从而允许大量的"背景"被视为理所当然。今天的进展总是占据着前景。这一点的必然结果是：固有的趋势使新闻以一种不连续和非历史的方式被架构起来，这暗含了一种"语境"的截断，并因此造成一种意义的缩减。

这个新闻话语的"框架"问题，特别是与适合假定的受众的言说模式确立联系时，关于规范的真相宣称的编码就有了进一步的含义。托德·吉特林（Gitlin，1980）将他对对编码—解码模式的解读与常人方法论的概念"框架"（frame）联系起来，从而论证了新闻业的每日常规如何依据特定的话语惯例来争取社会世界的自然化。他认为，新闻框架使直接经验之外的世界看起来自然化；它们是"一些心照不宣的理论，告诉我们什么存在，发生了什么，什么重要，以此形成我们选择、强调和呈现的原则"（Gitlin，1980：6）。在新闻记者与他们的编辑及其消息来源之间，经常存在强烈的协商，框架有助于使"可注意的大量细节"成为可实践的剧目，从而有助于与内含和排斥的等级规则相关的世界的有序化。吉特林（1980：7）主张：

> ……媒介框架，很大程度上是不可言说和超越认知的，为新闻记者和日益依赖于新闻报道的我们建构了世界。媒介框架保证记者们能快速、常规地处理大量的信息，对信息进行识别，纳入认知类别，然后进行包装，更有效地呈献给大众。因此，单从组织的角度来考虑，媒介框架是无法避免的，它能够使新闻业有组织地管理它们的生产。

*121*

一旦一个特定的框架被一个新闻故事所采用，它的选择和拒斥原则就保证了只有看来"合法的"、在新闻价值界定的惯例中被认为合适的信息素材才会在报道中出现。吉特林（1980：28）认为："这些框架部分地可以看作新闻处理手法中通常的预设。新闻关注的是事件，而不是其内在的条件；关注的是人，而非群体；关注的是冲突，而是一致的意见；关注的是'推动故事发展'的事实，而不是对其加以解释的内容。"

然而，领导权框架的运作并没有被看作一种排斥"信息"编码的方式，而使看似不偏不倚的社会现实明确地政治化。相反，正是领导权框架的权威伴随着含蓄的客观性的立场。这意味着需要经常地编入"尴尬的事实",甚至在更例外的情形下包含异议的声音。领导权框架将全面性地默认要求它对反领导权的立场的处理必须被看作"平衡"和"公平"的:吉特林(1980:256)认为,"只有通过吸收和驯服冲突的价值,现实的定义及其要求才能确实地维持其领导权"。据此,通过重复的、每天的新闻话语,流行的(既非任意亦非固定的)框架才获得了表面上自然的或理所当然的地位。

### 电视新闻文本

电视新闻文本的"时刻"显然是易变的;它的意义是散布的,对新闻广播作为静态的构造或人工制品并没有提出充分的实际分析。通过将这种文本类型与其编码与解码的可变条件联系起来,文化研究的探究模式为我们提供了一种比那些孤立的、从意识形态的语境中抽离出来的做法更为动态的意义生产的理解方式。

对于大多关于电视新闻的文本性的文化研究,尤其有趣的是将其承认为相对突出的文化知识形式的话语策略。由于新闻叙事被"读"作对"外面的世界"的不偏不倚的"反映",它对社会世界的解释需要得到它假定的受众的鲜活经验的支持,通过这种方式,关于"什么能够或应当说出"的规则(Pêcheux,1982)得到批准(另见 Montgomery & Allan,1992)。正如伊恩·康奈尔(Ian Connell,1980)所指出的,对这些意识形态过程踪迹的辨认,首要在于明确什么"话题"被按照新闻故事的实际"编辑标准"来执行。这种话题的形成表明了将解释叙述模式一般化了的尝试,使它看似提供了既定情境中"最好的意识"。他认为,这些解释的基础是那些通过新闻工作者和消息来源而表达的现实定义,它们可以被归入"大多数"(或至少"许多")人所想的事情。同样在这些解释中交织的是新闻广播自身作为一个"中立"空间的假设,在此空间内这些现实定义能够为观众而传播,并在旁观者的立场上做出独立的评价。康奈尔(Connell,1980:154-155)写道:

> 这是一种目击"现实"的感觉(即在场、但非直接参与),它在视觉模式中看来是"在那里",分离并独立于那些目击的立场。"受众"在这种视觉模式中被铸造的关系就是旁观者;主角的进程是"被观看的"。当

然，那些观看电视新闻节目、本身处于多重话语实践的十字路口的社会人是否实际假定了这样的立场是另一个问题。但这里强调的重点是目前处于主导地位的观看模式呈现出这种模式的关系，即"参与"与"未参与"之间的关系。

在一个电视空间中，"受众总是作为议题的斗争与辩论的目击者、但非参与者而引起注意"；这种电视空间的建构得到事件意义的划界的支持，事件的意义在此传递开来，巩固了新闻叙事的真实性。当然，正是这种"真实的意愿"（Allan，1995）被报道的话语策略的自然属性使它如此难以批评。

但是，我们将这个目标记在心中，转而强调几种话语策略，因为它们在英国国家电视新闻广播（公共服务广播系统 BBC，以及它的商业对手 ITN）中得到了运用。具体地说，我将集中说明电视广播的序幕时段。这个扼要的解读是对目前的电视"流"（Williams，1974）的一个推进，因此可以说，如果它采用了一种必要的偏颇与高度主观的方式，那是为了突出几个概念性的议题，以进行更深入、更严格的检视。[6]

首先，序幕的镜头不但可以读解为形成新闻广播的紧迫感的方式，也可以读解为为了它的权威立场而确定"当下"与"现场"的途径。新闻广播的序幕通过释义而表明可能的悲痛信息已经迫在眉睫（毕竟多数新闻是"坏消息"），因此开头需要在不同的层次上宣告它与电视流的重新组合。表面上在 BBC 和 ITN 不同的新闻广播范围之间，被考虑的是几个普遍的特征：序幕部分一般有 15 至 20 秒时长的色彩明亮的电脑动画图像，同时迅速地展开一段激扬的主题音乐（典型的是小号的使用）。每个这些时段都赋予特定的时间表达的优先权（滴答的时钟在 BBC 和 ITN 中都有使用，表示新闻报道是最新的），并与空间特性相结合（BBC 的形象是英国在旋转的地球的前景上的图像，作为地理上的释义；而 ITN 的《十点新闻》，伦敦夜间的都市风景缓慢地出现在镜头中，最后镜头停在国会主楼钟面的特写上，它显然处于"政治权力的位置"）。这种逐渐聚焦的动态暗藏着一种对新闻报道的理解：新闻是"活的"，它处于全世界的监控之中，而"我们"是英国民族这个"想象的共同体"（Anderson，1991）中的受众。连续图像的最后镜头（ITN 的情形是大本钟的钟声）将"我们"带到电视演播室，一个表面光亮、质地坚硬的地方（表示效率与客观），避开了日常的、人类的（主观的）特征。

在《ITN 午间新闻》中，镜头平稳地在演播室地板间滑过，一位男播音员坚定地念道："这里是 ITN 演播室（.）的新闻（.）由尼古拉斯·欧文和朱莉娅·萨默维尔主持"（括弧内的一点表示少于一秒的停顿）。两位新闻播音员位于同一张桌子后，沉着地组织他们的稿件。他们的背景是微暗的（蓝光的）新闻编辑室，没有人员，全是桌子、电脑设备，等等。同样，在《十点新闻》中，男播音员宣布："这里是 ITN 十点新闻（.）由特雷弗·麦克唐纳主持"，新闻播音员出现在镜头中，坐在一张桌子后，用左手敲击一个看不见的键盘，另一只手收拾散开的纸张（同时拿着一支笔）。新闻演播室暗示性地代表了一个合法辩论与争论的制度性论坛，它可以被读作民主原则和价值的公开体现；反过来，新闻播音员代表"我们"的利益而提出权利的要求。

因此，新闻播音员各自在新闻广播中使用的表达模式需要显示出"对话"的形式（Bakhtin，1981），以吸引观众的注意（参见 Allan，1994）。这种共同在场的对话策略部分是通过直接的眼光接触和镜头（及观众）的切换而实现的。玛格利特·莫尔斯（Morse，1986：62）观察到，"呈现的印象是通过一个共享的空间建构、共享的时间印象以及说话的主体真诚地为他自己（或她自己）说话的迹象而创造的"（另见 Hartley & Montgomery，1985；Marriott，1995）。通过这种方式，演播室里非个人的职业空间以新闻播音员的形式实现了个人化，他使用的语言确立了与观众共同呈现的时空关系，再次肯定了一种共同参与的意识。然而，这些共同呈现的对话关系是被等级化地构造的。新闻播音员直接的言语（注意，"接近的声音"将受到间接的言语和目光接触的限制）代表了"新闻之声"的网络：她或他通过不偏不倚的报道代表一个机构对公共利益负责。由于这个原因，这些共同呈现的关系需要被组织起来，从而承担起能指的真实性与新闻工作的声望及其及时性和迅捷性。

除了目光接触表达的稳定凝视外，新闻播音员权威的视觉表现在"个性"方面进一步地被赋予个人特征（白人依然占主导），诸如衣着（正式的）及肢体语言（活泼的和标准的）。这种诉诸可信度的惯例通过一种"合适"的口音（几乎总是"标准发音"）和（严肃和果断的）音调等听觉符码而获得进一步强化。那么，这些因素不但可能有助于创造为人正直和可信赖的形象，它们可能还维持着以她或他自身的经验和可信度来代表的新闻广播的真实价值。个人化的表达方式，如"下午好"或"晚上好"，同样可能通过新闻播音员来强调新闻价值的人性，因为她或他看似加入了与观众的对话。因此，暗示的话语交流的即时性受制于一种对话感的需要，这里只有新闻播音员决断的声音，即使它是包容的（参见 Fairclough，本卷）。正如罗伯特·斯塔姆（Robert Stam，1983：28）写道：

> 新闻播音员的艺术由不动感情的权威性的激发以及书面或记诵文本无过错的表达构成，同时使书面词汇"自然化"，以恢复表面上自发的交流。事实上，大多数的新闻广播都由这种依照原稿的自发性构成：新闻播音员看着提词器读出台词，记者背诵匆忙记下的要点，政治家发表准备好的演讲，商家扮演他们的角色。在每一种情形中，流畅的表现都能引发敬意，而自然的装饰能产生一种未经中介的交流感。

有一组指示词在起作用，它们将时间表达（"现在"、"此时"、"目前"、"就在我们说话的时候"、"正在进行的"或"今天"）与空间（"这里"、"这里是"或"威斯敏斯特的今天早上"）固定起来，这样，向目标观众进一步强调了身份的等级关系。

这些共同呈现的关系取决于以"虚构的我们"为特征的制度。即，新闻播音员采用的表达模式通过强调个体与密友，鼓励观众在领导权框架内共谋（参见 Doane，1990；Holland，1987；Morse，1986；Stam，1983；Wilson，1993）。在新闻播音员看来，这不仅是"对我们"说话，而且在"为我们"（"我们"都是"共识"的一部分）说话，在这个范围内，"我们"被定义为与"他们"相对，即只要是那些不为"我们的"利益所共享的声音就超越了常识编码的边界。正如斯塔姆（Stam，1983：29）指出的，如果不同类型的观众都要辨认所提供事实的真实性，就需要有一定的"表达上的适当的模糊性"："因而，外交修辞网络支持着一种神谕式的保守陈述，同时培养了含糊性，触发显而易见但可否认的意义，鼓励最多样化的团体，并带着矛盾的意识形态和抱负，相信新闻播音员与他们自己的信念距离并不遥远。"因此，新闻播音员试图为"我们"赋予一种新闻事件的优先解读，其目的是架构起它被诠释的最初形式。

尽管在原则上存在多义性，领导权框架的规则一般鼓励在观众与新闻播音员之间形成对"新闻价值"的"个人"意识多样的互惠关系。新闻播音员的旁白首先为我们将新闻事件组织成一个优先的叙事结构，以试图在每个新闻故事标题中具体说明"这个议题是什么"。言语与图像一起肯定并强化了那些诉诸新闻声音与视觉化策略的质询：观众可以"自己看到"新闻记者通常所说的新闻导语的 5W（谁、何事、何地、何时、为什么）和 H（怎么样）的构成要素。并且，玛丽·安·多恩（Doane, 1990：229）写道："图像作为索引的真相的地位并非是不重要的——通过它，'故事'触及真实的基础。"这些新闻标题"触及真实的基础"的程度取决于互惠的领导权关系被确立的程度，因此，对于观众来说，它们显然是他或她知道的当天最重要的新闻事件，并且它们将如何得到最好的理解也是不言自明的。

为了进一步说明这一论证，我们将对两个新闻广播，即 1996 年 10 月 3 日播出的 BBC《九点新闻》和 ITN《十点新闻》的"热点故事"的"新闻导语"进行简要的分析（抄录符号见 146 页）。

### 摘录 1：BBC《九点新闻》，1996 年 10 月 3 日

| | |
|---|---|
| 00：00（新闻播音员）克林顿总统说，美国将打击伊拉克，萨达姆·侯赛因要为他的野蛮行径付出代价。 | 镜头对着新闻播音员的头和肩，BBC 的标志在他的右肩上方。 |
| 27 枚巡航导弹今晨发射，以检查他所说的伊拉克给它的邻国制造的明显的、现实的威胁。 | 巡航导弹从军舰发射的影像（单镜头）。 |
| 政府计划在每个儿童入学时进行测试。英国橄榄球队将联合抵制明天的训练，以在最后的关头对橄榄球协会施以打击。 | 两名穿校服的男孩拿着学习卡片坐在桌上的影像（单镜头）。橄榄队练习的影像（三个镜头）。 |

127

| | |
|---|---|
| 00：26 | *序幕镜头* |
| 00：41 晚上好（.）美国说它已准备<br>今晨再次对伊拉克施加巡航导弹攻击，<br>以反对它所说的巴格达对海湾和西方<br>石油供应的公然威胁（.）多于两打的<br>导弹已向伊拉克南部的军事目标开火。<br>克林顿总统说这是萨达姆·侯赛因对<br>伊拉克北部的库德人的冒犯所付出的<br>代价（.）伊拉克称有 5 人死亡、19 人<br>受伤。 | *镜头对着新闻播音员的头和肩，*　128<br>*BBC 的标志被静止的巡航导弹从*<br>*军舰中发射出来的图像替换。* |
| 01：08 美国回应说（.）代号"沙漠<br>行动"的打击（.）在今晨早些时候已<br>经开始……… | *欧洲生动的图像，各个国家被描*<br>*绘出来，直至伊拉克成为它的中*<br>*心。* |

### 摘录 2：ITN《十点新闻》，1996 年 10 月 3 日

| | |
|---|---|
| 00：00 | *序幕镜头* |
| 00：10（男声）这里是 ITN《十点新<br>闻》（.）由特雷弗·麦克唐纳主持。 | *镜头对准演播室里坐在桌子前的*<br>*播音员。* |
| 00：18（新闻播音员）美国导弹猛击<br>伊拉克（.）萨达姆依然在反抗。 | *巡航导弹从军舰发射的影像（单*<br>*镜头）。* |
| 克林顿解释说，鲁莽的行为将招致<br>恶果。 | *克林顿总统站在白宫发言台前的*<br>*影像（单镜头）。* |
| 汤姆和乔迪的父母说起他们万中之一<br>的悲剧。 | *两对父母坐着的影像（单镜头）。*　129 |
| 聚光灯照在不情愿的梅杰先生身上。 | *诺曼·梅杰与男人坐在桌前、举*<br>*起葡萄酒杯、相互祝酒的影像*<br>*（单镜头）。* |
| 00：35 晚上好（.）克林顿总统已经向<br>美国和世界解释他今决定向伊拉克 | *镜头对着新闻播音员的头和肩，*<br>*《十点新闻》的标志被静止的巡航* |

施以海湾战争以来最大的打击（.）他
说这是让萨达姆·侯赛因为他的野蛮
行径付出代价（.）并以此削弱他威胁
其邻国和美国利益的能力（.）美国国
防部说美国保留再次打击的权利（.）
这次打击是对萨达姆总统进入伊拉克
北部指定的库德安全地带的回应（.）
英国给予美国明确的支持……

序幕部分

镜头移到演播室桌后的新闻播音员
身上。

导弹掠过伊拉克国旗的图像替换，
图像底部显示"进攻"字样。

　　或许这些新闻广播的引语最直接、明显的特征是它们各自的表达模式中
的相似性。它们都将美国总统克林顿决定对伊拉克的目标发射巡航导弹作为
优先的、重要的"新闻标题"，然后以这些导弹从军舰发射的影像镜头将"新
闻事件"定位于现在与此处。导弹爆炸的镜头没有被提供出来；相反，引爆
的场面（没有伴随生命的丧失）通过电脑动画图像在新闻广播稍后的时段中
得以再现。优先定义的海岸线的情境从一开始也容易被辨认，因为新闻广播
立即对美国总统的言辞赋予话语的统治权。更具体地说，他们都寻求一个在
官方口径下肯定军事行动的合法性的新闻框架。

　　对于 BBC 的新闻广播，克林顿要让伊拉克总统"为他的野蛮行径付出代
价"的宣言被排在优先的位置，因为这个使"检查伊拉克给它的邻国制造的
明显的、现实的威胁"的行动成为了争议。在 ITN 的新闻广播中，克林顿解
释说"鲁莽的行为将招致恶果"，这种解释是权威的，加之宣称要"让萨达
姆·侯赛因为他的野蛮行为付出代价"。关键在于，两则新闻广播都以这种方
式在话语上将官方的公告规定为称该行为是对"萨达姆"制造的威胁的必要
"回应"，因此它构成一个防御性的、与攻击性相对的"打击"。两则新闻广播
至少都没有在第一时间明白地将官方口径架构为可争论的，如要求这些真相
宣称以外的证据，以支持它的真实的修正。相反，冲突迅速地在"我们"（好

130

的）和"他们"（坏的）之间变得个人化（参见 van Dijk，本卷）。这是一个保护者（克林顿、"美国"、"美国国防部"，以及"给予美国明确的支持"的英国）努力"检查"或"反对"攻击性的敌人制造威胁的世界，萨达姆·侯赛因、伊拉克、巴格达成为"海湾"、"西方国家石油供应"、伊拉克的"邻国"、"美国的利益"以及"伊拉克北部的库德安全地带"的他者。关于情境的反对释义的话语空间，如认为美国的"打击"实际将激起伊拉克人的"报复"的看法，被有效地排除在优先解释的边界之外。

　　同样重要的是不要忽视新闻广播的序幕部分中更多的表演任务。换言之，也需要把注意力引向它们吸引和维持观众兴趣的戏剧性作用，乃至它们通过一个又一个周末的重复所提供的宽慰感（与此形成鲜明对比的是突然"打断"正常节目的新闻公告；参见 Doane，1990）。新闻标题试图将"反常"纳入"平常"之中，社会世界的奇异性（以及因此带来的潜在的新闻价值）通过熟悉的形式而被媒介化。只有她或他能够将一个新闻事件与一些预存的"意义的地图"（Hall et al.，1978）或关于社会性质的文化知识形态联系起来时，这个新闻才对观众"具有意义"。

　　因此，通过新闻标题展开的诠释框架不仅要严密地说明"议题是什么"以及它的重要性如何，还必须重新确认观众对于后果如何的意识，或者至少意识到它与他们的日常生活有何相关之处。在这些序幕部分使用的语言中，包括口头和视觉的语言，都因此可能成为分析新闻广播对于受众的新闻价值的规范限制的方式。那么，显然，一旦新闻广播的探究模式将那些平常被这种分析所忽略的因素的评论排在优先的次序，从而把握嵌入新闻广播中的"此时"和"此地"，那么，关于表意的社会关系的政治斗争的新的方面就将被置于前列而得到进一步的探究。

### 电视新闻解码

　　为了更好地理解"解码"时刻，文化研究者已认识到对人们与电视新闻之间的实际联系方式进行探究的必要性。电视新闻的各种社会用途已经与日常生活中被定义和再生产的常态的（通常未言明的）规则联系起来了。

　　例如，新闻广播在当天日程的时间安排中预设了一个具有代表性的家常类型节目（目前的次类型分为"早间新闻"、"午间新闻"、"傍晚新闻"或

"晚点新闻"、"晚间新闻"、"深夜新闻"，等等）。这种电视节目题名的制度性基础也反映在全天获得和维系观众的策略中。理查德·帕特森（Paterson，1990：31-32）关于调度程序的专业词汇的讨论辨认出几个关键的表达，包括："继承因素"（一个节目跟在一个特别受欢迎的节目后，就可能继承了那个节目的受众）；"前回声"（人们转换节目时常常看到前一个节目的末尾，这可能促使他们将来观看那个节目）；"吊床"或"搭帐篷"（一个不大受欢迎的节目放在两个受欢迎的节目之间，以获得继承和前回声）。因此新闻广播为调度程序提供了支持节目流的结构化的方式，即充作日常生活的常规和不同娱乐类型之间的中转点（参见 Allan，1997b；Dahlgren & Sparks，1992；Williams，1986）。

莫尔斯（Morse，1986：74-75）说明了这些动态对于家庭内外的一些潜在的含义，她写道：

> 早间时段和黄金时段的新闻出现在一天工作和闲暇的关键时刻上。早间新闻出现在从家庭向工作单位转换之前，这是从一种普遍的现实到另一种完全不同的角色、等级和规则的现实的转换。早间新闻可以被看作一个加快观众/听众进入工作世界节奏的警报器和起搏器；然而，轻度参与的新闻也可能确定她或他在社会现实中的方向……相反，晚间新闻在它固有的报道者的关系中有一个更等级化的"工作"结构，并且新闻人物的环境、衣着和举止是来自工作的世界及其强加的角色……晚间新闻是一种混合的形式……它支持了一个现实到另一个现实的转换——从工作世界所要求的注意力到黄金时间的电视剧、娱乐节目及工作的疲惫所促成的放松。

这些主题在贾瓦德（Hjarvard，1994）对新闻节目如何扮演了一种仪式功能的解释中得到了回应：通过将时间表的不同要素联结起来，新闻"提供了可变性和延续性"。新闻作为"现实导向的类型"的优先地位容易被调查程序所利用："新闻结构的开放性产生了这样一种印象：当我们观看其他节目时，较早前报道的事件在平行的时间里延续、却'藏于'屏幕之后。"（1994：314）他认为，这是一种错觉，"由于社会现实不是由有限事件构成，而是由无尽的社会互动构成的"，并且到目前为止这是已经产生的错觉，因为"事件的报道已经作为连续的故事而出现"（1994：314）。

正如最近关于受众或"诠释社群"的文化研究所指出的，个体观众对观看投入了相当多的精力，并经常在其意义协商中获得愉悦，这种方式正是通过他们的常态来挑战文化的诠释的。电视新闻进入每日常规的诠释显然是通过这种常态的意识而被告知的；它是随意的、习惯性的，并且通常是对家常生活的模仿。用埃利斯（Ellis，1992：160）的话来说，电视属于"期望与世俗愉悦的标准背景幕"。他认为电视制度是一个"扫描的装置"，它"呈现了熟悉的和家常的事物之外的世界，但它们呈现出的外观是熟悉的和家常的"（1992：163）。

文化研究试图记录这种与电视新闻的话语相关联的争论，这种努力已经发展出了有相当优势的民族志研究策略。从这些民族志解释中得出的证据经常暗示：实际节目安排对人们怎样观看电视的影响，比起这种消费的社会关系的先决条件来，决定作用要小得多。为描绘出日常家庭生活中的观看行为的社会语境的轮廓，一组研究已经强调了阐明电视技术及其协商的实践在社会性别分类上的性质是非常必要的。

在一项名为"家庭妇女与大众媒体"的早期研究中，多罗茜·哈伯森（Hobson，1980）检视了一组因素如何告知家庭妇女家庭劳动力的性别分工，这相应地成为节目安排在性别特征上的倾向的条件。她的女性受访者（有小孩的工人阶层的年轻母亲）揭示了一种将电视新闻划入"男性"领域的趋势。哈伯森（1980：109）写道：

（她们）可以积极地选择能够理解"女性的世界"的构成的节目，也可以完全拒绝一个呈现着"男性的世界"的节目（主要的新闻、时事、"科学"和记录节目）。然而，她们也接受了"真实"或"男性的世界"是重要的看法，并且她们的丈夫观看这些节目的"权利"得到了尊重；但这并不是这项研究中的女性认为与她们相关的世界。事实上，这个由于具有"新闻"价值而建构的"世界"被看作与女性的价值不相容和敌对的。

新闻话语中再现的社会世界一般被这项研究中的女性看作"令人沮丧"和"枯燥乏味"的。并且，哈伯森（1980：111）指出："被接受的'新闻价值'的重要性获得了承认，尽管她们自己的世界被看作更有趣并与她们相关的，它仍然被看作排在'真实的'或'男性'的世界后的第二位"（另见Feuer，1986；Gillespie，1995；Gray，1992）。

默利（Morley，1986）在他的《家庭电视：文化权力和家庭闲暇》(*Family Television: Cultural Power and Domestic Leisure*) 中重新肯定了哈伯森的发现的普遍性。默利采取定性的、以访谈为基础的研究策略，从18名伦敦家庭（"白人"、主要是工人阶层和下层中产阶层）中收集了材料。总的来说，默利认为"观看"和"认真并带着兴趣的观看"之间存在着差别，并且可以辨识出人们在电视新闻的参与上具有显著的社会性别差异。关于节目类型的倾向性，默利（1986：162-163）写道：

> 我的受访者展示了这个领域显著的一致性，男性身份主要与对"事实"类节目的强烈偏好一致……而女性身份与虚构类节目相一致……并且，这个规则的例外（妻子更爱"事实类节目"，等等）本身是制度性的。这只发生在妻子由于具有良好教育背景、在文化资本方面占有主导地位的情形中。

通过强调电视新闻经验具有鲜活的性质，默利说明了为什么这个媒介需要成为日常家庭生活的有机组成部分，并被承认为几个争论的场所之一。正如他和哈伯森的工作所阐明的，电视新闻可以成为家庭权力的微观政治的对象，这是家庭意识形态的等级命令所塑造的物质的本性。

这个文化研究中的"民族志转向"继续支持关于电视新闻解码的新闻研究议程的发展。但是，多数新近的研究被引向了其他类型，最引人注意的是"肥皂剧"（它的确展示了若干相似的报道惯例；参见Fiske，1987）。一个重要的例外是克劳斯·布鲁恩·詹森（Jensen，1986、1990、1994）的工作，他试图以经验的方式检视意义生产的过程，即聚焦美国不同的群体对电视新闻内容的"对抗解码"[7]。詹森（1990：58）与那种认为电视新闻观看过程可能被恰当地设想为一种政治的、甚至对抗的活动的观点进行了辩论，他认为反抗领导权的解码本身并非一种凝固的物质化的政治力量。相反，他主张，"文本层次的对抗的更多支流取决于社会和政治的用途，这种对抗超出了媒介接收的相对的私人性，而要放入到语境之中"。在对新闻广播"优先的意义"

是否为观众所接受提出疑问之外，他认为一方面需要将注意力转移到这种类型的话语指定的社会用途上（以及它们是如何随着时间而发展的），另一方面需要注意它与观众实际相关的变化的形式。

简要地说，詹森（Jensen，1990）辨别了四个通常的"用途"类型，他的研究中的观看者将这四种用途归于电视新闻对于他们的日常生活的意义。

首先，电视新闻具有语境化的用途，即（通常性别化的）角色和家常中进行的活动常规，特别是那些与家庭劳动相关的，常常被具体的新闻观看所结构化。他认为，与新闻时间相关的日常的节奏已经变得自然化："例如，（在受访者中）没有人认为晚间新闻应有不同的安排，从而使新闻与日常生活相适应，而不是相反。"（1990：64）

其次，电视新闻对于观众具有信息的用途，特别是对于他们作为"消费者、雇佣者，以及最重要的公民和选民"的角色而言。在此，他从受访者的访谈素材中辨别出"政治视角下与新闻类型相关的积极和公共的用途和……受众出于政治选举中对话与投票的目的而与议题'保持接触'的更有限而实际的相关性"（1990：68）之间存在的张力。一位身份为"印刷工"的受访者的话被詹森（1990：67）所引用，作为关于政治参与机会的典型的陈述：

> "嗯，我可以投票。再进一步，我就不知道了。我猜机会会出现的。你知道，我觉得我只是这里的普通人……"

再次，这种张力对于新闻的社会定义的含义在詹森所称的电视新闻的合法化用途中更加得到凸显。他的访谈素材表明，新闻与观众的政治相关性可以用两个孪生的概念来描述其特征，即控制与距离："新闻可能给予它的受众一种控制着世界上的事件的意识，这个世界在其他方面则显示出距离……这是一种重要的控制感，'即使你不能对它做任何事情'。"（1990：68，69）观众认为电视新闻提供了一种"一般化的社群意识"，它也同样可能被看作一个公共议题充分表达的论坛（参见 Allan，1997a；Corner，1995；Hartley，1996）。

最后，詹森突出了受访者讨论到的电视新闻的消遣用途，即它给予观众的各种视觉的愉悦。新闻的这个特定的社会用途，尽管普遍被受访者解释为与电视的娱乐功能是有差别的，但它们仍然共享了一些重要的特征。具体地

*136*

说，视觉叙事"持有的权力"被认为是重要的。受访者对于显著性的感触，不仅在于通过新闻事件的视觉传达了"一种迅捷的体验"（受访者使用了诸如"愉快"、"高兴"、"舒适"、"生动"和"兴奋"等词汇），而且在于新闻的事实的特性。以新闻播音员为例，其新闻工作的技能和个人的吸引力都得到强调，而其他受访者也强调了"精细的信息"。

对于这四种"用途"，詹森（1990：73—74）接着提示道：

> 据此，电视新闻的接受可被视为领导权的中介，它服务于对政治想象的边界的重申……即使意义的社会生产也可以被看作流行的现实释义被挑战和修正的过程，这个过程的结果是被传播的历史与制度框架多重地决定的。媒介文本的多义性只是一种政治的潜能，媒介的对抗性解码尚不是政治权力的显现……人们对媒介具有自己的理解，但这种理解要受到文类（如新闻）的社会定义的限制。

如何最好地改进新闻研究的策略，以进一步探索电视新闻话语在"政治想象的边界的再评价"中运作的限度，这就是本章现在要转向的议题。

# 5 结论

文化研究的重要性正日渐受到各个领域的语言分析者的注意，如社会语言学、会话分析、语用学，以及可能最明显的是批判的话语分析。正如我试图在本章中展示的，文化研究可能为我们提供了一种新的有利位置，它有益于对嵌入意识形态并与权力及抵抗相关的媒介话语进行根本的反思。文化研究通过对一系列关于意义生产的动力的、比较传统的进路的概念和方法假设提出质疑，使对一系列问题的批评重新成为核心，若非如此，它们将被排除在语言分析本身的领域之外。

与此同时，对于文化研究者而言，超出符号学的视野来考虑这些更多地以语言学为中心的进路的贡献当然是有益的。例如，批判性话语分析等领域对意识形态机制的细致洞察已经使文化研究的进路获益良多，这与语言学的具体性是不可一概而论的。或许现在是时候考虑这两个探究模式更密切的联合了，话语动力的研究为此提供了正当的理据。考虑到这些进路共享了一种以进步的文化政治为指向的干预分析的承诺，努力提升它们之间的联系也有策略上的积极优势。

本章在讨论过程中努力地突出这样几个联系点，以便得到一个将来依次进行合作努力的基础。我心中的目标是建议电视新闻的研究能以若干实质性的方式有益地拓展这里概述的理论轨迹。具体地说，我认为，新闻媒体作为针对公共议题的"现实"的释义权而进行政治斗争的关键领域，对它们所描述的社会中产生的风险、饥饿和威胁进行了调解，为此，领导权的概念需要进一步地阐述，以对其复杂的方式提出更有力的解释。

通过更直接地将我们的分析聚集在电视新闻话语对"彼处世界"的优先挪用所牵连的不确定性或矛盾性上，上述目标可以部分地得到实现。在此，特别是根据以上评估的新闻受众的民族志研究，我建议我们对新闻话语中使用的再现策略的偶然性要有更多的敏感。我们试图展现这些策略被组织起来从而拒绝或"排除"现实的替代性调整的努力，同时应当寻求辨别同样的策略随着时间推移而被挑战甚至越过的限度。考虑到任何真相宣称的自然化总是个程度问题，这些分析要着眼于更为精心的策略；由此，"常识"必须被不断地重估而成为报道表现的一部分，从而避免为了维持他们的主题而依靠领导权的刻板的、零和博弈的表达。

这一进路可能会使我们更精确地辨别这种媒介话语形式构造真相的公共表达过程的实质。依照威廉斯（Williams，1974：130）的主张，"被决定的现实是有环境限制和压力作用的，可变的社会实践在此受到深刻的影响，但并不一定被它控制着"，我同意在观念上一个更大的重点需要落在电视新闻如何取决于一个既定的事例中被认为是"真相"的事物以及有权定义那些真相的人身上。但与此同时，同样的注意力需要用来辨别不同的诠释社群潜在地重铸"真相"的定义形式的开放性，这与他们对于不公正和不平等的生活经验是相关联的（并且，在威廉斯之后，决定性不再是单一的力量，而是连续不断的但常常不可预知的压力的行使）。这一变动意味着在狭隘的"主导—对抗"的动力框架内提出的研究问题将通过更根本地质询首先被告知事实的浮动性而得到澄清。

因此，电视新闻话语不仅被新闻工作的距离和"不偏不倚"的投射的批评所解构，而且也随着包含和排除"常识"的标准走向终结而遭到抵制。接着，在对"谁"的常识被新闻广播定义为事实提出疑问之外，我们需要问：观众是被什么样的再现策略邀请来"填补空缺"，或受到鼓励来进行恰当、理性的推断，以便重新肯定新闻工作"处理"对抗的事实的程序，否则它们将与新闻框架形成差异。在我看来，一旦这种意义的叙事的"有边界的环境"被自然化，以致自然的政治变得明晰，分析将进而辨识电视新闻中的滑动、裂缝与沉默，它们总是一起威胁并削弱话语的权威性。换言之，这种研究能够促进反领导权的声音，使它们能够与电视新闻话语的真相的政治进行斗争，特别是有助于中断、然后扩展"明显而重要的事实"的意识形态边界。

## 注释

我要感谢本书的编辑，以及芭芭拉·亚当（Barbara Adam），吉尔·布兰斯顿（Gill Branston），辛西娅·卡特（Cynthia Carter）和汤姆·奥马利（Tom O'Malley）对本文初稿的有益评论。

[1] 这里有四个补充的要点。首先，当然没有一种"进路"代表了新闻话语的文化研究，那么我将使用这个术语作为一种分析的简略表达方式，以替代一系列依赖于它们针对特定的新闻问题而从事的某种结构的"文化研究"的、竞争性的进路。其次，重要的是要认识到，即使那时在 CCCS 内部也有许多关于文化研究应由什么构成、它的"真正起源"实际上是什么的不同意见［就此，默利与陈光兴（Morely & Chen，1996）收集的若干论文提供了这方面的见解；但可惜的是，很少有提及新闻话语的著作］。再次，在大多早期的工作中，"话语"的概念松散地源自巴尔特（Barthes，1967、1973）或沃洛希洛夫（Vološinov，1973）的著作，但它在后来围绕福柯具有启发性的表达而展开的争论中承受了更多严格的审视。最后，关于文化研究在不同国家的语境中的调整，特别是北美和澳大利亚，参见 Blundell，Shepherd & Taylor（1993）；Brantlinger（1990）；Davies（1995）；Grossberg Nelson & Treichler（1992）；McGuigan（1992）；以及 Storey（1996）。

[2] 这项研究的发现在雷弗斯和坎贝尔（Reeves & Campbell，1994）对

美国"可卡因流行病"的电视新闻报道的检视中得到了印证。关于"药物故事"的过程，他们认为"记者努力寻找'适当的'执行的、医药的和学术的专家，他们典型地提供了足够的冲突性以维持新闻的报道"。警察、医生和社会科学家为知识库贡献了他们专业的声音，然后记者对它们进行整理与再现。这些新闻的特征来自专业化知识的领域。并且这个领域的语言经常是"行话"，常常不得不经记者解码并转译成"常识"（1994：56）。

　　［3］霍尔的介入方式是在当时伯明翰大学当代文化研究中心刊印了一篇题 141 为《电视新闻话语中的解码与译码》的蜡版油印论文。这篇论文的修订摘录以"编码/解码"为题（Hall，1980），这个版本已经被广为引用。

　　［4］多年来，若干不同的个案研究已经在文化研究内部展开，试图支撑着这些相当抽象简洁的解码立场，从而对这些规范进行检验。关于这些著作的新近的概述包括洪宜安（Ang，1996），莫尔斯（Moores，1993）和奈廷格尔（Nightingale，1996）的著作。

　　［5］费什曼（Fishman，1980：140）写道："新闻媒体中的意识形态的产生，可以没有出版社或编辑的直接参与，可以没有关于记者社会交往的非正式新闻政策，可以没有招募具有共同观点的记者进入新闻机构的秘密项目。新闻的意识形态特征遵循着新闻记者依赖于原始素材的常规，而这已经意识形态化了。"

　　［6］这两个新闻广播的第一分钟的讨论可以通过有趣的方式清晰地展开。除了这里简要强调的那些特征外，可以更多地关注意识形态嵌入动词的及物性、名词化、情态等联系的方式。并且，按照编码—解码的议程，研究者也可以探究序幕和标题的生产的制度性联系，以及在新闻工作者意图的边界内与这个表达模式进行实际的协商的程度。除了说明其他的情况外，这些例子取自 1996 年 7 月 10 日的工作日中六则不同的新闻广播（BBC：1：00 p. m.，6：00 p. m. 和 9：00 p. m.；ITN 12：30 p. m.；5：40 p. m.，10：00 p. m. ）。

　　［7］关于研究的方法论，詹森（Jensen，1990：59）写道："总共有 12 个新闻节目和 24 个访谈是在美国东北部一个大城市，于 1983 年秋季随机选择的三个星期里记录下来的。在一个既定的晚上，一个具体的新闻节目被记录下来，然后第二天记录被分别展示给两位受访者，他们随后分别接受了采访。"

第 **5** 章

# 媒介中的政治话语：
# 一个分析框架

诺曼·费尔克拉夫

本章的主要目的是建立一个当代大众传媒中的政治话语的分析框架。政治话语可被视为一种"话语秩序"（马上将对这个术语进行解释），它不断地在广阔的社会和文化变迁过程中发生变化，而这些变迁影响着媒介自身和其他与其相关联的社会领域。本文设想的分析框架是"批判性话语分析"在一个特定领域中的应用，因此我将在本章开头对它做一个概要的阐释。然后我将展开分析框架，并以BBC广播四台的新闻和时事节目《今日》（*Today*）为例进行说明。

本章的起点是布尔迪厄关于话语分析的一个批评性的评论：

　　试图集中分析政治话语或意识形态的言辞，而不涉及政治场域的构成，以及该场域与社会立场和过程这一更广阔的空间之间的联系，这（充其量）是肤浅的。这种"内部分析"是老生常谈，例如，试图将某种形式的符号学或"话语分析"应用于政治演说，却将分析对象被生产、建构和接受的社会历史条件视为理所当然，而不能对其进行解释。（引自 Thompson，1991：28 - 29）

我想，如果我们确实要发展一种政治话语的理解，封闭的文本分析意义上的"内部分析"就是必要的；同时，布尔迪厄正确地指出，如果政治话语或文本的内部分析不被置于政治场域及更广阔的社会框架中，就只有有限的价值。我打算部分地接受这种批评，主张媒介政治话语的分析（以及实际上任何类型的话语）应有双重焦点：传播事件和话语秩序。它应以同时阐明特定的传播事件以及政治话语秩序的构成与转型为目标。所谓"政治话语秩序"，指被型构的文类和构成政治话语的言说，系统——即使是开放和变动的系统——要在既定的时间点上对政治话语进行界定，并划出其边界。布尔迪厄对话语分析的批评有充分的理由：许多话语分析是对传播事件进行分析，而不试图绘制出话语的秩序。然而，对传播事件作为社会实践形式的充分分析——关于传播事件的充分的话语分析——确实需要将其定位在话语实践之内，并与塑造和改变那些场域的社会和文化力量联系起来。话语秩序是以特定话语形式观照的实践场域。我的建议是，我们可以接受布尔迪厄的批评来从事话语分析，尽管我并不认为这是全部的答案：话语分析也需要恰当地与其他形式的社会分析整合起来。

# ■1　批判性话语分析

在此我只能简要地说明我正在研究的批判性话语分析（critical discourse analysis，CDA）的主要特征，尤其是与该问题相关的部分（更详尽的描述，参见 Fairclough，1992、1995a、1995b）。

批判性话语分析以两个承诺为特征：跨学科的承诺，和批判的承诺。跨学科的承诺是使批判性话语分析成为一种探究变动的话语实践的资源，并由此促成当代社会科学的一个主题的研究——社会和文化变迁的分析，它通常以现代性的变化或超越现代性（走向"晚期现代性"或"后现代性"）的形式而被建构。批判的承诺是从一个具体的话语和语言的视角出发，来理解人们的生活是如何被我们期盼或诅咒的社会形构所决定或限制的；它还突出既有实践的偶然性，并改变它们的可能性。这两个承诺可以结合起来，例如当代话语的市场化过程的研究，即教育等公共服务领域以市场的话语实践模式来重构话语实践的趋向（例如，广告话语的激增）。

这个版本的批判性话语分析设想将三种不同类型的分析绘制成整合的陈述，并将社会和文化实践与文本的特性联系起来。这三种类型的分析是：

- 文本的分析（口头的、书面的，或多种符号模态的结合，如电视文本）
- 文本生产、分配和消费的话语实践的分析
- 架构起话语实践和文本的社会与文化实践

批判性话语分析的一个关键特征是将话语实践视为文本和社会/文化联系的中介。由于这种中介形式的分析被认为是一种独特的方式，因此它需要稍微多一点的讨论。

145　话语实践的分析最适宜被认为实际上是不同类型的分析的复合体，包括制度过程的话语部分（例如电视新闻节目的生产实践），以及话语过程的社会认知方面。但我在这里关注的焦点是更普遍的互文性：在文本的生产和诠释中（我所称的"消费"的一部分），人们如何从一个文本中获得在文化上可及的其他文本和文本类型。这种文本生产和消费的文化资源的概念化，借用并且改造了福柯（Foucault, 1984）的一个概念——"话语秩序"。它主张文本在宽泛的含义上对"系统"有两个导向：语言系统和话语秩序。在这两种情形中，文本—系统的关系是辩证的：文本来自系统，但也构成（和重构）了系统。话语秩序是与既定的社会领域相关联的文类和话语（也可能有其他的成分，如声音、语域和风格）的型构——例如一个学校的话语秩序。在描述这个话语秩序时，要辨别构成的话语实践（例如各种教室的谈话和写作、运动场的谈话、办公室的谈话和统一制作的文件，等等），以及它们之间重要的关系和边界。然而，我们所关心的不仅是各个分离的话语秩序的内部结构。它还与（开放）系统中各种局部的话语秩序之间及其内部的张力与流动具有联系，我们可以把这个系统称为"社会的话语秩序"。例如，影响当代话语秩序的两种普遍的趋势是我所称的"话语的商谈化"——公共的话语秩序被日常生活（"生活世界"）的话语秩序的商谈实践殖民化，以及前面所定义的

"话语的市场化"（Fairclough，1995 b）。

这个框架结合了"话语混杂"（heteroglossia）和"领导权"的概念：它强调话语实践的多样性与激增，以及它们被创造性地再表达的生产过程；但它认为这些过程受到领导权的关系和结构的限制，并将其视为一个争霸的领域。

这个框架也强调文本的结构：它不但纠正了语言学的许多分析在社会方面的贫乏，也指出了社会科学中的许多话语分析在文本方面的贫乏，因此，聚焦于细致的结构分析可以促进话语的社会与文化分析。

*146*

# ■2　当代政治与政治话语

有一种普遍看法认为现今的政治正在发生变化。对于许多人而言，这是一种政治的危机。一些人认为，它正将政治挤出当代社会生活。另一些人则更多地视之为政治在部分地重新布局，从政治系统的空壳走向某些人所称的"亚政治"——新型的草根社会运动的政治，例如欧洲国家的动物权利组织或街头抗议者（Beck，1994）。我目前的较长期的工作目标是引入一种具体的话语分析的视角来参与这场争论。我的问题是：当代政治话语秩序是如何被型构的？其变化的主要趋势是什么？

这个项目的一个主要问题是对政治的划界。政治的终点在哪里？这不仅是分析者的问题，而且是社会生活的结构性问题。按照赫尔德的提示（Held，1987），我发现将政治的特征理解为不同社会系统的互动是有用的：用他的术语来说，即政治系统（正式的职业化的政治——政党、议会等）、社会系统和经济之间的互动。政治在不同时间和地点的性质就是这些系统如何以不同的方式进行互动的问题。这意味着政治的限定始终是个有争议的话题：国家和市民社会之间的关系是什么？国内生活是如何政治化的？等等。这方面有一种话语分析的解读：政治变动的性质可以依据变动的话语表达和话语秩序之间变动的关系来进行特征描述和探索。因此，当代政治话语聚合地表达了政治系统（常规的、正式的政治）、媒体、科学和技术、草根的社会政治运动、普通的私人生活等的话语秩序——但这是一个不稳定和变动的结构。

*147* 这里的问题是：在一个既定的时间点上，政治话语在话语秩序之间的关系方面占据了什么样的空间？其主要的张力、流动和发展方向是什么？

布尔迪厄（Bourdieu, 1991）的意见在这里也是有用的：职业政治家的政治话语是在双重意义上被决定的。可以说，从内部来看，它是由它在职业政治、政治结构等纯粹的场域中的位置所决定的。而从外部来看，它是由它与政治之外的场域——特别是政治家所"代表"的人们的生活之间的关系所决定的。然而，奇怪的是，布尔迪厄并没有突出大众媒体的角色。媒介政治是当代政治的一个重要组成部分。人们一般会认为，在媒体上可以明显地观察到职业的政治话语被"外部的"因素所决定的过程。

在我已介绍的批判性话语分析的框架中，权力以两种方式进入这个图景，并为实现领导权而展开权力斗争：

第一，在"内部"的政治系统的话语秩序中，采取不同的话语实践的表达方式。

第二，在"外部"的不同系统和不同话语秩序中进行表达。内部的领导权斗争也是政党和政治倾向之间的斗争。

一个例子是英国撒切尔夫人为建立领导权而斗争的政治话语，它首先出现在保守党内，然后在整个政治系统之中，并最终超出了这个范围——因此"内部"的斗争转向了"外部"的斗争。为领导权而进行的外部斗争发生在场域中的职业政治家和其他社会行动者之间，它们是与政治系统相关联的——例如，在政治家和大众媒体的新闻工作者之间，在政治家和社会运动的草根行动者（如生态运动和环保主义者）之间。在关注"斗争"方面时，我并不想暗示这是个体对抗全体的斗争：和解与结盟也是这个图景的一个重要组成部分（见下文）。

# ■3 媒介中的政治话语

*148* ### 行动者

研究媒介政治的表达结构的一种方式是辨认大众媒介政治中重要的行动

者的主要类别。当然，职业政治家是其中之一。新闻工作者是另一个类别。他们都有各自突出的政治作用，他们不仅仅是他人的"媒介"。另一类是各种"专家"——政治分析家、学院里的政治学家、权威人士。再一类是政治家，但不是传统意义上的政治家，而是各种新社会运动的代表，例如生态主义者或动物权利保护积极分子。再有经济行动者——雇员、工会成员。还有一类是"普通人"，他们开始在观众讨论节目中发挥更大的政治对话和辩论的作用，如美国的《奥普拉·温弗里秀》（*Oprah Winfrey Show*）或英国的凯尔罗依（Kilroy）脱口秀。所有这些类别的行动者都是媒体中争夺领导权的潜在支持者或反对者，或存在潜在的结盟与和解。我所辨认的行动者的类别是非常普遍的。他们有自己内部的复杂性。例如，政治家从属于不同的党派和倾向。并且，社会阶级、社会性别和文化身份贯穿于这些类别，使其发生改变和和多样化。同样，在这些行动者的类别之间也有重要的变动。例如，在一个特定的节点上，一些草根环境政治的行动者转入职业的政治系统之中，组成了绿党，而其他人仍在系统之外。

正如赫尔德（Held）所提示的，媒介政治话语中这些类别的行动者指向了不同社会系统的表达，以及不同话语秩序的表达。因此，媒介政治话语作为一种话语秩序是由政治系统的话语秩序中各自的成分混合而成的——生活世界（日常生活）、社会政治运动、各个领域的学者和科学家等等，与新闻话语的混合。这里有一个问题：媒介政治话语的混杂如何恰当地代表了政治混杂——例如，媒介是否给予职业政治系统过度的显著性，媒介中的某些部门或广播电视媒介中某些类型的节目是否比其他部门和节目更真实，等等。我们不仅要聚焦那些变动的政治话语实践，还要聚焦关于那些实践的变动的表征，这是实践的一个重要方面，也是以影响表达方向的斗争的一个重要因素。在行动和话语秩序的斗争之外，我们还需要注意汇流与联盟。德里达（Derrida）已经提醒我们政治话语、学院话语和媒介话语之间浮现的有力的汇流。实际上，一个问题在于是否看到媒介话语中支配性的斗争或共谋，并判定这种斗争有多么真实或肤浅，以及判定谁是真正的支持者和反对者。

在媒介政治中共同表达着的话语秩序之中，不同类别的行动者和不同的话语之间存在强大的联合。在某种程度上，不同类别的行动者从不同的话语

*149*

秩序中"带入了他们的话语"。但行动者和话语的匹配并不简单。职业政治家改变他们的政治话语,从而回应政治场域的结构变动。例如,"布莱尔主义"在某些方面类似于"撒切尔主义"。但还不仅如此。不同类别的行动者以复杂的方式挪用着彼此的话语。例如,普通人会在不同程度上挪用职业政治话语和专家话语,而政治家肯定正在系统地挪用着普通人的生活世界的话语,专家们事实上也一样。并且,职业政治家广泛地挪用了"亚政治"的话语,例如环保主义运动的话语。实际上,存在双重的运动:职业政治的"亚政治化",以及亚政治迈向职业的"政治化",例如,我们在环保主义和生态社会运动中、在绿党以及"主流党派"中,都发现了绿色话语。它们的再语境化包含着转型——绿色话语并非在这些场域中恒定不变(Bernstein,1990)。我们或可称之为话语的"所有权",它如同话语的运用,是话语秩序的领导权争夺的一个重要方面。

## 文类(Genres)

为了在媒介中成功地运作,来自其他领域的行动者需要掌握媒介的话语和文类。对于新型媒介政治的政治家,问题之一是要学会一种文化资本的新形式:怎样在媒介文类中运作,例如,不仅是政治访谈,还有观众来电节目、谈话秀,甚至"秘密政治"[1]的领域,如女性杂志栏目。媒介文类包括来自其他领域的文类的复杂混合——例如来自政治系统的政治辩论和政治谈话,它们在媒介中被再语境化了(在这个过程还可能被显著地改造了)。广播电视的文类通常有一个复杂的杂交或异质的特征。例如,利文斯通与伦特(Livingstone & Lunt,1994)暗示了《奥普拉·温弗里秀》这样的观众讨论节目形成了一种异质的文类,它包含了三种确立的文类——辩论、传奇、治疗,其中只有一种是"政治的"(即辩论)。类型多样性的推论是,这种节目中重要的行动者的类别是被多重建构的。用利文斯通与伦特的话(1994:56)来说:

> 文类的模糊性在主持人的角色中是明显的:他或她是辩论的主席、谈话秀中被崇拜的英雄、裁判员、斡旋者、游戏秀的指挥者、治疗学家、宴会谈话的主持人、管理人还是发言人?有时,主持人扮演了这些角色中的任意一种,因此改变了其他参与者和听众的角色。

正如这段引语最后一句所提示的，文类的异质性包含了受众言说的变动和受众文化资本的变化，并提出了受众接受的问题，这也需要成为媒介政治话语研究的一部分。实际上，相关议题比这还要宽泛。话语分析不能简单地聚焦在媒介政治的文本和谈话上，它也需要分析政治话语的生产和接受/消费两方面的实践。在生产一边，例如，研究者可能追踪政治节目的发展和规划过程，它将各种类型的政治谈话和文本系统地连入"互文链"（Fairclough，1992，1995a）之中——私人的或公开的讨论和辩论、文件的制作和编辑、记者招待会、政治访谈，等等。

151

一种丰富的视角会将媒介政治的文类视为将比邻的、界定政治话语空间的话语秩序聚合起来的工具。为此，谈论媒介政治的"文类复杂性"可能更为合适，因为它们可能纳入多种文类（参见 Fairclough，1995b 的导论）。文类的复杂性以特定的方式表达共同的话语秩序（文类、话语），以及与它们相关的行动者的特殊定位。例如，当代政治访谈可能被视为政治系统、媒介和受众日常生活世界的话语秩序的聚合表达工具。政治访谈典型地混合了它们的文类和话语。政治家以复杂的方式典型地进入谈话的文类，并取得生活世界的话语，从而向主要在国内环境中收听或收看的大众发言。在文类复杂性中，文类和话语的特定表达方式是权力向支配关系中的特定状态作出的回应。这也是抵抗和斗争的一个潜在的焦点。举一个例子，并非所有职业政治家都愿意参与具有更多攻击性和争论风格的政治访谈，这更符合媒体制作更多娱乐节目的要求，争论性的政治访谈也要服从这一要求。

# ■4 个案：《今日》节目

上述政治话语的进路是从当代政治话语秩序的大规模研究方面来构想的。因此没有一个简单的例子可以真正充分地运用它。下面的阐述仅仅试图提供关于该进路的某些可能性的认识。我选择 BBC 广播四台《今日》（*Today*）节目的一期内容（1996 年 7 月 13 日，星期六），该节目每周播出六日，周一至周五播出时间为上午 6 点 30 分至 8 点 40 分，周六为上午 7 点至 9 点。我在本章开头提示了话语分析对布尔迪厄的批评的回应，需要保持二元的焦点：

152

话语秩序和传播事件。我希望以这个个案来实现这样的做法。更具体地来说，我将提出两个分别反映这两个焦点的问题：

- ●《今日》节目如何促成政治话语秩序的表达？
- ● 话语秩序的资源在这里如何得到互动的使用？

第一个问题关注的是不同的广播和电视节目（及不同的报纸）显示凌驾其上的政治话语秩序并积极促进其构成和转型的不同方式。像《今日》这样的节目以独特的方式将政治行动者、话语和类型汇聚起来：它们与其他节目和媒介有哪些相似点和差异？这是需要确定的。它可能构成了一种多少有影响的干预，从而在一个特定的方向上推动着政治话语秩序。由于我只关注了一期《今日》节目，这里的目标只是获得它促成政治话语秩序的表达的特定作用的初步认识。

这期节目的主要新闻是北爱尔兰的一场危机：皇家阿尔斯特省警察局局长允许联合主义的奥伦治会社（Orange Order）① 穿过北爱尔兰波达丹民族主义地区进行游行所产生的余波。这个决定引起民族主义社群对英国政府屈服于联合主义者的强烈的、甚至一度暴力的抗议，以及人们对整个北爱尔兰和平进程处于危险之中的意识。[2] 我将聚焦这则新闻。它与其他新闻是分布在节目之中的。例如，节目开头报道了北爱尔兰的一则新闻简报及其他议题，随后是两个涉及北爱尔兰的采访，但接着是两个不相关的报道（关于一名英国天主教堂神职人员的争论，以及失去土地的巴西农民的运动），一个关于读者来信的回顾（部分与北爱尔兰相关），一则体育报道，一则天气预报，以及一个新闻摘要（再次部分地与北爱尔兰有关）。总的来说，节目中有六则采访与北爱尔兰危机相关，这次危机也在两则新闻简报、两则新闻摘要、读者来信、当天新闻界的报道以及宗教节目《每日思考》中被报道。

153

这个节目中汇集的主要行动者是北爱尔兰的政治领导人［民族主义新芬党的格瑞·亚当斯（Gerry Adams），阿尔斯特统一主义者戴维·特林布尔（David Trimble）和社会民主工党的约翰·休姆（John Hulme）］，英国北爱尔兰事务大臣［帕特里克·梅休（Sir Patrick Mayhew）爵士］，爱尔兰共和

---

① 奥伦治会社是一个北爱尔兰的骑士团，北爱尔兰冲突中，在新教徒联合主义者一方扮演了重要角色。

国首相［约翰·布鲁顿（John Bruton）］，前任皇家阿尔斯特省警察局局长
［约翰·赫曼爵士（Sir John Herman）］，北爱尔兰一所大学的一位前任教授、
现任南非政府部长，爱尔兰天主教领导人［卡迪纳尔·戴利（Cardinal Dal-
ey）］，以及一位主持《每日思考》的英国国教的主教［比尔·韦斯特伍德
（Bill Westwood）］。他们都有自己的发言，尽管有些人接受了细致的采访，
而另一些人只有简要的摘录。普通人（尽管来自大不列颠岛，而非来自爱尔
兰）也在节目中有一次出场，但只是采取相当中介化的形式，由两位主持人
约翰·汉弗莱斯（John Humphrys）和苏·麦格雷戈（Sue McGregor）从他
们的来信中读出提炼的内容。我的分析的目标之一是辨认缺席的情况，而在
这个案例中北爱尔兰普通人的声音显然没有被包含在内。

　　这个节目的一个显著特征是主持人掌控的程度：新闻记者和通讯员的报
道相对很少，节目中最多的特写是一位主持人参与的采访。甚至在一些情形
中，新闻记者和通讯员是被主持人采访，而非让他们自己报道。对于这种主
持人经常中介化的在场，主要的例外是另一位记者读出的新闻简报和摘要，
尽管在这种情形中，仍有一位主持人在新闻简报被阅读之前给出了新闻的标 *154*
题。新闻与节目的其他部分在传播风格上有鲜明的对比。以下是一则新闻摘
要的一部分：

　　　　自爱尔兰首相约翰·布鲁顿抨击政府对奥伦治会社穿过波达丹进行
　　游行的处理后，英爱关系就处于严重的紧张之中。他说，允许游行者通
　　过天主教地区的决定是一个严重的失误，它已经对和平进程造成了损害。
　　北爱尔兰事务大臣帕特里克·梅休爵士指责这是攻击性的言论。夜间，
　　北爱尔兰民族主义地区还发生了更多的暴力事件。警察说，有数百个汽
　　油弹扔向他们。他们射出大量塑料子弹作为回击。射击事件是在西贝尔
　　法斯特一间警察局里发生的。

　　一般来说，这是一种（独白的）事件叙述，它们大多数是言语事件。这
是读出来的书面语言（这就是我将它抄录下来的原因）。它是一系列定言述辞
（categorical statement）——没有情态的陈述句，它命令式地宣称关于事件的
知识。它所汲取的话语即公共话语。这在词汇中是明显的，它取自官方政治
和外交话语（例如，"处于严重的紧张之中"、"和平进程"）以及官方的政策

话语（例如，民族主义采取的"暴力"以及警察对此采取"回应"的范畴）。新闻中的范畴（这里的另一个例子是特定地区的范畴，即强调"民族主义"而非"天主教"）与政治领域中话语的范围经过了仔细的推敲，它本身就是政治斗争的一个潜在焦点。话语的公共性质在语法中也是明显的——名词化的密度（仅在前两个句子中："英爱关系"、"政府对奥伦治会社游行的处理"、"奥伦治会社游行"、"允许游行者通过的决定"、"一个严重的失误"、"和平进程"）以及较少能动性的被动句（"数百个汽油弹扔向他们"，"射击事件是在西贝尔法斯特一间警察局里发生的"）。这些语法特征为人们的行动和能动性提供了背景。

155　　与新闻相比，《今日》节目的其余部分由主持人和以上提及的多数行动者之间的对话（特别是访谈）所主导。不同的行动者将各种话语带入对话中：政治的、外交的、法律的、行政的、宗教的。主持人在将不同的话语进行聚合表达方面具有重要而独特的作用。在他们与受访者的互动中，他们使其他行动者的话语得以表达。但在谈话中占支配地位的是主持人自己带入的话语（除去读者来信部分边缘性的在场，在这种情形中，读者的声音是由主持人选择性地引用的）。这是一种生活世界的话语，主持人视角下的普通人在日常生活中的话语。我认为《今日》节目介入生活的关键在于塑造政治话语的表达方式：节目集中关注日常生活的话语，并和主持人的生活世界话语一起面对政治话语秩序中的各种话语。《今日》投射了一个政治话语秩序的版本，在这里其他各种话语都是相对于生活世界的话语而得到评价的。

　　以下来自约翰·汉弗莱斯和阿尔斯特统一党领导人戴维·特林布尔的访谈摘录可以作为一个说明（括号中的点表示少于一秒的停顿，方括号表示重叠的谈话，冒号表示此前的声音的延长）：

BBC 广播四台，《今日》节目，1996 年 7 月 13 日

特林布尔：假如（.）奥伦治会社不按这种方式进行回应，假如它不以这种方式进行领导，整个北爱尔兰地区将有更恶劣的后果。

汉弗莱斯：假如奥伦治会社从迪克瑞撤出，迪克瑞已经说了："好的，我们将不再走在游行的前列，因为和平比游行更重要"，这样一切都不会发生。

特林布尔：不，那是非常错误的，那是完全错误的。因为假如奥伦治会

社按你所说（.）或建议（.）的方式行动，那么形势将变得更遭。┌现在

汉弗莱斯：　　　　　　　　　　　　　　　　　　　└为什么？

特林布尔：好的，这就是我感到遗憾的（.）阿尔德迪斯先生（.）和北爱尔兰政府没有意识到的（.）的事情（.）他们没有意识到北爱尔兰社群中的情感强度。假如奥伦治会社以你所建议的方式瓦解，那么在爱尔兰将有（.）自发的暴动。那将有一股支持非法武装的潮流，大不列颠和北爱尔兰之间的停战将会瓦解。 *156*

汉弗莱斯：好，你所说的是　　　　　┌Ul

特林布尔：　　　　　　　　　　　　└（不清晰）

严重的混乱

汉弗莱斯：你的意思是联合主义者的领导人不能控制它的成员。

汉弗莱斯第一段在话语上是异类的。他的第一个分句（"假如奥伦治会社从迪克瑞撒出"）是对特林布尔的政治辩论话语的回应，并重复了形式上的假设句构造以及"奥伦治会社"的名称。但他的第二个分句将同样的句式构造和直接引语进行转换（"好的，我们将不再走在游行的前列……"），由此产生了从政治系统的话语到生活世界的话语的转换（这也由"这样一切都不会发生"所引起）。此外，在"和平比游行更重要"这句话里，汉弗莱斯可能以政治行动者批评联合主义的话语来回应特林布尔（参见本书格雷特巴奇的文章）。汉弗莱斯的结束段是对特林布尔所说的话的挑战，而后者不出意外地拒绝接受它。访谈还有一些其他内容："好，在这里你再次告诉我的是暴民的规则；好，那是否说明北爱尔兰的一群人提醒另一群人谁是才是发号施令者。"这些阐述再次包含话语的转换，后两个例子是向生活世界的话语转换，以上摘录的例子是向反联合主义的政治行动者的话语转换。

当汉弗莱斯以"为什么"这一问题打断特林布尔时，出现了另一个转向，这说明了我使用的分析框架需要详尽的说明。言语通过一升一降的语调进行表达。这是一个相当具有攻击性的挑战，它不仅仅是一个问题，而且表达了不信任感。它的重要性在于感官方面的作用，并有效地引发一种特定的声音、*157* 一种特定的个性以及相关的价值——我将其概括为一种特定的精神特质（Fairclough，1992）。它是常识的精神特质、常识的价值、常识的态度，和

具有常识的人。显然，它与我提到的生活世界的话语连接起来了：主持人视角的日常生活的话语。尽管话语概念的核心是观念性/指涉性的，并用于研究世界是如何建构的，精神特质的概念却集中关注特定传播风格引发的认同和价值，包括相当微妙的发音和韵律。

《今日》不但影响了生活世界话语优先的特定话语表达方式，也同时影响着常识优先的精神特质的表达。既然汉弗莱斯在这个特定节目中主导了访谈，更具体的、占优的精神特质就是白种、男性的、英国人的常识。例如，"为什么？"。以上摘要对我有所触动的是一个健谈的、中下阶层的英国人在星期日午餐时间去一个高级酒吧。这当然仅仅是我个人的反应，但普遍的要点在于：精神特质的话语标记通过触动特定的人、场所、情感和知觉而在感官方面发生作用。因此，戴维·特林布尔的政治精神特质（或与格瑞·亚当斯显著不同之处）与常识的精神特质相遇时，伴随着一种英国民族性与爱尔兰民族性的潜在对抗。

相反，在帕特里克·梅休爵士的例子中，它给我的印象是一种社会阶级维度的对抗。

梅休：警察局局长明白他正面临（.）一个新的形势，即当五万或更多的联合主义者，如奥伦治会社的支持者（.）汇集在波达丹时存在的风险。他还要面对很多人失去生命的危险，他说失去一条（.）生命都是不值得的。我认为（.）那些批评现在发生的事情和局长的决定的人必须受到质问，并且必须

*158*　回答：如果五天前在不同环境中做出不同的决定，将有多少人会丧生（.）

汉弗莱斯：那么换言之，如果它们足够多的话，法律将会让步。

梅休：不，法律将得到运用（.）⌈法律
汉弗莱斯：　　　　　　　　　　　　⌊但我们没有看到法治

（梅休：不，不）警察局局长不希望那场游行进行。（梅休：不仅如此）他放弃了，因为有那么多人，这是他所说的。

梅休：警察局局长运用了 7 月 6 日星期四运用过的同样的法律，并且法律要求他（.）重视可能的（.）严重的（.）混乱（.）他运用了同样的标尺。所改变的只是环境。现在我认为（.）这是完全错误和不负责任的（.）许多人应该已经面临镇压的威胁。警察将得到军队的支持（.）我估计这将导致

（.）非常严重的（.）混乱和多人丧命的危险，这正是局长预料到了的。

　　汉弗莱斯：但他们一直自行其是，所以这次还会这么做。

　　在整个访谈中，梅休的言语里有一种强烈的法律话语的在场。例如。这句话是明显的："法律要求他重视可能的严重的混乱。"梅休在这里陈述法律是什么（在上面的其他部分，他断言警察局局长是如何运用法律的），并采取了一种命令式的甚至武断的方式。这是一种定言述辞（和梅休的许多句话一样），并且记录中的命令式的风格特征表现在最后三个词的韵律中——可能（.）严重的（.）混乱（.）（据推测应是引自法律条文），它是平稳和缓慢的（注意词语间的停顿），从而加重了词语的分量。法律专业知识的要求以及判断其运用的能力本身是命令式谈话的基础。但梅休的命令还有另一个在记录中不明显的基础：中上阶层的语调，以及从容、权威的演说风格都显示出一种社会地位，即中上阶层的文化资本与精神特质的特征（Bourdieu, 1984）。 *159*
汉弗莱斯的生活世界话语和常识的精神特质破坏了这种中上阶层的文化资本的理所当然的优越性，挑战了梅休的权威，并在这种情境中体现了一种阶级的力量，这在其他地方是没有的。

　　这个例子已经将我们的注意从我刚才希望简要触及的第一个问题转换到第二个问题——话语秩序的资源是如何得到互动的使用的。除了从结构的视角审视以上记录中表达对话语的影响，人们还可以从互动的视角观察参与者如何使用那些可供互动管理的社会关系资源。例如，在与梅休的访谈中，汉弗莱斯面对的是挑战一位部长的困难任务，此人在北爱尔兰这场新的危机中扮演了可疑的角色，但他在处理中拥有特殊的文化和修辞方面的资源和权威。或许由于汉弗莱斯看到梅休的命令式口吻将淹没他的挑战，他宁愿在重复中采取进攻的姿态，如在以上记录中，他打断了梅休，并一直努力重新回到他的话题：

　　　　但我们没有看到法治（梅休：不，不）警察局局长不希望那场游行进行（梅休：不，不仅如此）他放弃了，因为有那么多人，这是他所说的。

　　这里采用的特定的访谈风格，比如，汉弗莱斯不仅是提问题，还更愿意去辩论、反对、打断，这是关于文类的问题：采访者有一个可用的采访类型的剧目，他们可以根据互动的环境策略性地调动它们，包括发展他们自己偏好的采访类型。出现困难时汉弗莱斯经常使用的另一种策略是归因——声明正在报道的内容是警察局局长所说的话（参见本书格雷特巴奇的文章）。然而，这个被报道的表述方式取自生活世界的话语，这是警察局局长自己不大可能使用的——"我放弃了，因为有这么多人"，这是相当难以置信的。汉弗莱斯以一种有效的修辞方式使用着生活世界的话语（也包括直证的特征："我们"、"那场游行"），来处理挑战梅休的解释的互动性问题。

160

为结束这个例子的讨论，我打算回到我早先提到《今日》节目中新闻与对话部分截然的区分上。我们会在制度性的声音的分岔上看到这种区分：新闻维持某些传统上与 BBC 的声音相关的权威和距离，而对话部分则表明对这种权威和距离的偏离，转而模仿日常生活的声音和话语及其常识的精神特质，并从中取得自身的合法性。这似乎是一种民主化的运动，但它同时是制度性控制的民主化：普通人的声音是"以口技的方式发出的"而非直接被听到的。它也可被称为一种公开操纵的民主化：它提供了一种可供使用的民主的合法性。

《今日》节目展示了当代政治话语的一个更普遍的趋势，这就是我已经提过的公共话语的"商谈化"，即关于日常商谈的公共话语的模式化（Fairclough，1994）。对这种发展的乐观解读将它简单地看作一个文化民主化的平台。但这种解释存在着困难：商谈化一般是自上而下地嵌入的，普通人对它几乎不能控制，再者对谈话的模拟与人们的真实谈话之间的关系也是有问题的。

商谈化给我的印象既不是简单的民主，也不是为制度性目的进行的管理，而是它的矛盾性，及其对斗争的关注。这再次体现了布尔迪厄的观点的重要性，即任何特定的话语事件都应定位于话语及型塑它的社会力量的领域之中，研究者首先需要知道一个节目如《今日》的政治谈话是如何与媒体内外的其他政治话语相联系的——即它与政治话语的结构秩序的联系，然后是它是如何与政治的领域和实践以及更宽泛的社会力量相联系的。只有在这种视野中，他才能判定《今日》节目的商谈话语是如何生产的。

# ■5　总结

关于设想的媒介政治话语的分析框架如何可能被应用，我已给出一个
非常不完全的说明。我想，这个框架在探索新的实践——新的文类、新的
话语的涌现方面也有价值，它们通过已有实践的新方式而得以聚合表达。
至于政治访谈的文类转型（Fairclough、1995b）和一种新的撒切尔主义的
政治话语的构成（Fairclouh，1989、1995a），我已在其他地方讨论了这一
过程。

这种进路的价值在于，它避免特定的话语事件和文本的处理与话语秩序
及它们嵌于其中的更广阔的社会场域隔离开来。这个进路相应的困难在于，
研究者在分析单独的话语事件和文本时需要有话语秩序和社会秩序的整体意
识。例如，他需要意识到应用于政治话语秩序的文类和话语的范围需水平地
对应特定话语事件的文类和话语。我所建议的研究框架的最终目标是描绘出
话语秩序的文类和话语。但与此同时，使用这个进路的读者必须依赖他们自
己的文化知识以及政治话语的已出版的资料。

我以六个问题来总结该进路的要点，研究者可以对媒介政治中一个特定
的话语事件（例如，一篇报纸上的文章或一个广播或电视的节目）提出问题：

（1）政治行动者牵涉到谁？使用什么样的文类、话语，拥有什么样的精
神特质？

（2）它们怎样得以聚合表达？

（3）这种表达是怎样在文本的形式和意义中实现的？

（4）话语秩序的资源是怎样在互动的管理中被获取的？

（5）这种话语事件为政治话语秩序的表达提供了什么样的具体方向？

（6）广阔的社会和文化过程是如何塑造了该话语事件的文类、话语和精
神特质的表达方式？又是如何反过来被这些表达方式所塑造？

**注释**

感谢 Erzsebet Barat，Carlos Gouveia 和 Anna Mauranen，Celis Ladeira

Mota 以及 Sari Pietikainen 对本文初稿的评论。

[1] 这是 Anna Mauranen 建议我使用的一个术语。

[2] 统一主义者支持联邦（即北爱尔兰是英联邦的一部分）的延续，而民族主义者赞成爱尔兰的再统一。

第 **6** 章

# 谈话分析:
# 英国新闻访谈的中立主义

戴维·格雷特巴奇

## ■1 序言

　　谈话分析的方法和研究发现已被用于考察多种形式的广播电视谈话节目,包括新闻访谈、脱口秀和热线节目(Crow, 1986; Clayman, 1988、1989、1991、1992、1993; Heritage, 1985; Heritage, Clayman & Whalen, 1988/89; Greatbatch, 1986、1988、1992; Heritage, 1985; Heritage, Clayman & Zimmerman, 1988; Heritage & Greatbatch, 1991; Heritage & Roth, 1995; Hutchby, 1991)。这种研究的目的在于阐明与广播电视谈话的特定形式相关的常规谈话实践,并考虑当节目参与者追求不同任务和对象时,这些实践如何促进和限制他们的活动。在这一章中,我将以英国电视和广播新闻访谈节目为范例,来阐明谈话分析的观点。

研究者已经采用谈话分析之外的一些分析框架对新闻访谈节目进行了一些研究（如 Bull，1994；Harris，1991）。然而，这些研究是对新闻访谈行为的编码和评估，而谈话分析关注的是新闻访谈中局部体现的秩序。换言之，它们描述说话者使用和依赖的惯例，以此揭示它们在新闻访谈中的相互作用。由此，这些研究阐释了新闻制作者及评论员的陈述是如何被常规的谈话实践所塑造和告知的，而这些实践表现了广播电视谈话节目的形式特征。

简单介绍谈话分析的方法论框架之后，我将检视英国新闻访谈中参与者的行为的相互关系，以及与英国广播电视新闻业有关的一个核心规范，即新闻记者在新闻和时事报道中应保持平衡和不偏不倚，由此来阐释谈话分析的进路。我在结论中探讨了研究的一些分析性的含义，并对未来的研究方向提出了建议。

# ■2　谈话分析

谈话分析出现在 20 世纪 60 年代，是哈罗德·加芬克尔（Garfinkel，1967）一系列开创性的常人方法学研究的一部分。从 20 世纪 50 年代起，加芬克尔发展出了一种研究社会生活的进路。这种进路能够描述具体情境下人类行为的解释性特征，它关注并阐释了构成日常社会行为和活动及其理解之基础的能力。

萨克斯（Sacks）与他的同事谢格洛夫（Schegloff）和杰弗逊（Jefferson）的开创性研究产生了常人方法学研究的实质性的语料库，它们阐释了潜存于可理解的口语互动之下的社会组织。这些研究尤其受到萨克斯的研究提议的启发。磁带记录的互动谈话为发展一门"能够严格地、经验地以及正式地处理社会行动的细节的自然观察的学科"（Schegloff & Sacks，1974：233）提供了可能。从这些研究中发展出来的方法论框架逐步被称为谈话分析。

谈话分析包括对自然发生的社会互动的音频和视频记录所做的细致的定性分析。谈话分析研究不包括对预先假设的表述和经验性证明；毋宁说，它运用的是归纳的搜寻程序来识别口语或者非口语互动的规则。其目的是阐明说话者形成自身行为以及理解和处理他人行为时所采取和依赖的实践和推理。这种分析方法主要源于对双方互动过程中不可避免地呈现出的情境的即时理解。

在对行为和互动的重现模式进行定位和分析方面，谈话分析研究者反复播放自然发生的互动的音频和视频，认真记录事件。文字不仅记录了所说的内容，而且还有各种言谈形成的细节，如重复的谈话，言说中的停顿、重音、音调、音量等。文字还可以据以追踪可见的举止，如注视的方向和姿态。这些文字记录为更细致的分析提供支持，使得研究者能够揭示和分析默会的、"视而不见"的人类行为，舍此之外，它们是不能在系统研究中被发现的。此外，文字记录的摘录作为互动现象研究的范例而被包含在研究报告中。

尽管谈话分析始于日常对话的研究，它却已越来越多地用于解释一系列其他互动形式的社会活动之基础的能力，包括健康咨询、广播电视采访、紧急救助、商务会谈、离婚调解、小额诉讼法庭、精神病人接收面谈（参见 Atkinson & Heritage, 1984；Button & Lee, 1986；Boden & Zimmerman, 1992）。它也被延伸到可视的和口头的举止研究中（如 Goodwin, 1981；Health, 1986）。因此，尽管名为谈话分析，它却代表了一种研究社会互动的普遍的进路（关于谈话分析的介绍，参见 Goodwin & Heritage, 1990；Health & Luff, 1993；Heritage, 1989；Zimmerman, 1988；Greatbatch, Health, Luff & Compion, 1995）。

在英国和美国，新闻采访的谈话研究集中在新闻访谈互动的各个方面。它们包括发言机会的分配（Greatbatch, 1988；Heritage & Greatbatch, 1991），采访者表达和受访者回答的设计（Greatbatch, 1986；Clayman, 1988、1992、1993；Heritage & Roth, 1995；Schegloff, 1988／1989），主题介绍和改变（Greatbatch, 1986），开头和结语（Clayman, 1989、1991），受访人之间意见的不一致（Greatbatch, 1992）。这些研究描述了反复出现的互动模式、规范的方向以及支持它的惯例。它们解释了各种特写从总体上如何体现和展示了互动的制度化，尤其是新闻采访的细节特征。这不仅需要仔细考虑能够展示出符合新闻采访惯例的案例，还要考虑不符合它们的情况（Clayman & Whalen, 1988/89；Schegloff, 1988/89；Heritage & Great-

166

batch，1991）。

因此，谈话分析阐释了新闻采访中的互动实践以及与广播电视新闻业相关的任务和约束之间的关系（参阅本书费尔克拉夫的进路）。下面我将通过当代英国的新闻采访的几个方面的考量来说明这个问题。在这个过程中，我借鉴了斯蒂文·克莱曼、约翰·赫里蒂奇和我先前的研究（Clayman，1988，1992；Heritage，1985；Heritage & Greatbatch，1991；Heritage，Clayman & Zimmerman，1988；Greatbatch，1988）。这些数据是英国 BBC 的电视和广播采访节目的音频和视频记录。它们是一个始于 20 世纪 70 年代、从各方搜集的大的语料库的一部分。

## ■3　中立主义和英国的新闻访谈节目

自 20 世纪 50 年代中叶起，新闻访谈就是英国广播电视新闻的一个重要的组成部分。当然，它的基本功能是为新闻听众提供公众人物、专家和其他新闻中的人士之间信息和观点的交流。新闻采访者的任务是征集这些人的信息和观点，以及在某些情况下调查和检验他们所表达的意见。

167 　　然而，在管理这些任务的时候，采访者必须遵从英国广播电视新闻的限制。在他们所报道的新闻和时事中保持公正和平衡、对公共政策不过分评论是法律的要求。这个要求在特许状、执照和《广播电视法》中发布，为电视和广播组织设立了参考，还对违法者规定了处罚条例。在新闻采访的语境中（专业记者在新闻采访中被认为是他们的雇佣机构的代表），这些职责是采访者必须承担的：首先，不以他们自己或者雇主的名义直接表达观点；其次，不公然同意或反对受访者所表达的内容（Heritage & Greatbatch，1991）。研究者认识到如果采访者的中立言辞包含了假设，包括支持或反对受访者的立场，这就不能被认为是中立的。谈话分析把这种立场称为"体现'中立形式'的姿态"，或者更简单地说，是一种"中立主义的姿态"（Heritage & Greatbatch，1991：107）。

弄清楚"中立主义"如何在这里运用是重要的。这个词描述了采访的一种方式或风格，它指可以逃脱对形式上的偏见进行控告的采访行为，无论是访谈内容本身或之外的行为。照此，它不包括对采访行为中实质性中立或者偏见的评判（Heritage & Greatbatch，1991；Clayman，1992）。采访者的中立姿态不能保证他们的行为实质上是中立的。尽管采访者避免直接表达观点，但是他们也有可能被控告为持有偏见。比如说，各种有攻击性或者敌意的提问会被认为反映了采访者的偏见（Clayman & Whalen，1988/89）。与此相关，对于偏见的控诉也有可能是基于不同类型的受访者被采访方式的表面矛盾（Hall，1937b；Schlesinger，Murdock & Elliot，1983；Jucker、1986）。保持中立的姿态为采访者提供了防御这些指控的第一道防线。

# ■4　维持采访者的中立主义

采访者明显地表露出了他们要遵从规范的倾向，他们应该通过发表至少被认为是"问题"的言论或者把自己归于第三方（或许被命名，或许没有），使他们与评价性陈述相分离（Heritage ，1985；Greatbatch，1988；Clayman，1988、1922）。采访者也应避免在私人谈话中表现出"质问者"的反应，以及广播谈话中其他形式的可能被认为是对受访者所说的话同意与否的暗示（Greatbatch，1988；Heritage & Greatbatch，1991）。因此，认可的标志（"嗯嗯"、"啊哈"、"是"等）、新闻的接收（"噢"、"真的吗"、"你是这样吗"等）以及评估都是几乎不存在的（Heritage ，1985）。采访者通过这种征求他人的意见而不是表达自己的观点的方式来呈现自我，也就是说，他们推进了中立主义的立场。

然而，就像克莱曼所注意到的，"中立主义"不只存在于新闻采访者个人的行为中（Clayman，1988、1992；Heritage & Greatbatch，1991；Greatbatch & Dingwall，即将出版）。其他参与者有可能通过将他们构建成私人或机构的倡导者，从而挑战或破坏某个个人推进的中立立场。因此，这种个人在谈话互动节目中占据中立立场的能力有赖于其他成员的合作。

受访者经常配合采访者保持中立立场。他们一般不认为采访者的言谈是在表达或指向个人立场，不论他们对于采访者的动机的个人看法是什么。相反地，受访者把采访者的言谈视为征求他们对发生的问题的看法。这在下面一则 1979 年 3 月 13 日对罗宾·戴爵士（Sir Robin Day）和国家煤矿工人联合会主席阿瑟·斯卡吉尔（Arthur Scargill）的采访中得到证明。在采访的时候，苏格兰煤矿工人领袖斯卡吉尔和米奇·麦加蒂（Mick McGahey）是国家煤矿工人联合会的竞争对手。谈话的抄录符号附录在本章后面。

169

(1) BBC 广播 4 台：《同一个世界》

采访者：.hhh 呃，你们的马克思主义和米斯特尔·麦加蒂的共产主义有区别吗？

阿瑟·斯卡吉尔：呃，不同之处是，媒体不断称我是马克思主义者，我不是（.）.hh 并且从来没有（.）自称是马克思主义者。[.hh 我一

采访者：[但我听说……

在回答采访者的问题时，斯卡吉尔拒绝他是一个马克思主义者的预设。然而，他没有直接挑战采访者的中立立场。第一，他通过重复采访者的框架（"不同之处是"）明确地把他的回答架构为采访者问题的答案。第二，他把预设视为一个事实性错误（归因于"媒体"），而不是采访者意见的表达。在回答的过程中，采访者强调他的角色是一个"中立的"意见激发者，这些反应可作为对受访者所说的话同意与否的标志。

在摘录（2）中，采访者作出了一番与受访者对先前问题的答复相冲突的独立评价的陈述之后，我们发现了一个相似的过程。这个案例来自 BBC 对当时的工党领袖尼尔·金诺克（Neil Kinnock）的采访。此次采访是在金诺克表示工党近期的一个政策评论与社会主义的传统价值观相符合之后展开的。

(2) BBC 电视频道：《新闻之夜》

1 行　金诺克：……你所获得的当然是主干部分（.）.hh 的社会主义。

2～7 行　采访者：争论当然在于（.）你所描：述的那种社会主义是由撒切尔夫人定义的。事实上，你十年前已经 .hhh 放弃了（.）那种过时的国有化（.）.h 放弃了那种十年前采用的税：赋，放弃了（.）单方面的核裁军。她定义了你已经改变的方式。

170

8～19 行　金诺克：任何人都会（.）从：任何（.）历史角度来看那十年，它会过去（0.5）并且将不会给地区带来什么差别 .hhh 呃（.）谁要去

抗争和请求将是：一个绝对的（.）傻瓜。我想我可以通过引用（.）我不确定是（0.2）托洛茨基的话来<u>反驳</u>这个看法。这：不是由于我们的天赋而使得革命爆发，而是因为资本主义留给我们的遗产．hhh 并且<u>这</u>是我们现在知道的对于现实的务实认同．hhh 但是时光<u>流逝</u>（0.3）经济<u>变化</u>（0.1）．h <u>十年</u>已经过去的<u>事实</u>（0.2）．h <u>意味着</u>与我们<u>相关</u>的是 <u>90 年代</u>（0.1）<u>而不是</u> 70 年代末或是（.）．h20 世纪 40：年代。

在第 2～7 行，采访者提出评论是由撒切尔夫人保守主义的议程和政策而"定义"的，这个断言直接挑战了金诺克关于工党的政策评论与社会主义的价值观相一致的观点。然而，他没有以个人立场来发表看法，而是把它描述为其他人的观点（尽管他没有归于某个特定的人）。正是这样，采访者没有继续报道个人赞同的相反主张，由此避免与受访者产生直接的分歧（Clayman，1988、1992）。相应地，金诺克没有把言谈当作采访者个人的观点，而是把它当作匿名者的主张（"我想我可以反对这个看法……"）。此外，因为他这种做法，采访者保持沉默，停止回应，以示对他的体制化角色的让步。

在每个案例中，采访者发表了受访者可能不同意的争议性主张。然而，他们小心地不将它呈现为他们自己或雇主的意见。这些主张被分别表述为一个问题的"事实性"预设，以及匿名的第三方的观点。他们把采访者的言论视作互动的中立主义，用来征求意见，而非表达采访者自己的意见（Clayman，1988、1992；Greatbatch，1988；Heritage & Greatbatch，1991）。由此，他们协助采访者成为中立的"提问者"。

## ■5 违背中立主义的采访

协助保持采访者的中立立场并不是必然的。首先，采访者可能把他们视作特殊立场的倡导者。这方面的例子很少，很大程度上仅限于对团体或国家的代表的采访，而这些人在西方被视为罪犯、恐怖分子和反民主的人。下面的例子来自 1980 年 1 月 24 日对一位苏联记者的广播采访，这是一个罕见的采访者公然地单方面放弃中立立场的例子。

这位记者给《泰晤士报》写了一封信，目的是反对美国政府针对苏联侵略阿富汗而抵制即将在莫斯科举办的奥运会。采访者罗宾·戴（Sir Robin Day）爵士指出了受访者立场的一个明显的冲突。受访者认为呼吁抵制是不合法的，因为奥运会应当超越政治。如果受访者相信这一点，那么为什么他反对奥运会在南非举办？受访者作出回应，表明南非的情况关系到对多数黑人人权的否定，而苏联的情况是一个政治问题。采访者以一个敌对的问题作*172* 为答复，通过揭示苏联流放了一位异议者领袖安德烈·萨哈罗夫（Andrei Sakarov）来挑战受访者谈论人权的权利。

（3）BBC 广播 4 台：《同一个世界》

1～4 行　采访者：当你的（.）国家刚刚.h 因为安德烈·萨哈罗夫.hh 的言论而剥夺了他的自由时，你准备谈论何种人权（.）

5～9 行　苏联记者：这不是因为他的言论。而：是.h 因为，呃，你.hhh 可能.呃（）我们这里讲的是在苏联：呃苏联人民开始（）——（影响了，呃——呃——敌意的行动）并干涉苏联.hhh［（　　　）］

10～12 行　采访者：［但是你如何——］当萨哈罗夫博士未经审：讯而被流放.hhh 时（.）你如何谈论人权？我们看不到任何公正的（.）过程。

13～15 行　苏联记者：可以说一些，呃，关于英国政府的管理行为［阿尔斯特或北爱尔兰或其他＝

16 行　采访者：［好的，我正在说——］

17 行　苏联记者：＝地方。但这［无关乎］＝

18 行　采访者：［好的如果你愿意］

19 行　苏联记者：运动员的人权＝

20 行　采访者：＝如果你［愿意］给我一个＝

21 行　苏联记者：［的——］

22 行　采访者：＝［我将讨论的］例子

*173* 23～24 行　苏联记者：［他们违法了］呃：受到奥运会抵制的威胁

25 行　采访者：［但为什么——为什么萨哈罗夫博士……

在第 5～9 行，受访者贝格洛夫接过了采访者提出的萨哈罗夫由于他的言论而被流放的话题。他开始就不同意这种看法（"这不是因为他的言论"），接着他提供了萨哈罗夫被关押的其他原因。然而，尽管采访者的问题充满敌意，受访者却没有直接损害采访者在采访中努力保持的中立立场。因此，是采访者自己偏离了立场。

注意，首先，在他的回答中（第 5～9 行），受访者运用了集体代词"我们"（"但我们这里讲的是在苏联"），而不是指代第三方，比如说"他们说的"或者是"政府所说"。正因这样，他明确地把自己作为苏联的发言人，而不是一个独立的政治评论家。采访者因此接受了一个相似的立场。尽管采访者采用的是提问形式的话语，他仍明确配合（通过运用"我们"）了萨哈罗夫以"我们看不到公正的过程"的方式（10～12 行）而被驱逐的提法。这里，采访者因代表西方的"我们"讲话而偏离了中立的立场。此外，在受访者尝试比较萨哈罗夫和英国政府在爱尔兰的行动之后，采访者继续这样做（13～24 行）。他没有只要求受访者证实这种说法，而是请受访者提供一个例子，并且表达他个人处理这件事的意愿。采访者因此放弃了中立的采访风格，反而成了倡议者的角色。这种情况是从对苏联记者的中立采访转变为代表不同政治立场的发言人的"辩论"。[1]

在这样的案例中，采访者把自己作为特殊团体或国家的代表，从而越出了可接受的规范界限。这种采访的结果被转换成完全不同的事件，受访者或他们所代表的团体与国家的行动、观点、倾向被认为是"出格"的。[2] 这里播音员便成了倡议者，代表"民主"、"正派"、"基本人权"等而发言。这些案例定义了新闻采访中的中立主义的边界，强调了在与主流政界名人打交道甚至进行公开的敌对采访时采访者要采取的谨慎态度。

然而，作为采访者的合作规则的中立主义很容易被受访者的行为所破坏。这种偏离一般很短暂（甚至受访者公开表示采访者表达了他们自己的看法）（Heritage & Greatbatch，1991）。一方面，采访者努力捍卫中立主义，例如，将他们自己与有质疑的主张和预设隔离开来，或者重新确立他们的实际地位。另一方面，受访者通过再次把采访者作为一个意见征求者，而不是观点的倡议者，从而迅速回到"采访游戏"的潜规则中来（Heritage & Greatbatch，1991）。

然而，受访者有时候会持续攻击采访者。下面的例子是对自由民主党领袖帕迪·阿什顿（Paddy Ashdown）的采访。此次采访是在 1993 年 7 月 BBC 电视新闻和时事节目《新闻之夜》（*Newsnight*）播出的，它发生在伦敦市陶尔哈姆莱茨区的自由民主党被控告为了巩固它在当地的选举形势而传播种族主义文学之后不久。摘录以采访者要求阿什顿回应自由民主党是"不成熟、不负责、无纪律和不严肃"的政党开始。

(4) BBC 电视：《新闻之夜》

1~5行　采访者：那么：(0.2) <u>你</u>已经失去了你<u>甲板</u>上的大炮 (0.2) <u>正如你</u>刚才所说<u>所有</u>的党派都是这样 .. 但如果我们只是 (0.1) <u>言过其实</u> (0.2) 这<u>表明</u>你的党派<u>仍是</u>：(0.2) <u>不成熟</u> (0.3) <u>不负责</u> (.) <u>无纪律</u> (0.2) <u>不严肃</u>的。

6~8行　阿什顿：好的，(0.2) <u>证明</u>这一点：(0.6)。你向我提议的，(0.2) 你来证明。=

175　9~10行　采访者：=好的，(0.1) 我跟你说：这个控告 (. 呃呃呃)

11~12行　阿什顿：那么你有一个地方议会的 [问题] () ——

13~15行　采访者：[不 (.) <u>等等</u>，<u>还有其他的</u>对埃玛·尼克尔森＜肮脏伎俩的控告，有=但这导致了更＞ [<u>严重</u>：的控告。如果我将 [这样对待 [你=

16行　阿什顿：但是，[詹姆斯，[无论如何

17行　采访者：=你—— () 有可能是个<u>机会</u>—机会主义者。]

18~19行　阿什顿：你——（从来没有）过这样严重的控告：也许你使——] (.)

20~23行　阿什顿：也许你—— (.) 会 (0.1) <u>再次</u>：，(.) .h <u>再利用</u> (0.2) <u>保守的</u> (0.1) <u>宣传</u> (0.2)，如同<u>事实</u> (0.2) 所证明的那样 (.)

24行　采访者：.hhh，我将控告阿什顿先生。

25~26行　阿什顿：[但是你不能：这是 [<u>关键</u>

27~29行　采访者：[我<u>完全</u>：可以：因为这——这不是保守党的宣传，也不是工党的宣传=它是 . (.) 它是 .hh (.) <u>众所周知的是</u>

30~31行　阿什顿：啊哈 (0.2)

32~34行　采访者：你修正了 (0.2) 你的政治立场。你的信息：176　(0.2) =

35~38行　阿什顿：[但是詹姆斯——

39 行　采访者：（［）你们工党 ［ （）：

40～45 行　阿什顿：［詹姆斯，［你已经——［你已经建立——建立了一个肃穆的（塔）］（）。（0.1），我们给予：.hh 其合理性。.hh 你在那儿吗？（0.2）一个基督教教堂里（0.1）。当我清楚地向人们表明，.h 为了克服经济的问题而后采取 VAT 的其他选择时，很可能发生也许可能提高个人税收？（.）并要求他们为之投票。

46 行　采访者：（.hh ［hh.）

47～54 行　阿什顿：［90% 的人举起手来：你不能说一方面我们清楚你们的主张是欧洲不受欢迎的政策 .hh 并说我们调整我们的政策：我们是最后的选举中唯一的党派 .hhh 我们非常清楚地表明了需要 .hh 一个能够激励效率的有力的市场体系。保守党极力动员国家反对 .hh 然后提出取代的东西＝

受访者没有把采访者的问题作为中立的意见征求，而是认为采访者断言他能够"证明"（"好的，证明这一点"），并因此断言采访者有个人的主张（"你给我提议这个主张"）。尽管采访者捍卫自己的主张，他仍通过远离这个主张来应对中立主义受到的威胁（9～10 行）。然而，在他能够说出控告人之前，受访者打断了他，投诉说控告只集中于一个陶尔哈姆莱茨区的地方议会。这清楚地表明采访者强加给他的主张没有充分的基础。采访者提出反对意见，暗示控告使得自由民主党超出了陶尔哈姆莱茨区的范围。为了支持这个观点，他引用了保守党下院议员埃玛·尼克尔森（Emma Nicholson）（9～15 行）反对工党所采取的低俗伎俩的控告。他接着说这导致了更加严重的责任，自由民主党可能是机会主义者（14～15 行、17 行）。尽管采访者的行为和中立立场是一致的，受访者通过升级对采访者行为的攻击来作为回应。他指出采访者负有严重的责任（不仅仅是在报道，18 行），并接着指控采访者在重复保守派的宣传（20～21 行）。

紧接着是一个转化，即采访者通过使他们的行为合法化来继续对受访者进行批判，他给阿什顿提出控告，这既不是保守党也不是工党的宣传（24～39 行）。再一次，采访者继续捍卫阿什顿反对的以第三方意见为基础的主张。在这个过程中，他不仅卫自己的行为，而且给受访者施压解决问题的压力，他也尝试着把自己与他要求阿什顿回应的"控告"区别开来。采访者个人不

177

可能同意受访者强烈反对的主张。正因如此，他的行为即使在受到强烈攻击时，仍然在很大程度上（如果不是完全地）和中立立场相一致。然而，阿什顿拒绝配合维持采访者的中立立场。他一再把采访者视为已经"占据了立场"，要求采访者"证明"他的主张，宣称采访者有严重的责任（18 行），并控告他重复保守党的宣传（20～21 行），即使采访者已不断寻求通过第三方而脱离责任，他仍再次指出采访者个人需要对这个主张负责（40～45 行）。最后，尽管他最终对采访者提出的主张作出回应，但仍直接表达了他反对采访者的个人陈述，而不是针对采访者提到的第三方。

　　总之，采访者的中立导向是英国新闻采访的一个普遍特征。它充分体现在采访者和受访者的行为当中，表达了他们征求和提供信息和意见的方式。采访者避免使用代表他们自身意见的表述，克制自己不表达对受访者的回答同意与否。受访者一般协助采访者保持中立的立场。作为一个普遍的规则，无论采访者多么反对他们的立场，受访者都把他们的行为视作现代采访短兵相接的一部分。采访者没有被当作个人或是组织立场的倡议者，尽管受访者在有些情况下可能相信他们会是这样。为了维持中立的立场，受访者表现出很大程度的节制，在即时采访的基础上使采访者的行为合法化，使采访者能够引出、检验和调查其他人的观点，而不是以个人名义来表达观点。但是，这种合作是没有保证的。受访者可能不同程度地挑战和质疑采访者的中立主义，以此回应他们的言辞，他们可能认为采访者已经预设了一种立场。这种对采访者的中立主义的挑战经常是相对简短的，采访者努力修复情境，受访者维持配合"正常事宜"。然而，阿什顿的例子表明，对于采访者的中立主义的扩展的"袭击"的确存在，实际上这是有经验和有成就的公众人物的"军械库"中的一种有力武器。

# ■6　新闻采访中的中立主义的局限

　　新闻采访者的提问期待获得与受访者固有的或已知的立场相反的回答，对采访者的中立主义的攻击通常与这些问题有关。例如，在上文的摘录（4）中，采访者使用一种强烈表达的"期待和偏爱特殊回答类型的提问形式"。特别是，采访者使用了一种提问框架，这个提问框架预计了受访者的接受方式，而受访者作为自由民主党的领袖，被认为会强烈反对这个主张。

当代英国的新闻采访中，这种提问形式的使用与争议很大程度上触及对采访者的中立主义的限制。当受访者认为采访者已经有了自己的立场时，他们之间表面看来冲突的采访合作常常会终止。据此，使用这种问题时，采访者常小心地将有争议的观点推给第三方，这种情形看来就不奇怪了，因为第三方归属为他们的中立主义免受攻击提供了一个额外保护。在下面的例子中，为了与约翰·梅杰（John Major）争夺保守党领袖而从内阁辞职的保守党大臣约翰·雷德伍德（John Redwood），正被问及他反对英国接受欧盟就业规制的问题。

（5）BBC 电视频道：《新闻之夜》

采访者：难道事实上不是你采取了相当<u>负面</u>的方式吗（0.1）？我用了赫塞尔廷先生、希斯先生以及其他人的话．〔hhh，这种方式实际上＝

雷德伍德：〔嗯

采访者：破坏了（0.3）你为社区的＝

雷德伍德：不。

采访者：未来做贡献的机会。

雷德伍德：我今天晚上所说的一点儿：也没有负面影响。我对那个社区没有负面的看法。我认为英国人<u>成为欧洲活跃的成员</u>可以使我们获：益良多（0.2）并且成为一个欧洲活跃的成员意味着争论这些问题并试图向我们（.）<u>社区中的伙伴指</u>出（0.2）<u>某种社会管理和干预</u>（.）能够<u>摧毁</u>（.）h 我们支：持的日趋繁荣和开放的欧洲（.）的梦想。

在这里，采访者开始就提出一个明确设定了接受这个观点的预期和偏好的问题（"难道事实上不是……"）。随着主张的出现，事情变得清晰了，这个主张将以受访者不愿接受的方式来描述他的立场。但是，采访者并没有直接说完，他在表述观点时打断了他自己，以便将这些观点归于受访者的一些保守党同僚（"赫塞尔廷长官、希斯长官以及其他人"）。为此，他提出了一个问题，这个问题强烈地提出了与受访者固有立场相反的主张，但是，与上面的例子不同的是，他使自己与这个主张拉开距离。后来，受访者否定了这个主

*180*

张，通过这种处理，将这个问题视为是中立的。

## ■7 采访者独立主张的相对脆弱性

很多采访者常常会发表一些既不包含质问成分也没有第三方因素的评价性陈述。更重要的是，这些言论常包含有争议的观点，这些观点与受访者预期的、已知的或固有的观点相反。然而有趣的是，这些言论通常并不被认为是不中立的。

这其中的一个原因是这些陈述经常给受访者留下余地。例如，回答带有"偏好"的问题，可以参考如下的例子，这个例子摘自 BBC 广播电台对工党竞选活动管理者布里安·威尔逊（Brian Wilson）的采访。此次采访关注的是特纳男爵夫人由于捍卫一个名叫伊恩·格里尔联盟的政治游说公司而被解除其在工党的议席资格，而她就是这个公司的主管。这个公司被控告贿赂保守派的国会议员而向国会提问。尽管她毫不掩饰她与该公司的关系，直至她声言拒绝指控该公司，工党才采取行动。然而，为了保持政治优势，工党发言人试图强调他们采取的"迅速行动"和他们所描述的保守党不愿对党员采取决绝行动之间的差别。

181

(6) BBC 广播 4 台：上午

1 行 采访者：.hh 绝无不当，但你还是决定她应该现在走。＝

2～5 行 如今事实是 .hhh 她说了出来但是你已经知：道了（.）在工党内部实际上你已经知道好久了。她不是伊恩·格里尔公司的执行官成员。她从来没有掩饰过这个事实。

6～8 行 里安·威尔逊：哦，完全不是＝这——这是在寻求利益，一个众所周知的事实是一个合法企业与她也有关。

9 行 采访者：[我们现在又回到了你为什么要摆脱她这个问题上。

10 行 里安·威尔逊：[（这个完全——完全没有错）。

在受访者证实特纳男爵夫人个人并未因任何不正当的行为而犯罪之后，采访者以错误行为的缺失和工党对她的开除之间的对比开始采访（第 1 行）。

他接着阐述，尽管她此次公然直言，她和这间公司的关系在党内也已众所周知。这引发了对她采取行动的时机问题：比如说，为什么不早点把她开除出去。这里暗示了工党的标准不是那么准确无误。然而，请注意这一点是隐含的，而不是宣称的。指控采用的是间接方式，这表明采访者的言辞没有直接征求答复。在回复中，受访者利用了这一点，强调了采访者所描述的特纳男爵夫人和伊恩·格里尔联盟的关系（第6~8和第10行）。这使得他能够强调他的党派所关注的案件的积极方面（即，不曾表明一个党员没有完成议员的责任），同时避免提及采访者言辞的负面暗示。

*182*

如同这个例子所示，采访者间接的言辞为受访者提供了相当大的余地。比较而言，那些表达了喜好或期待的、与受访者立场相反的问题更容易形成一种敌对的意见交流语境。或许正是因为这个原因，尽管这些问题都被认为是符合语法格式的，但后者更易于受到受访者的攻击。

# ■8 结论

在这一章中，我们探讨了互动的新闻采访组织与广播电视记者在新闻和时事报道中保持不偏不倚和平衡的要求之间的关系。在这个过程中，我们没有尝试评估广播电视记者在他们对政治家和其他公众人物的采访中的中立性。相反，我们运用了谈话分析的方法和成果，把"中立性"视为一种成员现象：新闻采访的参与者在互动前有一个方向的限制。具体来说，我们详细地解释了采访者推进中立立场的几种方式，以及受访者如何认可或挑战这种立场。

此研究为未来的研究提出了几个重要的问题。首先，中立主义的限制不是明确固定的。一方面，中立采访的定义会随着不同时代和不同广播电视组织赋予广播电视工作者的自由程度的变化而变化。另一方面，一些采访者可能比其他人更愿意去测试中立主义的界限，而一些受访者可能更倾向于挑战采访者中立主义的立场。明白中立主义在采访中或采访外是如何被不同的方式定义和挑战的，对于理解新闻采访中新闻和观点的产生和形塑是非常重要的。

未来研究的另一个重要课题是不同国家采访方式的比较分析。这个领域
的初步研究已经在英国、美国和澳大利亚的采访中发现了重要的差别（Her-
itage et al., 即将出版）。例如，美国的采访经常没有英国那么正式。与此相
关，澳大利亚的采访通常表现出超过美国或英国允许的提问界限的介入风格。
跨文化的比较研究应该揭示出政治家及其他人在采访中交流看法时的深层含
义，在这种采访中广播电视记者推进和捍卫中立主义的立场，而在其他情境
中，记者并不能表现出同等程度的谨慎表达。

更一般而言，我们阐明的进路提供了一种独特的详细解释所有形式的广
播电视谈话细节的手段，例如新闻采访，至少部分地是自发的。如同引言里
提到的，在脱口秀节目的研究中这个方向的研究已经开始了。因此，媒介话
语领域的谈话分析研究正开始揭示出广播电视节目中的参与被互动的实践塑
造和限制的方式，这些实践是与不同形式的广播电视谈话相关的任务、约束
和常规相联系的。

也许值得一提的是，除阐明广播电视媒体产出的社会互动组织之外，谈
话分析也被用来研究广播电视的生产和消费。回到我们举例分析的主题，例
如，中立主义的谈话分析能够被扩展到新闻采访和其他形式的广播电视谈话
之外，以检验"中立"和"中立主义"在广播电视工作者、项目参与者、新
闻制作人员以及那些观看和收听广播电视节目的人——如政治家，普通公众，
压力群体或社会科学家——之间的互动和在工作中作为限制和资源的作用。
当把广播电视记者的中立性的评估作为经验调查的现象而非社会科学分析的
对象时，广播电视新闻和时事节目的生产和消费的谈话分析将提出如下问题：
人们在日常遇到采访者的过程中，将采取何种方式评估或提及采访者的"中
立性"？他们将提及采访者行为的哪些方面、什么情境、因什么目的？然而，
为了开展这个研究，有必要得到进入互动地点的机会，并征得记录他们谈话
的许可。或许，这样做的困难反映在这种类型研究的缺失上。"产出"的研究相
对来说更容易开展，因为通过记录电视和广播节目能够很容易地收集到资料。

## 注释

[1] 参见克莱曼和惠伦（Clayman & Whalen, 1988/89）关于本·拉登

和乔治·布什在美国遭遇的细节的分析。他们的遭遇被普遍认为是遵循了同样的过程。

[2] 参见施莱辛格等（Schlesinger et al.，1983）对一个"恐怖主义"组织的代表接受相似的处理方式的分析。

[3] 克莱曼（Clayman，1992）讲述了一系列采访者在美国电视新闻采访的提问过程中归因于第三方所使用的区别非常微妙的方式。

## 附录：抄录符号

发言者的名字在谈话的左边：IR 是采访者，IE 是他们名字的缩略式。抄录符号来自于由盖尔·杰斐逊（Gail Jefferson）提出的抄录表示法。（详见 Atkinson & Heritage，1984；Button & Lee，1986）．

[      左括号表示重叠谈话开始的地方。

]      右括号表示重叠谈话结束的地方。

=      等号被用来表示不同讲话者的言辞被"锁定"。他们也被用作连接一个讲话者被其他讲话者的重叠谈话所分开的持续谈话。

(0.5)    括号中的数字表示十分之一秒停顿的长度。

(.)      括号中的点表示少于两个十分之一秒的停顿。

___     加下划线的部分表示某些通过音高或振幅形式表现的强调。

:       冒号表示紧接其前面的发音的延长。

.,?      句号、逗号和问号分别用于表示下降、非中止和上升的声调。

（文字）加括号的文字表示抄录人不确定说了什么。

()       空括号表示抄录人听不到说了什么。

(())     双括号包含了抄录的评论或描述。

.hhh    表示之前有一段呼气

hhhh    表示之前有一段吸气

第 **7** 章

# 头版：报纸设计的（批判性）分析

冈瑟·克雷斯、西奥·范·莱文

## ■1　多模态

　　所有文本都是多模态的。语言总是通过或伴随着其他符号模式而实现的。当我们说话时，我们不仅通过词语表达我们的信息，而且通过说话的声音、节奏和语调，以及面部表情、手势和身体姿势之间复杂的相互作用而实现信息表达。任何形式的文本分析如果忽视这一点，都不能解释出文本中蕴涵的所有含义。

　　尽管如此，一直以来都存在着坚持单模态分析的主张，特别是在最"严肃"、得到最高评价的各种讲话和文章中。电视的新闻播音员将面部表情和手势最小化，在早期 BBC 电视节目中，他们甚至是不出现的，因为"说明将损害平衡"（Inglis, 1983：211）。许多学术论文、重要文件和

"高雅"文学著作至今仍在一定程度上只有密集打印的文字，以及最低限度的
视觉说明，并且不太注重它的排版设计和呈现。

　　这种情况现在被逆转了。现在的趋势是书写的文本不再以语言的方式、通过
一种口头的连接和凝聚而被构造起来（例如："接下来的是"、"正如以上提到的"、
"最后一点是"），而是越来越趋于通过视觉设计，通过文字板块、图片及其他图表
元素的空间组合来表达信息。文字的处理者们已经加快了这个趋势。现在的文字
都涉及精心的字样选择和设计。报纸、杂志、公司报告、教科书以及其他各类的
文本都不仅是写出来，而且要"设计"出来，并多模态地表达。

　　这种文本的符号模式可以不同的方式相互联系。写作仍是重要的，视觉
设计则凸显了文章"韵律结构"的重点并强调了文章的结构联系。但它也可
能降低了该部分文字的重要性，因为其中的信息主要以视觉的方式表达出来，
而这时的文字发挥了评论或说明的作用。由视觉加口头表达所得到的信息可
能是任一种单独表达所得信息的双倍，而这些信息的含义可能是相同的，也
可能相互补充与扩展，还可能相互冲突和抵触。

　　鉴于书写实践的这些变化，有必要发展文本分析的方式，以充分描述口头
和视觉的相互作用，并充分分析视觉表达的含义。因此，在这一章中，我们希
望通过最近发展的关于设计分析的一个描述性框架而找到某些方法来实现这个目
标。这个框架建立在我们以前在该领域的工作的基础之上（Kress & Leeuwen,
1996），在这一章中，我们还会通过各种方式对它进行拓展和进一步的改进。

　　在整章中，我们用报纸的头版作为样本。并且在最后一部分，我们对部
分版面进行总体的分析，以体现我们的进路对于这些媒体及其在当代社会中
的作用的批判性研究的意义。换句话说，在我们广阔的社会符号学框架中，
我们将把头版视为一个（复杂的）符号，它需要一个符号的初步解读。然后，
才能接着展开更具体的、特定的解读，而这些解读最初的方向是由对主要符
号的预先解读来引导的。

## ■2　设计中的表意系统

　　我们认为，设计同时包含着三个表意系统，它们都为文本的结构服务，

将版面上多样的元素（比如、照片、标题、文字板块）结合成一个连贯和有意义的总体。

### 信息价值

我们假定，设计的各个元素都包含着特定的信息价值，而这些元素和我们的视觉空间的各个区域是相联系的。一个元素放在版面的不同位置，左或右、上或下、中间或边缘，都有不同的价值和意义。每个区域都根据特定的价值安排各个元素。我们将在第三部分讨论这些价值。

### 显著性

设计的各个元素通过各种方式在不同程度上吸引着读者：前景或背景的布置，相对的大小，音调或者色彩的对比，清晰度的差异，等等。这将在第四部分进行讨论。

### 框架

框架的手段，比如各个元素之间的框线和空白都会把设计的各元素分开，并标记出将要被阅读的那部分；在某种意义上，分开或独立的设计甚至可以将信息进行对比。同时，框架策略决定了里面哪些元素能够一起被阅读。关联的设置，比如元素之间的导引，或形状和颜色的重复，都能表示相互联系的元素能够一起，通过连续的或补充的方式而被阅读。这会在第五部分中讨论。此外，在第六部分，我们将聚焦"阅读的路径"，即读者在阅读或扫视文章时在版面上形成的阅读轨迹（尽管不一定跟随着版面）。

这些表意系统既是同时运作，也是独立变化的。事实上，它们不仅应用于版面设计，还包括单个图片的组成，此外它们还有一个整合的功能，可以把图片的各个元素集合成一个一致而有意义的总体。但在这一章中，我们集中讨论版面的设计。

## ■3　信息价值

### "旧闻"（Given）与"新闻"（New）

189 我们假定，当一个设计分左右两边，把其中的一种元素放在左边，可能相反的另一元素放在右边。左边的一个元素看成是"旧闻"，那么右边的部分就是"新闻"。这些"旧闻"，是读者们都已经知道的、熟悉的或是已经获得认可的那部分信息。而那些"新闻"，表示它们还没有被读者认知，是读者需要特别注意的，也是信息的关键部分。因此"新闻"的关键部分被看成是有疑问的、可争论的、待解决的信息，而"旧闻"是常识性的、不证自明的。尽管其方式相当不同，这却使得"旧闻"和"新闻"都成了有疑问的：如果对"旧闻"进行挑战，那就是挑战已经建立的、已证实的事情，而挑战"新闻"就是挑战还没有确立的事情。

在《每日镜报》（*Daily Mirror*）（图 7—1）左边是一个女人被她男友刺 *190* 伤致死的文章，而右侧的文章是关于电影明星米歇尔·菲佛（Michelle Pfeiffer）抚养一个婴孩、成为单身母亲的事情。"旧闻"就是这个坏消息：恋人之间不忠而导致的悲惨结局的事例。这也是现在的媒体日复一日关于日常的"私人"关系的报道：背信、分手、虐待。"新闻"是个好消息，关于一种新的（因此还没有被认可、还是有疑问的）人际关系，即单身母亲和她的孩子的报道；在这里，收养婴儿的明星是可以作为榜样的。在这篇文章中，菲佛耀眼的形象是"旧闻"，而她收养婴儿的报道则是"新闻"。

图 7—2 则是来自奥地利的小报《每日新闻》（*Täglich Alles*）的头版。版面最上方左边是一个警察被卷入一则丑闻的报道，右边是演员于尔根·普 *191* 罗斯诺（Jürgen Prochnow）当晚在电视中的照片，他在电影中饰演的是一个揭发丑闻的记者。在这里，我们看到"旧闻"和"新闻"在主题（丑闻）上是有关联的，并且构成关于罪恶的报偿的一个已知的坏消息和一个新的好消息的对比，以及政界和商界的对比；读者必定更倾向于好消息，因为这是对创伤或不安的事件的救赎。

这种结构是意识形态化的，因为它们没有对事实作出回应，无论是对设计的制作者还是消费者。但是重点在于这些信息是依据它看似对读者阅读具有的地位或价值而呈现出来的，而且一开始读者就不得不阅读它，即使后来会产生抗拒的解读。

从另一层意义上讲，这些结构也意识形态化的。在《每日镜报》和《每日新闻》的例子中，特别是在国事方面，至少含蓄地暗示为已被确立的常识。

图 7—1 《每日镜报》的头版

在《每日新闻》的例子中，还有一组含义需要进一步的确立，即公共和私人的范畴——对公共事件和社论的公共评论与行动者的私人身份（尽管他是一个行动者，但在这里无疑都归入公共的领域），以及政治丑闻的"事实"和电影里虚构的解决方式之间的调解，还有读者作为公民对公众图事件的关心和读者作为观众对私人事件的兴趣之间的划分。

"旧闻—新闻"的结构在口语中当然也是存在的。它们可能通过语调来体现（Halliday，1985：274ff）。在我们看来，并不意味着这个视觉的"旧闻—新闻"的结构如同语言学的"旧—新"结构一样定型（或者就像英语和德语的阅读方式是从左至右的）。这就涉及不同的符号模式中功能的差异（虽然是通过不同的方式——口语中是通过"首先—然后"的结

*192*

图 7—2　《每日新闻》的头版

构，视觉传播中是通过"左—右"的结构）。我们期望这些结构在不同文化中
具有特殊性，而且这些结构不一定是通用的。比如在一种文化中，书写是从
上至下的，或是从右至左的。但是也有一些结构不存在清晰的语言学比较
（接下来的三节将描述这些结构），就像语言学中不存在与视觉平行的结构
一样。

### 现实与理想

在我们的框架中，当设计分化成顶端与底端的不同分布时，那么版
面的上方和下方就是两个对比的部分。上部是"理想"的，那么下部就
是"现实"的部分。那些"理想"的事物就是指理想化的或者一般化的
信息，因此具有某种意义上的显著性。而"现实"是反过来的，一般表

现为具体化的信息（如细节）和"踏实"的信息（例如，照片、档案证据、地图或者数据）以及更实用的信息（例如，实际的后果、行动的方向等）。

"理想"和"现实"的对比经常从图文关系的结构上反映出来。如果版面的上部是文本，下部是一张或更多的图片（地图、表格、图示等），那么文本的角色是"理想"，而图片则指"现实"。它们各自都是重要的，一边是摘要或普遍的信息，另一边是具体化的信息、事例、证据和实际的后果等。如果角色反过来，那么这些图片置于上部，"理想"通过视觉表达出来，而文本则起到评论或阐述的作用。

但是应该注意的是，"理想"这个定义并非都代表（积极的）价值评判。在一些特定的社群或文化中，"理想"和"现实"的价值是按等级关系排序的。据说英国人注重实际的、经验的、实用的价值。显然，对于持有这些价值观的读者和观众，"有根据"的陈述会得到更高的评价。相反，其他的文化可能更加关注普遍的、抽象的、理论的价值，而读者和观众会根据他们习惯的价值观来阅读。这些习惯都不完全是统一的：一个文本或事件可能使我进入一种"激情"模式——一个宗教式的场合、一个党派的集会，等等，以致我其他的实用导向在这个事件期间被悬置起来。

这从图 7—3《卫报》3 月份的头版可以看出来。一个被爱尔兰共和军炸弹炸死的 3 岁儿童被埋葬的醒目照片被呈现为"理想"。它视觉化地表达了这件事情的本质及在情感上对爆炸事件的谴责。版面下半部对这件事情做了评价，并将它置于当天的其他新闻中。但在版面的上方也分为"理想"和"现实"两部分，报头由报纸的基本内容、《卫报》的标语以及当天的示例的照片组成。

在图 7—2 中，版面上部包括《每日新闻》"报道一切"的标语、由它提供的独家评论以及代表公众揭发的丑闻。底部则包括新闻标题（突出更实际的"报道"）和两件读者更感兴趣的事件：针对扁虱疫苗的呼吁以及分类广告的指示。广告和其他符合实际兴趣的信息都能在这部分中找到。就像在广告中，读者可以看到广告主的地址和电话号码，或者撕下优惠券，寄过去就可获得进一步的信息或者产品。

*195*

图 7—3 《卫报》的头版

## 中心和边缘

视觉的模块也可以由"中心"和"边缘"的维度而构成。这在当代西方的 *196* 设计中并不是特别常见的。大部分的设计都比较喜欢"旧闻"和"新闻"或者"理想"和"现实"的对比。但是我们在新加坡教授媒体设计课程时，发现这在很多年轻的亚洲设计者的视觉想象中起到重要的作用。也许正是他们的儒家思想中较多地强调等级、和谐和延续性，以致这种根本的组织原则成为他们的文化的中心。这些学生的许多作品特别强调稳定的中心，而边缘部分往往是一些不那么两极化的部分。在西方也是，中心的设计更多地位于特定的领域：宗教绘画中的"圣母子"和"三博士来朝"，它们是强调中心位置的视觉表现的先驱。

当一个设计强调中心部分，把一个元素放在中间，另外一个元素放在边缘，我们就会把中间元素当做"中心"，而把旁边的元素作为"边缘"。把一些事件呈现为"中心"就代表它们是核心信息，而其他的信息是某种意义上的附属。然后"边缘"就成了辅助、依附的元素。在很多情况下，"边缘"部分是相同的，至少是很相似的，因此就没有两极化的意义，也没有"旧闻"和"新闻"、"理想"和"现实"之间的分别。我们将保留这种对称结构的"边缘"。在其他一些情形中，中心与边缘及旧闻与新闻、理想与现实是结合在一起的。

图7—4所示的《悉尼先驱晨报》（Sydney Morning Herald）商业版的头版就是这样一个情况。中心部分是一张根据范·杜斯伯格（Van Doesburg）的《玩牌者》创作的漫画：两个男人在玩牌。新闻都安排在旁边，呈同心层级状。但是也会有一些两极化的现象：专栏的评论是新的，因此被呈现为版面的关键元素。

197

**图7—4　《悉尼先驱晨报》商业版的头版**

在这一节和前两节的讨论之后，视觉空间的维度构成了十字状，这是西 *198*
方文化中根本的空间符号（如图 7—5）。"边缘"的程度取决于其位置的大
小，更普遍地取决于"中心"的显著程度。但即使"中心"是空的，它也继
续"缺席"地存在着，作为一个看不见的（或抽出的）轴心，其他一切都围
绕着它。在当代西方文化中，对中心位置的强调相对少见了，正如叶芝
（Yeats）说的，在当代社会的很多地方，"中心已经越来越不起作用了"。

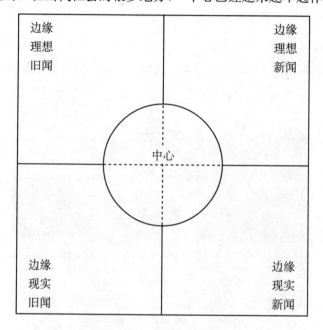

图 7—5　视觉空间的维度

## 三联图

一种把"旧闻"和"新闻"以及"中心"和"边缘"结合起来的常见形式
就是三联图。在很多中世纪的三联结构中，不存在"旧闻"和"新闻"。"中心"
展示的是一个主要的宗教主题，例如"耶稣受难"或"圣母子"。而旁边就是
崇敬地跪着的圣徒和捐赠者。这个结构是对称的而不是两极化的，虽然左边 *199*
被认为可能是有些不受尊敬的方位。到 16 世纪，祭坛的装饰画变得更加具有
叙事性。例如，左边是"基督诞生"或者"受难苦路"，中间是"受难"，右
边则是"复活"的主题。这可能包含某些两极化，尽管它附属于时间的次序：

左边是"坏"的一边（例如，"亚当犯罪"），右边是"好"的一面（例如，被祝福者的飞升），而中间则代表作为一个"中保"和"救世主"的基督（例如，"受难"）。

在现代报纸和杂志设计中，三联图一般都是两极化的，左边是"旧闻"，右边是"新闻"，中间部分作为"中介"也起到架设和联系两端的作用。这些在图7—6的《观察家报》（*Observer*）中可以看到。一篇关于2000年开展的主要建筑工程的文章构成了"理想"部分。"旧闻"是水晶宫的图片，它是英国读者很熟悉的过去的公共建筑风格的代表。"新闻"是作为当代建筑标志的皇家学院赛克勒大楼。而"中介"是从"旧闻"转向"新闻"的建筑师的绘图。

图7—6 《观察家报》的三联图

## ■ 4 显著性

200 设计最基本的功能在于文本。设计是把各个有意义的元素根据次序和一致性联成一个整体。到现在为止，我们讨论的都是什么决定这些元素的位置，以及互相联系的元素如何摆放才能赋予它们具体的价值。但是设计当然也包括版面中的各元素的显著程度。不管我们如何设计，这些显著性都能造成各元素之间的重要性的等级差异，某一些就是比其他一些更重要且更有（当下的）关注价值。比如，"旧闻"比"新闻"更显著，或"新闻"比"旧闻"更显著，又或者二者同样显著。

　　我们根据视觉线索来判断显著性。读者能够判断设计中各元素的"比重"，某一元素越重要，它的显著性就越突出。这个显著性是不可客观测量的，但可在各个因素的复杂权衡关系中看出来：篇幅，聚焦的程度，或者更普遍的文本所展示的细节；色调的对比（重点强调的区域有更高的显著性，例如黑与白之间的界限）；颜色对比（高饱和度的颜色和"软"色调，或红与蓝的对比）；设计在可视的区域（当把一个元素移到顶部和左边，它就变得更重要，这源于区域不对称性）；角度（正面的事物总是比背面的事物更显著，交叠出现的事物总比其他被遮挡的事物更显著）。当然也有很多具体的文化因素，比如一个人物或有效的文化符号的出现。

　　换言之，解读及评估显著性是一个复杂的过程。我们不希望在这里对生理和心理方面的相对重要性做出特定的判断，而与文化和社会因素相悖。毫无疑问，它们同样是存在的，而且同样是重要的；并且，特定的文化通常会给读者和观众提供特定的训练。例如，在有教养的"西方"文化中，一些（通常是年长和中产阶层）读者和观众可能发现书写的内容比较重要，而其他读者和观众则发现视觉化的内容更吸引人。对同一版面上的元素的显著性的评估因读者而异：这不是无根据的，而是基于文化的历史。

　　能够判断这些设计中的元素之间的重要性也就能够判断它们是如何"平衡"的了。它们的比重取决于我们上面提到的几点因素。综合起来，这些元素形成了一个平衡的中心。如果把其中的一个元素作为机动元素，那么它不得不取决于其他的因素。无论这一点是组成部分中的中心信息还是非中心信息，它都已经占据了中心信息的位置，即使它只是空白的，这就是中心的力量（Arnheim，1982）。版面设计的确是以内容为主体，构成生物学和符号学的意义本身之间的平衡的。没有平衡，空间的协作是不可能的。平衡构成了空间的组织信息的生产和接受的不可或缺的矩阵。也正因为这种平衡，使得版面看起来有一种美感，并吸引读者。通过这个情感的过程，信息的作用进一步深化，并且正是在这些方面将意识形态、影响和主观性紧密地结合起来。

　　但显著性不仅有美学功用，它还在决定信息结构上起着关键作用。例如，在图 7—1 中，米歇尔·菲佛最突出，这要归因于她的照片的大小、她的裙子

的鲜艳色彩（红色），以及她给读者的眼神的显赫程度。她性感的诱惑终于凌
驾于她收养婴儿的故事之上，或者至少与"坏消息"和"好消息"之间的对
比同等重要。在图7—7的对比中，尽管整个设计有很大的相似性并有"旧闻
—新闻"的结构（两个欧洲人的故事），它的标题还是最突出的。这也与它的
大小、强色调对比以及黑色背景有关。

图7—7　《太阳报》的头版

## ■5　框架策略：　关联的和不关联的信息

设计的各元素可能是互不关联、互相分别开的，也可能是相互关联、结
合在一起的。关联和不关联是一个程度问题。各元素或深或浅地被纳入框架，
如果框架明显一些的话，那么不同框架中的元素就是分开的信息单位，这些

内容会以颜色来进行区分。各元素也会或深或浅地相互联系，联系得越紧密，它们就越多地作为一个信息单位而呈现。

区分可以用很多方式，例如通过框线（颜色的深浅可以表示框架的强度），通过颜色或形状的不连续性，或仅仅是各元素间的空白。关联是通过相关元素、形状和颜色等形式特征的重复而实现的（如图 7—1）。因此，蓝色是米歇尔·菲佛的照片、文章上部两个框（"《镜报》摆脱鞋子丑闻"、"哪个星迷拥有这辆汽车"）以及左边文章的小照片和《猫女买婴儿》的文章的背景色。关联也可以通过导引来体现，它或者通过描述对象的特征，例如图 7—7 中英国首相约翰·梅杰（John Major）头部的倾斜及其视线（方框中的前镜头将产生较少的关联），或者通过设计元素的倾斜来体现，如图 7—8 中的"插接版"设计。

**图 7—8　"插接版"设计**

报纸的版面，特别是一些小报的版面，一般倾向于使用厚重的框线（图7—3和图7—7反映了"质报"和小报的区别）。而且，如果进一步看，可以发现许多微妙的连续性，特别是在颜色的运用上，它们几乎潜意识地向我们暗示第一眼所看的不连续信息在主题方面的连续性。

## ■6 框架： 阅读路径

205     在密集印刷的版面中，我们认为阅读是线性的并可进行严格的编码。至少在第一次阅读这样的文章时，按照其被设计的方式来阅读：从左到右，从上至下，一行一行。其他的阅读方式，如跳读（直接翻到最后一页看看问题是怎么被解决的，或者最后的结果是什么），被认为是一种欺骗，并会使读者心中产生负罪感。其他类型的版面，如传统的连环画，也是按照这种阅读方式来设计的。

报纸头版的阅读方式是不同的，而且也有不止一种阅读方式。它们的阅读路径相对来说编码的严格性和规定性较少。在阅读之前首先是浏览一遍，浏览的过程会在各元素间建立联系，这种联系是依据它们的重要性以及我们讨论过的它们的信息价值而建立起来的。所以在阅读任何文章之前，我们对于版面已经有了整体的把握，或者发现有的文章已经读过了。在某些情况下（像图7—2的标题），文章的内容甚至没有在首页出现。这样的版面成了一个概括，它标示出了报纸和读者之间的关系，以及它们与版面呈现的事件和议题的关系，还有与作为一个整体的报纸的联系。

在浏览版面时，读者会遵循特定的阅读路径。在一些情况下，这种阅读路径在版面设计中就已经被编码。版面的设计会形成一定的阅读路径，特别是在不同元素之中和之间形成假想读者的一定层级的运动，即假想读者在不同元素之间形成特定的眼球运动层次。这样的阅读顺序起始于最显著的部分，然后移向次明显的部分，等等。比如，在图7—1中，米歇尔·菲佛总会先于其他内容而被注意到。"猫女买婴儿"这一标题也会先于左边的文章被看到。而且不管读者是只读其中的图片和标题，还是会读文章的部分或全部内容，文章和图片之间以及整个版面各元素之间互补的来回运动都是肯定的。

　　和学生们一起分析阅读路径时，我们发现有些内容容易达成一致，有些比较困难，有些则不可能达成一致。这不是因为我们或我们的学生缺乏分析能力，而是源于我们提过的读者和观众的文化差异以及版面本身的结构问题。尽管已经不再有密集的印刷，一些版面仍然牵引着读者，它们试图通过文章，至少是文章的核心部分来教导读者。这正是一些杂志和当前学校的教科书的情形。在其他一些版面中，我们找不出其他更适合的阅读路径，而这是很多报纸的版面的情况。这些版面似乎为读者提供了选择阅读路径的机会，让他们自己决定怎样阅读文章。用当前时尚的话来说，它们在互动的多媒体发明之前就已经开始"互动"了，而且这种情况会继续发展下去。

　　我们认为，这不是一种无价值的现象，而是一个实例。从文本顺序的特定形式到文本间联系的特定形式，是种更普遍的趋势。例如：连续的文本（如"记叙文"）的重要性已趋于下降，而"文本资源"，无论是数据库还是"资料书"的使用，都已经在学校里越来越普遍。

　　无论如何，这些版面的各元素之间的排序不是随机的。在《每日镜报》中，一个有吸引力的电影明星应该放在头版的中心位置；或者在奥地利很受欢迎的《新皇冠报》（图 7—9）中，一个降临在"普通人"身上的不幸的事故应放在头版的中心；又或者在《卫报》中，一个重要的政治事件应该成为头版的"理想"部分（图 7—10）。"旧闻"和"新闻"、"理想"和"现实"、"中心"和"边缘"的价值，并不取决于阅读的顺序。设计要选择那些可以被阅读的元素，并根据特定的空间逻辑，例如"中心"和"边缘"的逻辑，以及"旧闻"和"新闻"的逻辑来编排，但它要留待读者来决定如何排序并将它们连接起来。读者因而能有意或无意地察觉到非线性的版面空间结构，并参与到积极地穿越那种导航结构的"线性"过程中。

　　每份报纸的结构都是不一样的。《每日镜报》和《太阳报》在"旧闻"和"新闻"之间模棱两可，使读者养成每天都在重复或者再次肯定其看似不变的规范和价值观的阅读习惯。但是，其他报纸的结构是很不一样的，这会导致它们的读者形成不同的阅读习惯，这对于世界也有不同的导向。

图 7—9 《新皇冠报》的头版

208

图 7—10　《卫报》的头版

# ■ 7 应用的框架

209    到目前为止，我们介绍的特征都概括在图 7—11 中。双向箭头代表等级的对比（"或多，或少"而不是"非此即彼"），大括号表示同时选择（例如，两极化设计可以同时包含"旧闻/新闻"以及"理想/现实"的结构）。标注"I"表示如果，"T"表示那么（比如，"如果没有水平的两极化，那么就一定有垂直的两极化"——反之亦然）。

210

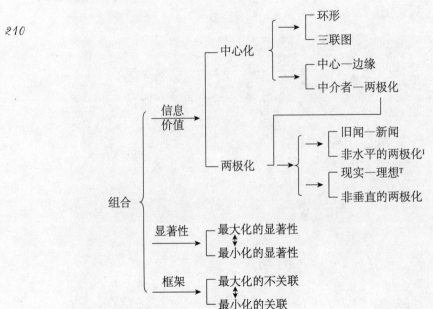

中心化：（中心的）元素被放在组合的中心。

两极化：组合的中心没有元素。

三联图：在中心化的组合中非中心的元素被放到中心的右边、上方或下方。

环　形：在中心化的组合中非中心的元素被同时放到中心的上方、下方和两边，并且更重
　　　　要的元素被放到这些两极化的位置之间。

边　缘：在中心化的组合中非中心的元素是相同的或相近的，因此在组合中形成对称。

中　介：两极化、中心化的组合的中心构成"旧闻"和"新闻"或"理想"与"现实"的
　　　　桥梁，因此以某种方式调解两极化的元素。

旧　闻：两极化组合中左边的元素或中心化组合中左边的两极化元素。这个元素在相应的

右边的元素中是相同的或相近的。

新　　闻：两极化组合中右边的元素或中心化组合中右边的两极化元素。这个元素在相应的
　　　　左边的元素中是相同的或相近的。

理　　想：两极化组合中上方的元素或中心化组合中上方的两极化元素。这个元素在相应的
　　　　下方的元素中是相同的或相近的。

现　　实：两极化组合中下方的元素或中心化组合中下方的两极化元素。这个元素在相应的
　　　　上方的元素中是相同的或相近的。

显著性：一个元素吸引注意的程度。这归因于它的大小、在前景中的位置或与其他元素的
　　　　重叠，它的颜色、色调、聚焦的程度或边界，及其他特征。

不关联：一个元素与其他元素通过框线、画框、元素间的空白、颜色或形状的不连续及其
　　　　他特征而在视觉上分离开来。

关　　联：一个元素与其他元素通过框架设置的缺席、通过导引以及颜色或视觉形状的连续
　　　　或相似性等而在视觉上连接起来。

**图 7—11　实现方式**

## 《卫报》和《太阳报》的设计

拿 1993 年 3 月至 4 月的《卫报》头版进行比较（见图 7—3 和 7—10），我们可以立刻看到一个规律性的样式。即使每个头版有一些稍微不同的设计，总体上，它都会有一个主导的垂直结构。它们将一个故事优先化和理想化，然后将它放在其他大量的有新闻价值的事件的"现实"部分。

这个"理想"部分包括象征报纸地位和使命的报头，以及关于国内外政治和全球形势的主要公众事件的文章。它主要是一张大而且突出的照片。照片"全局地"展示了对事件的解释和评估，并影响了观看者的情绪：在春天的树叶包围的克林顿总统和叶利钦总统，其中克林顿是"旧闻"和积极的，而叶利钦是"新闻"，在低头倾听；在波斯尼亚解救妇女儿童的联合国士兵；为被爱尔兰共和军炸弹炸死的 3 岁儿童哀悼的人。

灰色栏线比版面上的其他栏线更粗重，用来分隔"理想"和"现实"。"理想"部分包含了所有杂乱的国内外公众事件。它们的设计排放没有明显的形式，仅仅根据它们的显著性，通过文章的篇幅以及它们标题的大小和是否加粗来显现。"现实"部分也包含了广告，尽管可能看起来很小且不明显，但它的位置很重要。"新闻"和"旧闻"部分正是实用信息所需的位置。也正是

在这些广告中，有人发现有用的信息从而获得商品。正如有人在教科书中发现问题和作业——换句话说，这是学生必须做的事情。正是在这些版面中，读者被视为消费者，媒体中潜藏的经济现实被揭露出来。

对比《太阳报》同时期的头版（图7—7），也同样具有揭示作用。只不过这里重复的结构是水平的。《太阳报》选择一个事件作为"旧闻"，然后将和它相联系的另一个更显著的事件作为"新闻"，作为当天最具争议性和给人印象最深刻并最受关注的事件。

"旧闻"事件并不是最突出和印象最深刻的。它一般和普通人的日常生活有关：用香槟庆祝胜利，欧盟议员禁止英国香肠，《普罗旺斯的一年》的作者卖掉了他的房子。这些事件作为背景，与总具有戏剧性而敏感的"新闻"事件形成对比。它内部的垂直结构使其戏剧性价值在引人注目的标题中被理想化，并且通过颜色突出的照片而提高它的显著性。这些新闻事件本身都是不同的。政治事件、商业事件和发生在普通人身边的事件似乎都混合了，并被视作具有同等的价值（参见《梅杰心中的一把刀》）。"旧闻"和"新闻"的准确联系也是不同的。有时是主题上的联系，比如关于两个欧洲人的故事，有时是"好消息"和"坏消息"的对比。但总有两个事件是"旧闻—新闻"的关系，并且通过比《卫报》头版更突出的结构得以表现其显著性。

这样看似毫无规则地将事件混合，导致我们进一步询问时不能立刻发现明显的规则。这样的规律性就像我们提到过的与《每日新闻》有关的公众事件和私人事件之间的界限，以及通过报纸的调解和管制。《梅杰心中的一把刀》就是这样一个典型例子：一个公众事件——其主角包括一个国家的首相和执政党的成员，通过隐喻的手法而被描述成一个私人事件。另外值得关注的一点是《卫报》的垂直结构及其含义（"理想"与"现实"，及各种实例：书面用语与图像、实际与抽象、地方的与全球的），以及《太阳报》的水平结构及其含义（"旧闻"与"新闻"，及各种实例）。这也就是为什么人们更多地将《卫报》和《每日电讯报》进行比较，而很少与《每日镜报》比较。虽然事实上《卫报》和《每日电讯报》在政治上有明显的差异，但它和《每日镜报》在政治吸引力上却有极大的相似性。

表 7—1 总结了这些观察。

表 7—1　　　　　　　　　《卫报》和《太阳报》的对比

| 《卫报》 | 《太阳报》 |
|---|---|
| 国内和国际的公众事件 | 政治的、商业的以及人们关心的事件的混合，而且都被当作私人事件 |
| 事件类型广泛 | 仅仅选择两件事件 |
| "理想—现实"结构，并以一个事件进行说明和评论 | "旧闻—新闻"结构把一件事当做平常的，而把其他事当作戏剧性的和轰动的 |
| 一个作为"新闻"和"现实"的广告 | 没有广告 |
| 框架相对弱：事件一定被看作相似的 | 框架相对强：事件一定被看作对比的 |
| "理想"是最突出的 | 新闻事件是最突出的 |
| 主要的分类："公众领域"、新闻类 | 主要的分类："私人领域"、新闻类 |
| 主导的符号定位："理想"、"现实" | 主导的符号定位："旧闻"、"新闻" |

## 《新皇冠报》和《每日新闻》

《新皇冠报》是奥地利最大的小报，它就如英国的《太阳报》一样有争议，尽管它受到的争议有着不同的、更明确的政治原因。和英国的报纸一样，它的设计也显示了一种规律性的样式（见图 7—9）。

它的版面是由垂直的三联图组成的，一张大照片作为中介，居于粗体字的大标题和三四个事件之间。标题是"理想"部分，有时它与中心照片相关，有时则不相关（《新的军火交易丑闻》；《格拉次军营中的吸毒团体》）。但它总是轰动性的。报纸将公众领域意指为被腐败和丑闻所支配的领域，并将自身呈现为基本的和"理想"的揭丑榜。

"现实"部分包含多个项目：政治、人情味或体育新闻；广告；短诗（一则关于税收的押韵诗，最后一行是"没有机会节省，你必须纳税……努力不会换来回报"）。因此，这些类别是可以相互替换的。它们如同超市中的广告项目一样可以在同一个框架中出现。但广告不像其他项目那么明显，因为它们用严肃的黑色和白色印刷，没有多彩的背景，也不在彩色框中。

将"理想"和"现实"联系起来，整个版面最突出的是复合的部分。在左边，"旧闻"采用明显的红色作为报头栏；右边一般是照片，描述的是普通人的意外事件（车祸、火灾）。因此这些照片既有与"理想"共同的戏剧元素，也有与"现实"（普通人）共同的元素。但它们也可以展示快乐的事情

（两个孩子为了得到认可而打扮一番），或是吸引商业界的注意，如新007电影的宣传画（图片说明文字："新007电影中最致命的武器是一个女人"）。尽管如此，中心位置的意义仍是相同的：这些照片是最能通过"旧闻"来反映《新皇冠报》的身份和使命的；并且它们在大标题和读者的"现实"世界之间起着连接作用，在此，富人情味的小事件和信息与消费者的角色混合在一起。

《每日新闻》（见图7—2）是《新皇冠报》的主要竞争者。它的版面也是垂直结构。"理想"部分包括一则短评和一张照片。照片一般都是商业界和体育界的名人，他们将在当晚的电视或报纸上被采访：波姬·小丝（"波姬·小丝微笑着，因为她的朋友、网球明星阿加西在澳大利亚网球公开赛上越来越强"）；网球明星阿兰特查·桑切斯和玛丽·皮尔斯（"别让这些照片欺骗你，她们正在进行残酷的战斗"）；一个奥地利无线广播名人，他的星座在报纸上被讨论。

大众短评版处理的是公众事件：恐怖主义（"凶残的疯狂行为"）；奥斯维辛纪念（"人们需要忘记……记住人们之间有多么冷酷实在是太痛苦了"）；政客们中伤"小人物"的习惯（"很可惜没有找到合适的新术语，因为阶级斗争的术语已经被废除了"）。他们出现在报头栏的"现实"部分，证实了报纸的身份和使命，并成为一套规范和标准的明确保证。《每日新闻》不同于我们提到的其他报纸，它的头版上没有特别的评论。

尽管如此，这些评论只是"旧闻"，版面上最突出的元素是照片：它们在体育、电影、媒体中发现这些价值最关键的表达，通过明星和典型角色以及《每日新闻》提供的设计直接吸引我们。

"现实"和这里的"理想"部分明显是不联系的。版面的顶部都是彩色的，报头栏是鲜亮的蓝色，评论是亮黄色的，标题为红色，照片则是浓重的彩色。版面的底部主要是黑色和白色。亮红色的"我们的观点"一栏除外。它本身分为"理想"和"现实"两部分。"理想"是粗体的铅字大标题，集中于某个丑闻（吸毒的士兵；军火交易丑闻）。"现实"则包括三四个方面：政治领域、人情味和体育新闻，报纸的电视节目指南增刊通告，广告和"我们的观点"栏目（批评权力、帮助弱者、承担责任）。《每日新闻》在它的"现实"部分压缩了《新皇冠报》版面的要点，并增加了一个新的"理想"部分，它结合了已有的突出意见，并在很大程度上改变了商业和体育（和颜色）的符号世界的导向。

我们将这些结果概括于表 7—2。

表 7—2　　　　　　　　　《新皇冠报》和《每日新闻》的对比

| 《新皇冠报》 | 《每日新闻》 |
|---|---|
| 对公众和私人事件，政治和商业界同等对待（将它们混合） | 对公众和私人事件，政治和商业界同等对待（将它们混合） |
| 包括体育，但它不是突出部分 | 体育是最突出的部分 |
| 把一个主要的丑闻和一个各色混杂的选择性事件结合起来 | 把一个主要的丑闻和一个各色混杂的选择性事件结合起来 |
| 垂直三联的结构，包含丑闻、大幅照片以及广告和各色混杂的事件混合的"现实"世界 | "理想—现实"的结构把观点、体育/商业优先化，并把后者当做是前者的新闻，"现实"由丑闻、广告和各色混杂的事件组成 |
| 和其他类别比，广告是可更换的，但不是很突出的部分 | 和其他类别比，广告是可更换的，并且同等突出 |
| 中间部分是最突出的，构成了报头的新闻 | "理想"是最突出的，并且它是"新闻" |
| 使用媒体框架 | "理想"和"现实"、"理想"内部以及在"旧闻"和"新闻"之间框架很明显 |

# ■8　结论

在前面几个部分中，我们已将我们的描述性框架应用到两份英国报纸和两份奥地利报纸的头版之中。我们的分析表明：

第一，新闻头版将读者引向世界。例如：它们向读者展示了一个由公众事件构成的世界（《卫报》）或者一个公众事件和私人事件之间界限模糊的世界。而体育和商业的符号世界的在一定程度上取代了国家的政治世界（《太阳报》、《新皇冠报》、《每日新闻》）。它们通常将读者引向"理想"／"现实"（普遍/特殊，全球/地方等）结构，或是"旧闻"／"新闻"（假设的事件和令人惊奇的事件）的结构。

第二，报纸头版将言论、报道和广告等不同类型的文本互相联系地放到一起，并且各部分的突出程度和框架都不一样，然后赋予特定的评价。

216

第三，报纸头版建立了新闻中不同事件之间的联系，例如一些事件是"理想"，其他一些是"现实"，或者一些是"旧闻"，另外一些是"新闻"。

第四，不同的报纸通过不同的方式和水平来设计，这和它们的读者水平以及广泛的（国家的）文化语境有关。

第五，头版的设计要服从于变化。从 1993 年两个月的《太阳报》来看，图 7—12 中反映的是 1995 年 6 月的一个议题，它的设计风格虽然具有延续性，但是很独特。这个变化的定位和原因是值得探究的。但一个共同点是头版都涉及政治、文化、意识形态的因素。历史的变化也是正常现象。

通过分析这些例子，我们当然不能说就有了全面的分析。我们希望能在

217 这个领域得到更进一步的发现，提供一些观点和理念，并为证明设计分析在报纸语言的批判性研究中的重要作用的观点提供进一步的支持。

对我们来说，最后一点是毫无争议的。我们发现一些令人惊奇的事情，

218 时不时会想去创新。我们从假设可视化作为一种可显露规律性的表达和沟通模式开始。惟其如此，沟通才会发生，除非可视化完全是媒体的透明表达。显著的和完全规律的文化差异一般是不可实现的。

在这个过程中，我们最大的挑战就是："你是怎么知道的?"这主要是对我们的认识论立场提出挑战。例如：我们怎么知道在"西方"可视化的符号中，左边和右边、顶部和底部就有我们所想要的价值，或者更根本地说，完全具有这些价值? 我们把这些合理的挑战以及同类的问题与语言学结构联系起来。我们怎么知道"比尔娶玛丽"和"玛丽嫁给比尔"具有不一样的意义? 我们又怎么知道不仅行动者已经从一个参与者转移为另一个参与者，而且当我说"玛丽嫁给比尔"时，我正在说一些预设性别关系的事情，即我正说到关于文化和社会的更广泛的起源。我们又如何知道"比尔和玛丽结婚了"与"玛丽和比尔结婚了"的差异? 所以当我听到了他们的对话，我会（并且有能力）就他们两人中的一个对其亲近关系做出一些推断，换句话说，我会就说话人对这个描述的事件的兴趣进行合理的推断。

我们认为，这些以及其他的问题都是面向符号系统的。语言学（"西方"进行了 3 000 年到 4 000 年的研究）中更大的相似处是把符号和语言联系起来，使这些议题变得不大明显或是不明显。我们把这里的努力看作一个开端，

将这个议题放到更大范围的图景中，并将相似的议题提到一个新的研究日程上。从 20 世纪 70 年代开始，视觉模式在很多方面——媒体研究、教育、信息科学、心理学及其他方面的应用毫无疑问在增加。但是这个发展也必然地对"语言本身"造成根本性的影响。这是不可能避免的事情。

**注释**

尼古拉斯·库普兰（Nik Coupland）是本章第一版的口头陈述的回应者。他严谨、用心的批评为我们的修订工作提供了很大的帮助，在此向他表示感谢。虽然文章仍会有一些不可避免的错误，但是与他无关。

第 **8** 章

# 符号与思索：通过电视诠释经济

凯·理查森

## ■1　导论

220

正如本书所反映的各种进路所显示的，媒介话语分析有许多不同的进入方式。现在这一章关注的是受众在大众媒介传播中的角色，其目的不是替代这些文本研究，而是更细致地探索我们如何可能设法将文本分析与接受分析连接起来。探究的实质焦点是电视对于经济的再现：一个至今很少有研究的新领域，并且它对广播电视公司和观众都提出了挑战。[1]

## ■2　文本分析与接受分析

文本分析常常与媒介话语中的表征（representation）

问题相关，它的目标通常是探明表征的意识形态特征，同时仍允许精神分析理论、马克思主义理论、结构主义理论和后现代理论以各自不同的方式变通了它们的分析解释（Allen，1992，提供了广泛的不同进路的可使用类型）。有时分析的焦点更多地引向媒介话语的互动特征（如 Scannell，1991；Livingstone & Lunt，1994）。社会语言学家如贝尔（Bell，1991）更多地通过媒介话语的特征来关注文本结构，辨记媒体与类型之间的变化。 *221*

自 20 世纪 80 年代初以来，接受分析的观点的进展在于对"文本主义"提出异议，换言之，它反对意义总是并且只是文本的产物的假设。接受分析认为，意义是文本与其读者（观众、听众）之间协商的产物。那么，由于媒介读者是多元的，阅读也同样是多元的。文本决定性的假设就被推翻了。

当然，文本分析确实越来越多地赞同多元诠释的可能性（Kress，1994），因此，关于媒介话语的学术研究的"劳动分工"被赋予了合法性。而且，"接受分析"的经验性结果并不必然地使文本分析失效。人们对于角色有不同的回应，如《达拉斯》中的"J. R. 尤因"，关于他的道德价值的不同判断，与对该角色在故事中和其他角色的关系的相同理解是可以共存的（参见 Ang，1985）。在这项研究的结果中，"低层次"的诠释存在歧义的潜在可能依然是一个问题。在 J. R. 尤因被评价为一个资本主义企业家的典范"之前"，他（被假定）要从他在故事中和其他角色的关系来理解。但是，在通俗电视小说与更多主题的电视素材（新闻、时事、纪录片）之间并没有多少关联，后者中可变的意义似乎是最值得追究的问题。前者这类广播电视影响观众和听众的表现，则导致他们修正了依据主题信息作出的理解。科纳（Corner，1991）对这些问题做了有价值的讨论。

在这个背景下，我们开始能够理解研究者们如霍耶尔（Hoijer，1993）提出的接受研究领域的理解问题的转向。霍耶尔指出，这个领域的已有文献都忽视了在目前有影响的进路之内对接受的研究。我们可以看到这些有影响的进路尽管各有不同，但都属于"文化研究"的传统。[2]霍耶尔发现的疏漏并不难解释。文化研究的传统继承了一个不同的议程：它将理解意识形态的影 *222*

响列为第二位的问题，或者将重点放在作为一种特定处境中的社会实践的观看的"意义"，而非文本的意义。实验性的理解研究以及它们尚未形成理论的、心理学意义上的受众概念，在这个框架内受到了质疑。同时，它相当抵制没有问题意识的媒介内容的研究，这种研究没有给予传播形式充分的关注，并被认为忽视或否定了文本对于不同诠释的开放性。

霍耶尔的论文没有提及语言学家如贝尔、沃达克和范·戴克的研究，他们的一些研究同样考虑了理解的问题，并且同样在文化研究传统中被忽略了（参见 Bell，1991 第 11 章；van Dijk，1988b 第 4 章；Wodak，1987）。这个研究摆脱了早先理解研究的限制。然而，至今除了霍耶尔外，很少有研究试图在接受研究的观点内重新定义理解研究，而这正是现在媒介研究的认识。但现在有可能思考这种重新定义包括什么。接受研究中有理解研究的一席之地：这应当是一种相当丰富的关于文本意义的性质、观众自身的意义系统以及文本诠释过程的观点，"理解"只是其中一部分。

本章试图促进受众研究中的"公共信息"研究，并认真考虑了文本和223 文本分析的作用。正如科纳（Corner，1991）所说的，追随现在流行的文本多义性的教条是不可取的，它在一定程度上消解了所有文本决定性的观念：

> 无论这个普遍的文本"开放性"的假设是什么，这样一种观点忽略了其他事物中相当程度的文本支配的决定性。这种决定性在其他事物中仅仅是它们的使用的、社会/民族广泛承认的意义系统，以及相对低层次的含糊性的结果……新的诠释性观点显然仍是真实的，它热切地指出，意义并不固有地存在于文本之中，而更应被看作诠释的产物（并因此具有内在的"不稳定性"），即使最简单和熟悉的常规含义也是如此（例如，"禁止进入"、"你好，大卫"）。但意义对于这种生产的决定效果，并不总是得到"多义性"的承认，并且最糟糕的是，它是被摒除的。（Corner，1991：274 - 5）

文本决定性是有其限度的，因为我们知道，意义的层次并不完全由分享的符码和编码的方向来承担。但"低层次"的文本决定性是完全与文本的建构主义原则兼容的：观众、读者和听众在意义建构过程中是主动的。它甚至同部分建构主义者所强调的观众自己的知识框架与领会是兼容的。这里的要点是存在一些被非常广泛地分享的理解框架，并且观众可以使复杂的框架表达内在化。例如，他们可以"听到"媒介文本中他们熟悉的信仰和价值观，但并不分享，也不把它们持为自己的信仰和价值观。当左翼和自由派的观众看到一个文本，它似乎持有一种将失业者视为懒惰的食客的右翼观点，这种情形就出现了（Richardson & Corner，1986）。他们并不把自己的价值观归于文本。他们把它听成是保守的，并且辩驳道：他们没有试图把它听成是激进的。

文本决定性与大量受众中大规模诠释性变异的经验性发现是不相容的。接受研究致力于研究这种变化，但它在理论上不足以将所有的诠释性差异看作观众"创造性"的证据。分析的区分是必要的。一些变异可被描述为与赋予的意义保持距离，包括"简单"的误解以及不完全的解读。早先试图沿着这些路线进行表达的是霍尔所谓的"编码—解码"模式，它最早发表于 1973 年（参见本书中收录的艾伦的文章）。后来在其他人的研究中，它受到了刘易斯的批评（Wren-Lewis，1983），原因是其过多的决定论色彩。本章采取的进路肯定受到霍尔的解释的影响，但它并不是该模式的直接改写，这出于两个原因：第一，霍尔的主要考虑的不是目前案例中的受众理解与领会，而是大众媒介在意识形态再生产中的权力的限度。第二，我们需要摆脱编码—解码模式遗留的一些概念的混淆。有一种趋势将这个模式当成解读一个文本的不同方式的理论：主导式解读、对抗式解读、协商式解读。这是一种误导的诠释。它更适于被看作一种关于解读或理解现实的不同方式的解释（例如，这个文本是关于什么的），并用于解释该文本与那种理解兼容与否以及兼容的程度。一些变异可被描述为含糊性或多义差异表现（某些接受的意义无疑是文本预先决定的），还有一些则不在理解和领会的层次上，而被描述为在文本的"吸收"或回应中发生的变异。

## ■3　电视上的经济

以上考虑相当普遍地应用在"公共知识"议程的接受研究之中。在这个议程内,特定的"经济"新闻领域有其与众不同的特征。我们在电视经济报道和观众诠释方面展开的进路,都承认"经济"在本质上是一个系统的概念(参见 Emmison,1983,他对这个表示国家政策领域的术语做出了历史的解释)。换言之,作为一个实体,"经济"被分解为一系列相关的过程、状态和指标(例如,利润率、失业水平、汇率、支付平衡、公共部门借贷、通货膨胀)。但这种分解的结构服从于各种方式的变化。不同的因素可作为系统的部分而被包含或排除,被假定为理想的部分与各部分之间的关系(经济平衡)是可以发生变化的,并且,既定部分的重点也可以改变。

经济新闻最常由一个或更多经济成分被报道的变化来引导。这种变化要求在报道之间形成联系,以对系统环境中的变动提供一些总体性的评估。这种在新闻及时性的要求下表达的评估,本质上是短期的(事实上,它提供的"图景"有时就是一种"快照")。但是,在与长期展望的联系中,它获得了新闻价值,这反过来是由长远趋势的报道所决定的。在我们主持研究期间,英国国民经济变动的新闻的背景被设置为更大的"复苏"趋势,而"复苏"的"脆弱性"是得到广泛认可的。因此,一则报道的主要意义就在于被报道的变化在多大程度上证实或质疑了复苏的趋势。在"进展"的宽泛概念中,也可能从幅度的不同里提取新闻价值,这一期间的新闻词汇显示了多种可能的运动模式(例如,从蹒跚、缓慢前进和笨拙行动,到加速和快跑)。当经济达到"复苏"点,以事实胜过经济学家的质疑之后,"可维系的复苏"又成为新闻价值所需的新的预期框架。

此后,报道加入了"感觉良好的因素"。与过去的两个新闻门槛不同,"感觉良好的因素"是对经济如何表现的明确的主观测量,尽管客观的进展要视其实际状况而定。"感觉良好的因素"使公众对经历经济的好转感到兴奋,在一定程度上他们可能有了一种"走上正轨"的信念。在目前的定义内,"感觉良好的因素"的出现是否为实现"可维系的复苏"的预备工作,这是有争议的;反之亦然:

> "但是,当感觉良好的因素仍然如此难以捉摸时,将来会很少有庆祝和欢呼。"(1994 年 10 月 12 日《十点新闻》经济报道结语)

## ■4　研究电视与经济

　　一项在利物浦进行的电视与经济的研究，正试图探索电视新闻制作了关于英国经济的什么内容，以及反过来，有关经济的电视新闻话语是如何为观众所理解的。六个观看小组参与了实验研究：科学专业的学生、工党和保守党成员、大学保安人员、地方政府官员，以及当地失业者资源中心的参与者。这些志愿者观看了两个主要频道的新闻节目摘录，包括一些预算日的报道和一些后来的资料。这些频道是 BBC 和 ITV。后者是英国电视中主要的商业、地面频道，并播放 ITN 新闻。在预算日当天，在职政府通过财政大臣提交了一份有关经济状况的官方评估，并依据评估对政策措施作了介绍。预算日的演讲总是会吸引许多媒体的报道。电视节目播出时，财政大臣是诺曼·拉蒙特（Norman Lamont）。访谈/播放在利物浦大学政治与传播学院内进行，内容包括六周的原始节目。

　　这个项目的小范围性质理所当然地引发了进一步研究不同公众的具体观看/知晓经验的许多问题。我不愿宣称参与这项研究的观众具有"代表性"，无论是一般的观看公众，还是他们来自的利益团体。我愿意宣称，在向这群特定的参与者撒网时，聚集的群体确保了作出回应的选民的分布，我们努力使这个实验研究沿着态度/意见的"断层线"（他们所属的政党关系及其与雇佣领域的关系）来获取反应，这使其看起来与这个特定话题具有重要的联系。但过分简化的危险是确实存在的，并且常见的过分依赖小样本的警告在此是适用的。

*227*

## ■5　文本

　　为达到本章的目的，我将集中关注一则特定的经济新闻，它来自我们在实验研究中使用的录像。我的讨论将比这类研究中常见的案例更集中：讨论的焦点非常"窄"，但它是深思熟虑的，因为其目的是说明在最具体的语言学层次上将文本与诠释联系起来的可能性。全文如下：

## BBC《九点新闻》，1993 年 4 月 26 日

*228*

迈克尔·比尔克（Micheal Buerk），节目主持人，利兰公司（Leyland）①
工人的声音：

政府宣告衰退结束了。最近的数字显示经济出现两年半以来的首次增长。

［其他报道的大标题略去］

迈克尔·比尔克，演播室的镜头：

晚安。政府称，英国自 20 世纪 30 年代以来最严重的衰退现在结束了。
官方数字显示国内生产总值——即排除不稳定的石油生产后，产品和服务的
总值——在今年的前三个月增长了 0.6 个百分点。在这以前，生产已经维持
或下滑达两年半以上。财政大臣说，眼下已有清晰的复苏信号。在衰退期间，
失业人数增长了一倍，并有 6 万家公司倒闭。

格里·贝克（Gerry Baker），财经记者，利兰—达夫公司的镜头：

在伯明翰的利兰—达夫工厂，今天早晨他们有许多事情值得庆祝。经济
恢复增长的消息加上那里的管理层完成的收购，将带来一万个工作岗位。

利兰—达夫汽车有限公司董事长，影片发行前的讲话：

今天我们获得了重生。一个崭新品牌的公司。明天，看我们上路！

格里·贝克，利兰—达夫公司的镜头：

由于复苏终于到来，客货车制造商的员工将以全新的热情投入工作。从
1990 年年中到去年年底，经济生产总值在停滞，并被证明跌入了半个世纪以
*229* 来最长的萧条期。但在 1993 年开始的几个月，产量猛增了 0.6 个百分点。尽
管这种增长在三年中是未曾见过的，但制造商依然保持谨慎。

杰夫·怀特（Geoff White），普雷萨克·霍尔丁斯公司［采访］：

我们正在运作的各种市场中都出现了各种复苏的信号。当然我认为各方
情绪已经好转。但是我想，我们看到的是大量的指标，而且眼下这个阶段我
们虽期盼复苏，但对复苏是否真的存在以及真的"可持续"并没有信心。

---

① 此公司已经破产。它成立于 1896 年，1907 年更名为利兰汽车，1968 年合并于英国汽车集
团，组成英国 Leyland（利兰）汽车公司，1986 年改名为罗孚集团。1987 年罗孚集团合并 DAF NV
卡车公司，1993 年 DAF NV 公司破产。

格里·贝克，另一个生产场景的镜头：

谨慎是可以理解的。在年度增长率方面，今年的头三个月为 2.5 个百分点，只回到英国过去 40 年里的年度增长水平。

戴维·柯里（David Currie）教授，伦敦商学院［采访］：

我们还没有填平过去的失地。我们需要使增长超过 2.5 个百分点，达到 3 或 4 个百分点，才能补回我们在衰退中损失的部分，并将失业状况扭转过来。

格里·贝克，演播室的镜头：

现在清楚地看到，经济在两年的下滑后，在去年大半年里跌到了谷底。到今年年初，一系列经济数字在某种不确定中指向了经济复苏的前景。目前的 GDP 数值证明了英国正逐渐走出衰退。但在宣告完全复苏之前，必须完成并保持更快的增长。而且，背负一个令人畏惧的贸易赤字和巨大的政府借款，将不会是容易的事情。

迈克尔·比尔克，演播室的镜头：

财政大臣说现在是生产商利用变化的经济条件并创造可维持的复苏的时候了。但工党已经告诫我们要警惕自满情绪，并说英国的生产基础在衰退中受到如此大的破坏，以至于新的措施更需要确保持久的增长。

罗宾·奥克利（Robin Oakley），时政编辑，拉蒙特会议的镜头，来自大楼的英国国旗的外景，然后内景：

作为今天 GDP 的数字所预兆的复苏的结果，政府希望英国出口的旗帜更有力地飘扬。今天在伦敦的欧洲银行重建与发展会议上，财政大臣论证了欧洲的销售将会繁荣，尽管一些欧盟成员国正开始衰退，因为英国开始挣脱出来了。拉蒙特先生显然是对未来有信心的。

诺曼·拉蒙特（Norman Lamont），演播室［采访］：

就实际产出下降的意义上而言的衰退，就实际产出而言，可能已经在较早前结束了。但我相信我们现在的复苏将有坚实的基础。我们有低通货膨胀率。我们有欧洲最低的利润率。生产已经在上升，因此我们的出口定价是非常有竞争力的。供给的公司完全没有理由保持它们的成本控制，完全没有理由证明为什么这场复苏不能得到维持。

戈登·布朗（Gordon Brown），影子内阁大臣，演播室［采访］：

230

关键问题是，我们是否有在未来的世界市场中取胜的生产能力。为此我们必须有与我们的竞争者同等水平的技术和产业的投资。不幸的是，至今没有迹象显示，政府部长们承认我们需要的是产业和技术政策，而不是自满和自我庆祝。

以上这则新闻报道的选段是关于国民经济"增长率"上升的。增长率的上升从一种叙述中获得了新闻价值，即它可以追溯到 20 世纪 30 年代。这一动作无疑提升了故事的戏剧性。大多数观众不曾生活在 20 世纪 30 年代，他们是从贫苦和失业的经历中得知"大萧条"的种种意义的。在这里，它同样表示"一个长时段"：对新闻话语中的常见类型的一种程度提升的方法，并且它以其他形式在文本其他地方一再重复：

政府称，自 20 世纪 30 年代以来英国最糟糕的衰退现在结束了。

自 1990 年年中至去年年底，经济生产总体停滞，并被证明跌入了半个世纪以来最长时间的衰退。但在 1993 年前三个月，产出总量猛增了 0.6 个百分点。

在年度增长率方面，这年的头三个月为 2.5 个百分点，只回到英国过去 40 年里的年度增长水平。

故事的时间顺序分为四个连续的部分：20 世纪 30 年代的大萧条，随后是没有明显问题的一个长时期，再随后是 20 世纪 90 年代末期的衰退，1993 年 1 月、2 月和 3 月衰退告终转向增长。这部分的结构是相当明显的。从演播室开始，节目主持人迈克尔·比尔克播出了整个节目开头的大标题和报道开头的导语。随后的内容分为两部分：一个经济部分和一个政治部分。比尔克将话题转交给财经记者，他的报道更为详细，他使用了利兰—达夫公司的镜头作为随后关于商业信心的主题的引子。这通过生产企业的声音（普雷萨克·霍尔丁斯公司的主管）作出进一步的详细说明，而更普遍的观点来自商业专家（大学教授）的声音。财经记者的贡献在于从目前经济的事实移到未来的推测，然后回到演播室，对未来的聚焦构成了经济部分和政治部分的联系。在后一部分中，（保守党）政府和（工党）反对者的观点都得到了表达。

## ■6 接受

通过这个节目并结合受众资料，我将讨论观众对三个标题下的新闻的"诠释话语"。首先，我将谈论观众从这个材料中回想起什么，集中于他们如何将记忆中的信息调校得适合自己的观点。其次，我将为观众在这种情形中对文本形式的关注提供一些证据。这也包括对一些多样的理解的具体讨论，以及这些理解如何与文本形式相关联。最后，我将提出理解（comprehension）和领会（understanding）的问题，也就是说，我将谈论预先的领会在理解的意义建构中的作用，以及文本在允许受访者阐述他们对经济的理解方面的功能。

## 回忆与主题记忆

传统上，关于理解的研究通过测试观众和读者对新闻文本的回忆来进行。当然，理解和回忆不是一回事。当时曾经理解的议题会从活跃的记忆中淡出，因此接受者需要被提醒她曾看到了什么。但是，回忆测试的确给人们提供了调查理解的有用方式。它在实验条件下也相对容易操作。这方面有一个很好的例子，尽管它采用了"民族志"而非以实验为特征的方法论，即从谈话的形式中引出资料，并允许受访者以他们自己的方式讨论文本。这提供了接近回忆的细节的另一种途径。

这里报告的初步研究并没有展开观众对屏幕材料的回忆的测试。然而，他们不可避免地从文本中唤起议题和图像——具普遍或具体特征的意义。在观众回忆的具体细节中存在实质的汇聚。就口头的话语而言，所有小组都回忆起这条全球性的 BBC 新闻是关于衰退的结束。从视觉的轨迹来看，多数小组提到"增长率"图表或财政大臣的访谈，或者两者兼有。

人们对细节的记忆无疑是具有选择性的。它也是主题性的：当它们适合普遍的诠释时，这些细节就被回忆起来。这意味着相同的表述可以被不同的小组回忆起来，并被那些小组以非常不同的方式加以调整。这方面一个显著的例子是两个小组都回想起 BBC 报道中六万个公司在衰退期间破产的议题。保安人员在谈论利兰—达夫公司的"欢乐的工人"的图像时被提醒而想起了这个情形。关于利兰公司的工人，他们指出这个企业是一个独立的公司，因此不能作为衰退结束的一个可靠的证据。对于保安人员，公司倒闭的相关数据为质疑那个片断的观点提供了支持。

发言人 A：他们本该报道许多产业过去在走下坡路，现在依然，但他们却选择发布这样一些利好消息，……这观点像是在袒护谁，不是吗？

232

233

发言人 B：因为他们确实说过有……有六万还是六万五千家企业倒闭来着？你知道吗？

回忆起这个细节的另一组是保守党小组。与保安人员相似，他们想对 BBC 的公正性提出质疑（尽管这是在证明一个左翼的而非右翼的偏袒），但他们没有把公司失败的信息和利兰—达夫公司这一片断联系起来。对他们来说，问题是如何诠释这样一个统计的意义：

> 我的意思是，我们一直听到的是有多少个小公司停止营业，即记录在册的数字，但人们很少指出，事实上，这类事情发生的同时也有更多的人开办更多的公司。如果那些小公司没有开张，就不会有那些实际停止营业的公司数目。

保安人员没有质疑利兰—达夫公司管理层的收购是好消息。保守党观众没有质疑公司停止营业的记录数字，也没有怀疑这是一个坏事情。

在下一部分，我将讨论文本形式在引导诠释中的作用。在那个讨论的预期中，值得指出的是这种接受研究会在资料中有一些令人惊奇的发现。期望观众的记忆完全汇聚起来是错误的。令人惊奇的是一些回忆起的细节在文本中几乎没有凸显出来。在这种情况中，观众自己的领会框架，在他们与文本遭遇前已预先存在，使他们"听到"其他观众在没有某种暗示时会错过的事情。这是一种特殊的回忆：只有一个观众在我们的研究中回忆起 ITN（四天前）的复苏报道曾经提到一个有关企业信心的调查。

> 当他们说"复苏"时，我想到的最重要的事情是他们说的公司的信心。我原来认为这是最重要的事情。那有几分复苏的惯常含义，因为正如你所说，你不能得到最新的数字，因此你必须得到某种形式的指标，这些指标仿佛某种信心。
>
> （访问者：那时候你认为那是重要的吗？）
>
> 我认为那是重要的部分……他们说，它是四年来企业信心的新高？

234

他的回忆是正确的，包括"四年来的新高"的特定表达：

> 注册的职位空缺在增加。同样增加的还有房屋销售额，三月的生产值也达到 19 年来的最高点。根据一个英国商会的调查，企业信心达到四

年来的新高。

从文本来说，这个统计没有被赋予太多的机会。它是四个正面指标之一，它们都附带地支持新闻导语中起重要作用的关键指标：失业数字的下降。它没有支持性的视觉呈现，并且只在从演播室陈述到摄制报告的版式变动前才发生。然而，尽管它的显著性是低的，这个观众却能够将它从背景中拉出，并将它提升到"他们所说的最重要的事情"的地位。

### 理解与文本

经济的现实并非新闻话语试图简单地传达给观众的"既定"现实。"现实"自身是复杂和具有争议性的。"经济"作为一个实体是完全真实的，因为如此多的经济活动以它为方向或根据在被诠释。但它是一个抽象的实体。因此，它的特征并不直接显现，而是通过一些"指标"来表现：利润率、投资率、生活费用指数、通货膨胀率、失业率，等等。这些是更深层的现实的外显标志，它们必须在向我们告知那种现实的任何事情之前得到诠释。

有时经济变化的指标可以直接引起争论。失业数字就是一个很好的例子：政府每月颁布的官方的失业数字是英国人争论的固定反映。政府的数字没有给出英国真实的失业程度的全景。参与我们的研究的失业观众在这方面有很多话要说，其中一些是由 ITV "复苏"报道所激起的，该报道将失业率下降作为它的新闻导语。

> 作为一个节目它是完全使人信服的，但如果事实上你了解它的话，你就知道，他们基本上是在说谎——在那个意义上，好的，数字下降了，但为什么数字会下降？因为人们没有被雇佣或他们从事兼职工作，或者在从事他们被迫去做的事情，你知道的。那就是原因。

这是一个批评性的解读：文本是令人信服的，但他没有被说服。这样的回应预先假定了一种受众分化的观点：少数人像他那样有自己的信息来源，并因此能够区分谎言与真相，而大多数人没有这样的信息来源。这种理解他人的诠释性资源包含或排斥了什么的观点是值得关注的，它决定了告知接受的知识共享的程度。即使作为数字的指标本身不具有争议性，指标的诠释总是有争议的。在增长率报道的个案中，议题是核心新闻事实与这个事实作为经济"复苏"的信号的诠释之间的关系。BBC 部分赞同政府的"复苏"诠释，部分拒绝赞同。这种文本的含糊

235

性是可以准确分析的，并取决于如何诠释一种"趋势"的信号，这种趋势包括现在和未来以及过去的关系。我们可以从大标题和导语段开始：

> 政府宣告衰退结束了。最近的数字显示经济出现了两年半中的首次增长。晚安。英国自 20 世纪 30 年代以来最严重的衰退现在结束了，政府称。官方数字显示国内生产总值——排除不稳定的石油生产后，产品和服务的总值——在今年的前三个月增长了 0.6 个百分点。在这以前，生产已经维持或下滑达两年半以上。财政大臣说眼前已有清晰的复苏信号。在衰退期间，失业率翻了一番，并有六万家公司倒闭。

这里的核心新闻事实是一个具有新闻价值的关键性的经济指标的方向变化，即增长率。诠释是通过事实来展现的：变化意味着经济的"复苏"。在大标题和导语中，增长率上升的诠释都归因于政府，尽管文本上采用了特别的方式。在大标题中，归因是通过"政府称"的从句来报道的，但这种归因是"软"的。首句后紧跟着依据事实关系的第二个句子。后面的句子是第一个句子声称真实的证据。事实上是政府提出了声明，因此被收入到背景中。

导语的段落与大标题一样有归因的表示。但是，在导语段中，归因被置于句子的结尾："……政府称"。观众首先听到的是声明本身。这是当时所依据的事实的情形，并通过主持人以及节目的权威来说话。而且它是一个富有新闻价值的有力声明。这样富有冲击的陈述可能比后面本分的但弱化的归因更能引起观众的强烈共鸣。后者需要他们重新理解陈述的权威。它从声音的等级里下移：是政府，而不是 BBC，声称衰退结束了。

比尔克和财经记者贝克都赞同政府的复苏宣言。在贝克的讲话中，经济增长和复苏的关系不是一种诠释，而是一组同义词：他的第二个句子提到"经济恢复增长的消息"，而第三个句子中（在达夫董事长的讲话片段后）他将这解释为"复苏终于到来"：

> 经济恢复增长的消息加上管理层完成的收购，（在利兰—达夫公司）将带来一万个工作岗位。
>
> 由于复苏终于到来，客货车制造商的员工将以全新的热情投入工作。

甚至贝克更谦虚的表达作为一个真相的宣言也是成问题的：通过名词化，

时间参照消失了，这有助于将现在（一月/二月/三月）的事实投射到未来，因为这是没有依据的。事实上，贝克明确地表示，复苏已经到来：

> 目前的 GDP 数值证明了英国正逐渐走出衰退。

（这种"毫无疑问"的明确表达的措辞在引用圣经那样的权威文本时是有趣的，尽管人们不得不怀疑这种表达在世俗时代还剩余多少力量。）

"复苏"诠释不仅因其在文本之中，也通过归因于政府被动摇。在"可持续复苏"的议题制造中，其他声音部分同意部分反对"复苏"的诠释。贝克在他对生产厂商的谨慎的同情中削弱了自身的立场。普雷萨克·霍尔丁斯公司的杰夫·怀特说道："我们期盼复苏，但对它是否真的存在以及真的'可持续'并没有信心。"贝克评论道："谨慎是可以理解的。"然后，他承认，与商界人士所说的一样，"完全"的复苏需要比刚刚宣布的数字更好的数字：

> 但在宣告一个完全的复苏之前，更是必须完成并保持快的增长。而且，背负一个令人畏惧的贸易赤字和巨大的政府借款，将不会是容易的事情。

拉蒙特将事情复杂化了，他主张定义衰退只能用"下降的"增长率，而不能用先前认为的下降与"静态的"增长率：

> 在实际产量下降的意义上，衰退可能在较早的时候已经结束了。

另一种混乱发生在节目谈话停止时，根据一个季度增长率上升了 0.6 个百分点，开始估计年度增长率将为 2.5 个百分点：

*238*

> 在年度增长率方面，这年的头三个月为 2.5 个百分点，只回到英国过去 40 年里的年度增长水平。

对于那些不了解经济推理并需要文本的诠释性指导的观众，这并没有什么帮助。这里没有关于什么构成了复苏的可推理的单一解释，因此没有明确的理由相信复苏已经到来，尽管盖瑞·贝克这样说。尽管"复苏"诠释从政府话语"拉入"到了播音员自己的话语中，它却被难以评估的相反的迹象彻底削弱了："专业人士"并不十分相信它，而播音员似乎赞同"专业人士"的谨慎，正如当初他们似乎赞同政府的信心。

研究这种关于"复苏"的文本含义的解释将不再有进一步的成效。生产性的文本分析过于细致地关注表达的细微差别，这真是有危险的。这种危险在于将意义归因于观众没有注意到的特征。因此要使接受研究具有意义，重要的是集中关注那些看似可能影响接受的特征。

## 理解与观众

那么，观众制造的意义是什么呢？新闻话语是作为系列的授权讯息而被观众领会的。因此，理解那些讯息并不一定要相信它们是真实的。一位观众所"理解"的，不是衰退已经结束，而是他们被告知它已经结束，并且以某人的权威而被告知，夹带着或多或少的可信度。因此很多诠释的复杂性是我们与受访者所有讨论中的一个特征，正如以下引文所示：

239

> ……在 ITV 的节目中（这个报道比 BBC 早四天，它的新闻导语中包含了失业率，而这里却没有报道），公告的所有讯息十分清楚地表明衰退实际上已经结束了，而 BBC 的报道是关于"政府称衰退已经结束……"（保守党观众）
>
> ……这一回 BBC 确实采用了财政大臣的观点。这假定了我们正在复苏之中，而这个假定被证明已遭舍弃。（工党观众）
>
> 发言人 A：我的意思是，谁能在 3 月 26 日 3 点这一刻说"衰退现在结束了"……
>
> 发言人 B：好哇！
>
> 发言人 C：呃，对我来说似乎是这样…
>
> 发言人 A：……某些事情超出了我的理解。
>
> 发言人 D：还有，我们在这之前已经听过多少次了？
>
> 发言人 B：两方面都试图这样做，比如，他们……确实欢呼"好哇！它全部结束了"，没有人实际上明确地指出它没有结束。
>
> （失业观众）

保守党的发言人在这里似乎相信复苏是这样一个现实：BBC 话语在效果上仅仅是作为政府宣传的不实报道，并通过使用其他的声音将它削弱。其他观众多数认为复苏是政府话语，尽管一些人认为 BBC 赞同政府的观点而另一些人不同意。因此，观众在是否相信衰退结束的倾向上具有分歧，保守派比其他人显然有更多的信心。并且，他们在报道是依靠播音员的权威还是只依靠政府的权威方面也存在理解的分歧。

我们不能从这些资料中辨别保守党的发言人是否相信复苏只是一个文本的结果（他意识到播音员贬低复苏的策略而得出相反的解读，认为政府的声音优于播音员的声音），或者他对复苏的信念是否为他自己的系统理解，这种理解在这周 4 月 26 日播出的新闻和 5 月 2 日播出的节目和访谈之间已经确定下来。这种效果在其他情形中也将是相同的。对他来说，BBC 新闻是单一意义的话语，它"平衡"地对复苏的现实给予了不恰当的质疑。

在其他五个小组中，除政府官员外都听出 BBC 在宣称复苏的现实。但是，学生和保安人员的两个小组也听到 BBC 对复苏的现实给予质疑。对于他们来说，文本似乎以不正常或令人不满意的方式发出多重的声音，并且不是他们对电视新闻所期待或需要的：

> 我发现"复苏"这个词（?）是在误导，因为他们说……大标题是"复苏已经开始了"，然后在报道的中途他们似乎在说"复苏还没到来"，基本上是这样。（学生观众）

> 我想，BBC 那边，你知道，开头……的大标题耸人听闻地宣称衰退已经结束了，然后他们又继续告诉我们它没有结束，你知道，他们用专业人士来强调它没有结束的事实。但是，你知道，他们宣称它事实上是这样，你知道。我想那有一些混乱。（保安人员）

另外两组，工党观众和失业的观众，没有听出第二层矛盾的含义——他们听到的是单一的赞同财政大臣观点的话语：

> 事情是如此骇人……它仅仅是一个反复为政府背书的媒体。他们只给出两条线索。一是"政府称"，我想另一个是"政府希望"。它的其余部分只是引用政府的观点——我们正在走出衰退。（工党观众）

> 我想这不仅是保守党的政党广播。我的意思是它采取了这样的方式，特别是 BBC：高调的旋律，"噢，太好了，现在一切都结束了，没问题了"。然后，他们将它交给拉蒙特，似乎在说"没问题了，现在一切都正常运作了"……（失业的观众）

（政党广播是在广播电视媒体的所有频道中根据政党的选举力量而分配的节目时间。广播电视机构按法律规定必须提供这些时间，但编辑控制是完全跟随着政党的。）

最后，有一个小组——当地政府官员——听到单一的话语，而没有自己的观点，只是对冲突的观点提出礼貌性的平衡解释：

> 当 BBC 节目播出，他们强调……他们做到了平衡，不是吗？他们说"这件事已经发生了，那件事已经发生了，但这件事还是摆在这里，那件事还是摆在那里"。我想这是以他们的方式做到了平衡。

冒着过于简化的风险，这些观众之间的差异可以用表 8—1 来表示：

表 8—1                                    比较解读

| 小组 | 如何看待 BBC 的话 | 如何看待政府的话 | 如何看待其他声音 | 自己的观点 |
| --- | --- | --- | --- | --- |
| 保守党 | 质疑复苏 | 宣称复苏 | | 复苏 |
| 工党 | 宣称复苏 | 宣称复苏 | | 没有复苏 |
| 失业者 | 宣称复苏 | 宣称复苏 | | 没有复苏 |
| 学生 | 宣称复苏与质疑复苏 | 宣称复苏 | 质疑复苏 | |
| 保安人员 | 宣称复苏与质疑复苏 | 宣称复苏 | 质疑复苏 | |
| 当地政府官员 | | 宣称复苏 | 质疑复苏 | |

我们所辨别的观众之间的差异对于他们告知的文本形式在理解过程中的作用是有趣的。符号是通过文本形式而被授予"解读"的。观众提到这种形式的特性，比如报道从句的使用，以及感兴趣的党派的声音采用的词语，比如保安人员说"他们又继续告诉我们它（衰退）没有结束，并使用专业人士的话来强调它没有结束的事实"。在一些情形中，一种自上而下的解读引起对这些授予的符号的一种非常有选择性的挪用。下面的观众追溯"支持政府"的文本解读，而情愿忽视持怀疑态度的生产商和商业人士的贡献。

> 仅仅因为 0.6 个百分点的增长，就欢呼"它结束了，它结束了"。我想这显然是好消息，并且应该这样描述，但它应当更谨慎。像这样的一个非常小的上涨只是暂时性的。这是漫长的道路。我想主要的事情是，它需要长时间来实现。我只是认为它不曾真的说了什么。它只是报道了拉蒙特正在……到处走并告诉每个人它是多么棒。（工党观众）

　　在这个材料的基础上，我们仍不能自信地说，对政治忠诚度最小的观众正是那些在赞同与不赞同政府的"复苏"诠释之间给文本赋予了含糊性的人，尽管这是一个有趣的推测。如果这是真的，我们可以将其解释为这样一种功能：文本比具有政治忠诚的观众更容易引起关注。然而，在这个微弱证据的基础上将其报告为本研究的"发现"则显然是轻率的，尽管它会是值得追踪的有趣假设。

　　其他受访人的讨论的例子进一步显示了观众如何在他们的诠释中谈论文本的形式：

　　　　但是之后他们岔开了话题，并向我们展示达夫公司的收购行为。我想，那么他们也试图通过故事情节来说服我们接受一些（复苏的观点的）实质内容来说服我们。（当地政府官员）

　　　　当他们向你展示一些关于——是什么来着？——经济产出的上涨……对不起，是工业产出——它上涨了，像是，0.6 个百分点——这显示出这个巨大的……它真像是重大的事情。它让我想起……你是否读过一本书叫《怎样用统计撒谎？》

　　　　（访问者：是的。）

　　　　达雷尔·赫夫：我想对我来说，那就是怎样用统计撒谎的一个例子，你知道。我的意思是，你通过这种方式来使它显得巨大，但当你认真看它的时候，它意味着什么？（当地政府官员）

　　最后这个例子是有趣的，因为它触及了电视新闻的视觉特征。这位观众对特殊的视觉表现有一种批判性诠释：他认为屏幕上呈现为 0.6 的条形图所表示的上季度的 GDP 过大了，使人产生误解。对于他的议论，不幸的是，条形图的负增长在之前的季节正好是相同的程度，尽管这当然显得低于而非高于屏幕的中间线。不仅如此，他所说的具有某种意味，暗示着观众参与到视觉编码的第一个层次（条形图表示的"增长"占据了多少屏幕空间？）早于通过字母和数字的能指进行的二度编码（这个图表所根据的尺度是什么？）。

## 理解与领会

　　比起议题的基础，还有更多需要领会的事情。认知表征采用心智地图、图式、脚本和框架的形式，制作能够公开、有效地进行意义生产的话语。意义是话语之内的表达，而话语是在制度性的基础上、相互表达的观点的集合，它组织和构成了知识与经验的领域。这些话语先于特定的文本而存在。在语言学的术语中，我们谈论的是关于既定的、理所当然的、已知和预先假定的、不言自明的领域。展开来说，在一种特定的话语建构中，理解是要说明该话语对于领会它的知识领域是必要或合适的。现在理解的规划不是以"既定"的话语为导向，而是以"新闻"的文本为导向。如果有人能够再现一条讯息的整个内容，我们就习惯地说他们已经"领会"了这条讯息。当他们超出了这一点，比如，通过"解释"某些他们在电视上看到的事物，他们就是在生产一个新闻文本，（或因此它像是）得出相同的诉诸文本的话语（在这个例子中，即国民经济政策）——如同直接从文本自身得出一样：

> ……他在做这个事情（征税），因为他明年要借五百亿，要想这么做他就必须将税收摊给每个人，对吗？而这就是他分配税赋的办法，你知道，来填补他借的五百亿，你知道。最后这天，他必须……花出，收回足够的税收来偿还他们要借的五百亿，你知道吗？（失业的观众）

这是来自一些材料的讨论，它的播出早于我们这里探讨的文本：我们的观众也看到两个频道（BBC 和 ITN）对 1993 年预算案的报道，这个令人震惊的新闻首次提出要提高关于汽油和电力的消费税。这里提到的"五百亿"是财政大臣在预算案中宣布的官方预算赤字（公共部门借贷需求）的规模。这在所有方面都显得惊人（和不可接受）之高：之前的预测要比这低得多。

财政大臣这次征税量度的根据继续成为再三报道的消息，贯穿于随后的议会辩论的过程。它在 1993 年 5 月初我们节目播出时仍是一则重要的信息。毫不奇怪，赞同和不赞同的观众都熟悉这些基本的观点。更有趣的是我们的失业观众在解释中使用的句子的模态。他对政府的政策持批评态度，但实质上却认同通过提高税收来补偿公共部门借贷需求的必要性。在此期间，很少有报道表明其他可能性的存在，在我们的受访者小组中，他们以其他可能性来思考的尝试存在着明显的困难：

> 我不能理解的借贷的要点是：为什么他们不能只借他们已经欠的款。那是某种……从坏的方面说，因为美国有巨额的预算赤字。我的意思是，

他们的钱从哪里来？为什么英国不能得到尽可能多的钱？我的意思是它看起来仅仅基本解释了为什么政府要那样做，而没有真的展示让金融城不承受那么大困难的其他选择。让金融城挣脱出来。（学生观众）

在这个语境中提到"金融城"是对伦敦证券交易所之外的金融组织的简略表达。现代金融交易的视觉形象是国际认可的。正如这位观众所说，我们播出的预算项目的确没有那种使人感兴趣的想法，即赤字财政会被看成一个令人满意的国民经济政策。我们可以走得更远：任何地方都不会有主流媒体报道支持这样一种观点。当然，一个知道美国有巨额预算赤字的观众也会被认为想知道问题所在，但这位观众并不知道，而留下了关于政府的经济政策选择的疑问。

比尔克在这里的广播稿以相当轻松的风格嵌于一个更正式的经济话语中。大标题的第二句可以与导语的第二句相比较：

> 最近的数字显示经济再度出现了两年半中的首次增长。
> 官方数字显示国内生产总值——排除不稳定的石油生产后，产品和服务的总值——在今年的前三个月增长了 0.6 个百分点。

这里的第二句是第一句是拓展，并在经济和政策话语的方向上走得更远，它使用了"国内生产总值"这一专业术语，并以插入语的形式为未入门的观众提供了注释。一位来自学生小组的观众记住了这个表示，并给予了赞赏的评论。

*246*

> 我不认为这是出色的做法，尽管他们确实试图解释 GDP 是什么。他们确实大体上给出了一个定义，这种方式是非常好的。

但是，在节目的其他部分，记者对这些官方参考框架的责任并没有以这种方式被免除。很少有像这样的技术词汇的使用，也没有更多的像比尔克在这里提供的 GDP 定义那样清晰的解释性陈述的例子。

相反，它通过大量并排的连接，以相当非专业的术语向观众表明他们应当明白的经济活动和经济推理。比尔克在将话筒转交给财经记者前，自己就是在其介绍的末尾这样做的：

> 在衰退期间，失业率翻了一番，并有六万家公司倒闭。

这个句子正如它所表明的，通过告知或提醒观众衰退有多么糟糕来提升其戏剧性价值。它可以读作一种程度的提升，就像强调这是自 20 世纪 90 年代初以来最糟糕的情况。它也可以通过其他方式来阅读。它可以作为表现衰退的手段来阅读。我们已经获悉，或者过去已经知道，衰退是指增长率的下降或停滞。这个句子提醒或告诉我们，它也包括失业和公司破产。它通过与明显糟糕的事实联系起来，建构地证明衰退是一件严重的事情。任何其他衰退或负增长的评价都是刚愎的，至少通过广播电视提供的主流公共话语是这样的，因为它要承担失业和破产的中性或正面的评价。当然，有些裁员或破产的思考方式是受欢迎的。"规模收缩"这一话语以完成者的观点提供一种正面的建构。从全国政府的观点来看，高失业率导致工资要求下降、工会式微，工人更加顺从。然而从公共话语来看，这些都不是官方支持的观点，它们都不是通常用来组织新闻的解释。

247

  这个文本也有助于强化"复苏"假设不能以单一的指标来维系的观点：多种信号比一个好。比尔克在他刚开始报道时的介绍中提到了这一点：

  财政大臣说现在已有清晰的全线复苏的信号。

然后，拉蒙特看起来实际在说：

  我们有低通货膨胀率。我们有欧洲最低的利润率。生产已经在上升，因此我们的出口定价是非常有竞争力的。

我们发现，这种想法也是我们的受访者乐意再生产的，正如这位工党观众所说的：

  好，我的意思是，在讨论了两年"复苏绿芽"后，你会认为对于增长的报道你已经学会采用一点谨慎、一点证明或防备的态度，你知道，任何……我的意思是所有……诚然现在有很多指标开始显示出令人鼓舞的复苏的信号，但它们都……在正确的方向移动得非常小。我相信，要说明它们已经得到维持还为时过早。

# ■7  结论

  在这一章中，我已经尝试说明了将媒介话语分析与该话语的接受分析连接起来的价值。相关研究非常少，尽管媒介研究中的接受研究已有大量的增

248

加。这种工作可以获得理论性的回报：它推动我们更清晰地分析"理解"是如何生产的，以及它是如何在观众支配的信息和评价框架中被使用的。同样，还有实质性的回报。在这个案例中，对"经济"的理解潜藏于电视新闻与其受众的交流之中，只有生产出更多有关它的类型和层次的理解，研究才有价值。

研究的教训之一是处理受访者的资料作为"文本"的可能性，它要求对回应的"首要文本"有同样多的分析性的关注。受访者的访谈记录与广播电视新闻节目是不同类型的资料：访谈是面对面进行的；主要的媒介是语言；群体动力和权力关系决定了谁说什么以及是否成为"常识"；随着讨论的进展，具有一定的观点改变（或被改变）的范围，等等。但如果在媒介文本分析中，那些未曾发言但暗示或假定为有意义的文本与明晰的文本是同样重要的话，那么，分析那些产生于观看经验和受邀讨论的文本也是重要的。最成功的接受分析是能在不同的知识框架之间——来自播音员以及受访者的不同的知识框架——提供富有洞察力的图绘。但是，这样的工作要求必须识别出其中牵涉的话语关系的复杂特征。播音员的文本在诠释现实，受访者的文本同样如此。但后者的文本也是对播音员的文本的诠释。受众研究通常认为这种特征是首要的，而作为现实的替代性解释则是第二位的。这种"双重话语"可以导致对播音员的解释真实与否的判断，其依据是观众的独立的信息来源。

必须承认，研究环境是引出对电视材料的批判性回应的最佳场所：这可能比"正常"观看环境下的案例更具批判性。即使这是真实的，在更多人为环境下展示观众的能力也不是没有价值的。这些环境不是为了对参与者进行专门的测试，我们绝不是为了生产关于这种节目的批判性的电视谈话而让他们非自然化，即使在家庭情境中，他们总是这样做也不是常态。

这项研究采取的进路必定可以延伸至其他类型的媒介话语，尽管任何受众研究都要认真地将文本形式/意义与受众的回应联系起来，它所致力的"深入细致"的形式分析是不可能与某种社会科学研究要求的调查相调和的。当研究方法如同这里介绍的那样细致时，只可能有数量非常有限的广播电视或受众的资料，因为所有研究都存在机会成本。要获得分析的深度，就将失去普遍性。而且，通过例子进行的论证和个案模式在社会科学中并不陌生，它们对于一个领域的研究有许多值得推荐的贡献，而不同的方法论在研究中可以看作相互补充的。

## 注释

[1] 以前的相关研究包括：格拉斯哥媒介小组的研究（Glasgow University Media Group，1976）；默利有关预算报道的研究（Morely，1980）；埃米森的研究（Emmison，1983）考虑了对各种媒介的描绘（Emmison，1985 也与此相关）；詹森（Jensen，1986）考察了经济新闻与"政治仪式"；雷和德鲁里（Rae & Drury，1993）使用了话语分析来检视印刷媒介中"接受"的建构。

[2] 为帮助不熟悉目前接受研究中的大量文献的读者，最好的起点是默利（Morley，1992）的著作《电视、受众与文化研究》（*Television, Audiences and Cultural Studies*），它是默利 1980 年出版的具有影响力的《全国观众》（*The 'Nationwide' Audience*）的选编本。循着默利的思想，回溯到斯图尔特·霍尔 1973 年的"编码—解码"论文（另见 Hall，1994a、1994b），以及社会学中的帕金模式（Parkin，1971）。随后的领域可以分成主要关于品味、愉悦以及家庭休闲问题的研究（例如，Ang，1985），与关于公共知识的问题的研究（例如，Jensen，1986）。塞特等（Seiter et al.，1989）收集的文章提供了一组 20 世纪 80 年代中期至后期"艺术领域"中有用的范例。科纳的文章（Corner，1991）是对接受研究的发展的批判性回顾，默利（Morley，1992）在他的导论中对此及其他要点作出了回应。最近这个领域的书籍除了默利的著作外，还包括洪宜安（Ang，1991）、刘易斯（Lewis，1991）、莫尔斯（Moores，1993）以及克鲁茨和刘易斯（Cruz & Lewis，1994）的著作。

*250*

第 **9** 章

# 媒介—语言—世界

帕迪·斯坎内尔

关于媒介和语言，要探讨的问题是什么？是关于媒介中（in the media）的语言还是媒介的（of the media）语言？在这两种情形中，问题的要点是什么？是要发现关于语言或媒介的某些东西，或是二者兼而有之？简单想一想这些问题，就会发现，我们很少这样来提问。我们这里的目的就是提出那些可能被称为"媒介语言"的研究中易于被预设的问题。为此，我们将试图重新建立关于媒介和语言的"态度"，因为我们发现各种媒介语言的研究进路中包含着不同的态度。我们可以大致区分两种主要的媒介和语言的进路：意识形态的（ideological）进路和实用的（pragmatic）进路。我们将回顾这两种进路的大体含义，然后将它们与我自己的进路——现象学的（phenomenological）进路——进行比较。

# ■1  意识形态与媒介

252  　　"意识形态的概念就像是耸立在'媒介研究'领域上的一座巨像",马斯特曼(Masterman,1985：123)在一本关于这个新兴学术主题的教科书中这样写道。这座雕像树立于 20 世纪 70 年代的英国,那个时候斯图尔特·霍尔(Stuart Hall)正担任伯明翰大学当代文化研究中心的主任。对于霍尔来说,意识形态是分析媒介——报刊和广播电视——对现代社会的影响的核心问题。这个概念源于马克思,但在该中心对"当代通俗文化"的研究中,它被赋予了特殊的意义变化。作为一种当代文化的批评,它与早先"法兰克福学派"的成员在 20 世纪 30 年代和 40 年代对大众文化的煞费苦心的批评并不一致。

　　对于阿多诺和霍克海默(Adorno & Horkheimer,1985)而言,最重要的议题是文化的商品化,即资本主义生产模式的原理和技术在文化领域中的渗透。以标准化与同一化为特征的批量生产的商品,意味着差异与个性的消解。照此,它们成了统治逻辑的组成部分,个体的日常生活在这里被日益集中的社会势力殖民化,包括:经济的势力(垄断资本主义)、政治的势力(威权国家)和文化的势力(以好莱坞为代表的"文化工业")。

　　但这种批评不再"适合"于 20 世纪 60 年代和 70 年代的环境,这一时期,霍尔实现了一种当代文化研究的新的整合(参见本书艾伦的文章)。一方面,当代"通俗"文化的研究需要从高雅文化的傲慢态度(以及法兰克福学派现在看来较"悲观"和"精英主义"的立场)中解放出来。同时,必须避免一种不加批判的民粹主义和一种简单的文化多元主义。霍尔的工作试图使文化问题重新政治化(那时法兰克福学派像是陷入政治寂静主义的内疚中),其途径是重新返回阶级斗争,但不是在工厂,而是在当代文化领域。最后,由此回到马克思,这就必须将文化从经济决定论中营救出来——这种"庸俗"的马克思主义倾向将政治和文化仅仅诠释为经济力量的上层建筑反映。文化的"相对自主性"是 20 世纪 70 年代发展起来的新左派解读当代文化的关键。媒介——报刊、广播电视和电影——成为分析当代通俗文化的主要场所,而

253 作为这种分析的中介的批判性概念就是"主导意识形态"。

法兰克福学派对马克思的文化批评解读集中于《资本论》中的商品拜物教分析，而霍尔对马克思的解读集中于《德意志意识形态》，特别是马克思和恩格斯关于任何时期的"统治意识"都具有阶级性的表述（Hall，1977）。控制物质生产方式的人同样控制着精神生产的方式。围绕这个命题所阐述的"主导意识形态"的主题认为，任何时候表达的信仰、态度和价值观都是主导社会势力的利益的普遍化。这并非一个将价值观念简单地强加于附属的社会群体的简单过程。意义和价值观总是被历史地理解（为"一个过程"），以及作为意义的控制与界定的斗争的场所和来源。而媒介被看作当代社会中意义争夺的一个主要来源。

霍尔在他的"编码/译码"论文（1980）中展开了分析这个过程的一个非常有影响的模式，试图对有关电视的文化生产的社会联系作出解释（参见本书中艾伦和理查森的文章）。该模式分析的对象是生产过程、产品（节目）和接受过程的联系。其关键论述是编码（生产）和解码（接受）的时刻不存在必然的关联。尽管节目会为它支持的"优先的意义"进行编码，比如广播电视新闻中有争议的官方定义，但并不能假定这种意义会以任何一种简单的方式"卖"给观众。观众自己如何诠释他们的所见所闻部分，取决于他们的社会地位，诸如阶级、种族和社会性别等因素。霍尔提出三种"电视讯息"的可能解码方式：主导的（dominant）、协商的（negotiated）和对抗的（oppositional）。

媒介产品可以被视为文本，它从属于对其意识形态有效性的批判解读。为达到这个目标，一个新版本的符号学——索绪尔（Saussure）、沃洛西诺夫（Volosinov）和巴尔特（Barthes）的混合物——被应用于分析报刊和电视的表意实践（Hall，1982）。这种分析的发展是符号学理论、马克思主义美学和文学批评的混合物。它缺乏的是具体的语言学的输入。这由一群语言学家来提供——如著名的克雷斯、福勒和费尔克拉夫，他们试图系统地阐述一种批判语言学，它尤其关注意识形态作为一种语言特征的问题（Fowler et al.，1979；Kress & Hodge，1979；Fairclough，1989）。意识形态的特征在语言中以各种方式显现出来：通过特定的词汇分析，揭示其中包含的负面评价（种族、社会性别最为明显）；通过语法方面的分析（例如，权力的代词），以

*254*

及更有雄心的句法结构（例如，使动作用的删除和被动化）的分析，可以有效地揭示语言和社会中看不见的权力运作（Fowler，1991）。

我们这里的目的不是回顾这些或其他广泛地被称为批判的话语分析专家的作者（著名的如范·戴克）对意识形态批判发展所做的重要贡献。他们的工作已经很好地呈现在这部文集中。我们更需要看到的问题不是"他们来自哪里"，而是他们认为要走向何处。他们关于语言和媒体"获取"了什么？他们又为什么及如何聚焦并贯穿于意识形态的概念？我们与其再次试图抓住这个众所周知、难以捉摸的术语，不如尝试一种不同的思路，思考他们是如何表述一种特定的语言和世界的态度，并将其正当化的。

# ■2　怀疑：深度理论

宽泛地说，有两种面向"现实"（世界和语言的现实）的可能态度：一种是从外在的价值接纳它，另一种是不从外在的价值接纳它。前者首先接受并承认，现实就是如此。后者则对这种现实带着一种原则性的怀疑。至少，它希望对前者看来毫无疑问的事物提出质疑。每一种态度都包含着诠释现实的特定方式。我们将其称为"信任的解释学"（hermeneutics of trust）与"怀疑的解释学"（hermeneutics of suspicion），这种区分最早来自于利科（Ricoeur，1974）。意识形态批评是一种怀疑的解释学，正如我们将展示的，这在它对常识与日常生活的态度中表现得尤为明显（参见本书艾伦的文章）。

意识形态批评是深度理论（depth theory）的一个例子，这是一种将事物的表面看作潜在的不可靠和具有欺骗性的思考方式。穿透表面现象的"自然主义"正是理论的任务。它必须发现隐藏的、事物形成的结构性原因。从这种方式来看，许多现代理论都是某种类型的结构主义（Hall，1986）。它假设了一种潜在的结构，这种结构可被揭示出来、用于解释那些事物通常向我们显现的形式和内容。

另外两种与意识形态批评高度相关并能指导分析的深度理论，是弗洛伊德的精神分析和索绪尔的语言学。弗洛伊德对无意识的重要发现宣称：无意识构造了个体"背后"的意识精神生活。无意识并不直接显示自身，它通常在梦中以及日常生活细小的精神失常（瞬间失忆、口误等）中"发言"。在严重的精神紊乱的案例中，无意识以精神病来完全地显现自身（歇斯底里症是弗洛伊德分析的经典案例）。弗洛伊德一直坚持无意识的决定性作用，它以潜在的、个体完全不能发觉的方式存在，分析者的任务就是耐心地对病人进行诠释。

索绪尔的语言学作为一种深度理论，最明显地体现在著名的言语（parole）和语言（langue）的区分中。作为说话（使用中的语言）的言语，由于不能（与不值得）分析而被抛弃。要理解语言，就必须从语言规则即表意的抽象系统来进行思考。语言是纯粹的结构。它是差异的体系，其差异允许词汇、语法和句法结构中各种可能组合的实现。语言首先显示的是任意性，其次是约定性。这一点是通过符号以及能指和所指关系的性质来表现的。这种进路的效果在于使语言去自然化，从而揭示它是一种社会的建构。它不是既定的、自然的事物，如果像过去那样对待它，就是对它一种错误的认识。

这里概述的三种深度理论或结构主义——马克思主义、精神分析和语言学——在意识形态批评中融合。意识形态可以通过两种方式来理解。作为一个中立的术语，它指任何价值与信仰的表达系统（天主教信仰、马克思主义、撒切尔主义等）。作为一个批判的术语，它指被扭曲的价值系统，以及理论上推断的、"在现实中"与多数人利益相对立的信仰。意识形态批评分辨出一个将部分人（有产者、男人、白人）的利益普遍化为所有人（无产者、女人、非白人）的利益的过程。特定的意识形态（阶级、性别歧视、种族主义）通过隐藏其真实的（剥削的）本质而运作。但它们是如何做到的呢？被剥削者为何不能看到他们的生活环境的真实本质？意识形态批评假设理性的自私——这是启蒙的重要信念——会鼓动被剥削者推翻剥削者，只要他们对此有彻底的认识。意识形态批评的目标就是促成这种认识，从而使其成为推翻压迫的政治行动的有效基础。它的任务是将意识形态隐藏自身的方式揭露出来。为此，它要祛除经验中的蒙蔽因素，使自觉的、批判的政治实践获得自由。

这必须承担日常生活作为"生活经验"或常识领域的批评。日常实践依赖于理所当然的态度以及头脑中根深蒂固的行动与思考习惯。这样，他们就不会对自身提出怀疑，因而就不具有反思性和批判性。日常使用的语言和媒

256

介的日常实践是这种未经思考的（不知不觉、无意识的）世界的再生产过程的组成部分（Hall，1982）。实际上，这意味着它不加质疑地对一个遮蔽着社会不平等的、扭曲的主导现实进行再生产。媒介与语言都是再现的系统，它们在日常实践和运用中，对其再现的现实做出错误的反映。霍尔坚持认为媒介的主要功能是意识形态的，贝内特（Bennett，1982）则将语言称为"所有意识形态之家"。

257 在这种分析中，不论语言还是媒介，都是不可信赖的。它们都应被警惕。媒介研究作为意识形态批评的目标是要教会学生：媒介和语言都不应被视为自然的现象，而应被视为现实的社会建构。意识形态批评采取了一种关于媒介与语言的建构主义观点。二者都是常规的再现系统，不加反思地对其建构的社会现实（世界）进行错误的再现。媒介研究的教育任务就是解构媒介与语言，使学生们对它们的危险、圆滑和欺骗保持警觉。在所有这些方式中，意识形态批评动用了一种对抗媒介与语言的"怀疑的解释学"。

# ■3  信任：  接受研究与谈话分析

现在让我们转向相反的媒介和语言的进路，这些进路把媒介与语言看作自然发生的社会现象，并且毫无成见地将它们看作简单、常规和日常的工作（至于它们是否服务于或对抗人类利益，这并不是第一位的讨论话题）。我们试图表明，这种"实用的"进路预先设定了一种"信任的解释学"。"实用"（pragmatics）在这里的涵义是相当广泛的（非语言学意义上），指任何类型的广播电视和报刊研究，这些研究同时考虑它们存在语境中的制度和产出（节目、报纸）。实用主义对语境总是敏感的，它专注于事物的地点、时间及它们发生的方式等特性。两种已有的探究媒介话语的实用路线是接受研究和谈话分析。

接受研究在"解读的行为和阅读的文本"之间作出重要的区分（Radway，1984）。换言之，它很看重接受的语境——电视被观看、广播被收听的实际空间。拉德威（Radway，1984）开创性的研究《阅读罗曼史》（*Reading the Romance*）强调她所研究的女性在其日常惯习中创造自己的空间的方式，以及她们让自己"逃入"浪漫小说的虚构世界而获得愉悦的方式。默利对家庭观看电视的方式的研究展现了家庭之间微小的张力和权力，例如，谁决定看什么频道。这似乎取决于谁持有电视遥控器，而事实证明那是男性在主导（Morely，1986）。这种研究表现了解码时刻的"相对自主性"，它强调媒介接受的主动性，或者更准确地说，媒介在日常语境中作为日常资源而被使用的方式。 *258*

但是，在这种研究及与其密切相关的"质化"的受众研究领域（二者的回顾，参见 Moores，1993）出现了一种趋势，即将解码的时刻与被解码的对象（"文本"）和编码的方式分离开来。这恰恰忽视了霍尔模式的突出优点——将文化生产的社会关系作为一个整体（生产—产品—受众）来思考的努力。最糟糕的是，（以电视为主的）受众/接受研究在积极观众的庆贺（针对早先"被动的观众"概念的回应）及其或多或少的自由诠释中止步不前。理查森在本书中的文章表现了一种文本与其"读者"的联系，这是一种值得欢迎的回归。她强调文本的相对独立性——（在她的例子中）即电视新闻话语影响到它被理解的方式。一个重要的例证来源于归属的在场（或不在场）（"政府宣称……"），它不但为讨论的观众所注意，而且观众依据不同的社会地位和态度会有各种不同的诠释。因此理查森和其他人开始发展一种对解码时刻的更完整的理解，同时对文本与"解码者"的情景进行考量（参见 Corner，1996）。

谈话分析进入媒介研究，如果不是意外，至少也是牵强的。谈话分析的研究对象是什么？它不是语言，而是社会互动。萨克斯（Sacks）多少有些蹒跚地越过了作为研究对象的日常谈话，因为磁带录音机似乎使它有效地成为自然发生的社会现象。对于萨克斯而言，谈话使社会互动以一种非常普遍的方式变得具体化。谈话被理解为两个或更多参加者之间共同管理的合作事件，他们在开始、维持和结束关系的任务中进行合作，谈话在此被视为一种人类的、社会的（或社交的）主要活动。这是萨克斯的天才洞见的一部分，并显示出开放谈话的可理解性的清晰细节。这一类的具体研究，比如一个未成年 *259* 人讲一个下流的笑话，比如对抑郁者自杀的评论（"你试试看谁在乎你"），或可能更有名的一个小孩的故事（"婴儿哭了，妈咪把它抱起来"），都有令人吃惊的精彩分析。在每个案例中，从一个最小的细节开始，萨克斯的探索开启了更广阔的关于社会生活的性质以及它对于人类意味着什么等议题。

谈话分析强调，即便是最小的社会现象都有值得关注的重要性。它对谈话的研究开启了关于语言的完全崭新的视角，特别是语言的理解在日常中如何实现的根本问题。谈话分析做到这一点，是通过说明参与者如何在谈话中相互展示的——从一个瞬间到另一个瞬间，他们如何跟随（或不跟随）对方："跟随"是指理解（"哦"，即"我明白你的意思，继续"）；"跟随"是指参与（通过反应的信号来展示："嗯"、"哦"、"噢"、"真的"，等等）；"跟随"是对事物的各个方面的关注（通过被言说的事物的最细小方面的察觉和评论，包括没有被说到的事物；谈话分析说明了短暂的沉默和瞬间的犹豫具有的意义）。在它所有的工作中，谈话分析关注到经典语言学和日常语言哲学完全忽视和遗漏的事物，这些学科没有认识到，谈话在所有细节上具有的意义正是语言研究的合适焦点——如果能做到这一点，它就会被恰当地视为一种人类的、社会的行为。谈话分析展示了人们在谈话中是如何谈及完全世俗的存在的。为此，它澄清了谈话中包含的结构。在理论方面它是简化的，它更倾向于在没有预设概念的情况下展开研究，而非固执地相信那些谈话的程序规则将在那里等着被看见或听见。

当萨克斯主要关注各种日常环境中发生的"平常的、朴素的谈话"，追随他的人已经开始对照地研究制度性环境中的谈话，从而展示它们之间的差异和延续。一个根本的差异在于，在制度性语境中，谈话的轮次是依据表演角色的分配而预先安排的。因此，在教室、法庭或广播电视播音室里，传播资格的分配（谁有资格说话，以及什么时候说）以这种方式被事先安排，从而确立了每个案例中的制度性场合的性质。

赫里蒂奇（Heritage）与他的同事格雷特巴奇（Greatbatch）和克莱曼（Clayman）的工作关注的是广播电视谈话中一个特定的案例——政治新闻访谈（例如，本书中格雷特巴奇的论文，赫里蒂奇、克莱曼和格雷特巴奇即将出版的著作）。它指出了政治访谈对其参与者要求的合作方式，这不仅是对访谈的参与者的要求，更关键的是对不在场的听众或观众也是如此。他们证明，新闻访谈的设计特点对于不在场的受众的接受是有目的的。这反过来确定了广播电视谈话内在的公共性质。公共的谈话，特别是政治谈话，是"公开发表"的，并且，什么可以说、什么不可以说以及说或不说的方式是会产生影响的。新闻访谈的细致研究分析了访问者及受访者是如何在其框架内为控制或界定话题进行斗争的。当斗争变得过于激烈时，访谈就越出了其边界而变成另外的情形：对抗。

加芬克尔（Garfinkel，1984）在他著名的"破坏性实验"（breaching experiment）中，说明了普通的社会成员通常以及"事实上"将情境的常态（不论它可能是什么）视为理所当然的程度，这种情境总是在他们和其他人之间被共享。事实上它必须是这样：因为演讲之所以成为演讲，笑话之所以成为笑话，或者电视新闻之所以成为电视新闻——世界之所以成为它事实上的样子——取决于"信任的解释学"；一个总是既定的、理所当然的和共享的预期，无论它是否如同设想的那样。事物按照它们通常（和常态地）发生的情形显现的可能性，取决于它们总是已经被预期成的那个样子。加芬克尔的实验说明，在多大程度上，常态情境中的信念每时每刻被作为日常社会互动的理所当然的道德基础。日常语境中对谈话的常规意义的信任，就这样维系着日常世界中的意义的信任。

## ■4　现象学与媒介

我们已根据两种不同的解释学对比了两种语言与媒介研究的广泛的进路：一种是怀疑的解释学，另一种是信任的解释学。现在让我们对它们尝试进行一种本体论的诠释。本体论的问题是："存在是什么？"那么，这两种解释学中的存在是什么？让我们绕远一点，将怀疑的解释学描述为怀疑的存在（being-in-doubt），将信任的解释学描述为无疑的存在（undoubtedness of being）。这两种本体论的关系是什么？可以考虑一下维特根斯坦（Wittgenstein）所讨论的语言的必要的公共特征。他指出，一种完全私人的（完全主观的）语言是不可能的。因为如果存在完全私人的语言，它在理论和实践上都只能被一个人，而且仅仅被这种私人语言的生产者所理解。但这是不可能的。因为这样一种语言将没有规则（即，可识别的程序上的规律性），而如果它有规则，那么它一定会在本质上公开化（向其他人的理解开放）。私人语言因此是不可能的，因为它将总是不可理解的。语言的必然的可理解性表明，对于世界的必然的可理解性，我们所能做的首要的事情是信任。

一种不信任的解释学必定总是已经预先假定，世界的运行中包含一种理所当然的信任作为它的可能性的条件。假设我们想象一个世界，它以"先斩后奏"（shoot first and ask questions later）为运行原则。这样一个世界，如果它严格地遵循这个第一原则，将迅速地使自身灭绝。或者，与事实相反地，再想象一个世界：每天早晨，一个人都不确信今天的事物在昨天曾经存在过。这样一个不确定的噩梦般的世界，当然基本上也是不可能的（奥利弗·萨克斯描述的那些神经系统紊乱的人除外）。对于语言与世界既定的真实性的信任，是它们各自存在与共同存在的可能性的必要条件。

这就说明了每一种本体论的问题所在。怀疑的存在是在头脑中，而无疑的存在（一定）是在世界中。头脑中的存在认识自身的（各种）方式是意识的哲学，即笛卡尔式的"我思"（cogito）或西方的认识论。这种本体论受到海德格尔有力的攻击，因为优先的意识牺牲了存在，"我思"牺牲了"我在"（sum），而知识牺牲了真相（Heidegger，1962）。但作为意识的存在是如何不被信任的呢？笛卡尔的"方法"在原则上怀疑一切，从而发现人们事实上可以确定的事物。这种激进的怀疑主义——从原则上对"信念"的悬置——构成整个现代哲学对确定无疑的知识的探索的基础。启蒙思想就是以这种方式被铸造的，意识形态批评也是如此。

在一个有名的段落中，海德格尔引用了康德的评论：哲学的耻辱就是它不能给出一个外部现实（一个意识之外的世界）的确定证据。对此，海德格尔反驳道：真正的耻辱是一而再地要求同样的证据（Heidegger，1962：249）。意识哲学批评之所以在《存在与时间》（Being and Time）中垮掉，是由于它对其来源失去了洞见。它从事"我思"，而排除"我在"；其基本原则是要求人类在每一种情况下都做到："我是"（I am）。这种存在的主张先于任何意识的要求。意识（"头脑中的存在"，being-in-the-head）是"世界中的存在"（being-in-the-world）派生的可能，而不是其周边的另一条路。它不是我思考我在世界上，或我选择我在这里，或我有时在这里。世界中的存在不可抵挡地表明存在的真实性，因为我（或任何人）在且不得不在世界中。存在自始至终不是一种选择、理由或意识，所有这一切表明各种抽离的（分离的、抽象的）存在，只是我或任何人暂时地站在自我和世界之外。意识哲学从一种世界的虚无性出发，自我怀疑的主体努力地将自身嵌入外在的世界，然而这个世界是不能确定的。主体已经忘记了这个自身抽离的世界。

关于语言的现代观点鼓励一种主体和语言之外的实在观念，因为语言是以与世界脱离的方式来思考的。这样的效果只能将语言作为知识的对象，与实践和存在分离。但无论我们对语言采取什么样的理论抽象（如"符号"、"再现"、"意义"、"差异"，等等），尽管我们"证明"语言是一种社会的建构（任意的、约定的，等等），我们都必须明确地承认，我们与语言的关系比这更为密切。人类是语言的存在，这是语言存在于世界的另一种表述。我们居住的世界包括语言。它在言说我们，我们也在言说它。这是它与我们的贴近性。我们就生活在语言之中。尽管谈话分析整体上节制了它的研究对于语言的反思，但这的确是首要的事情，它从对触手可及之事的仔细关注中显露出来，即：人类从谈话开始、维持和结束关系，他们从谈话之事（忙碌、担忧、关心）进入言说的存在，这种存在即他们对触手可及之事的言说方式，不论这些事可能是什么。这就是语言存在于世界的方式。它将互动的参与者之间的共同世界带入存在的状态。这个世界可能从表面的谈话进入存在状态（例如，新闻访谈），也可能是一个特定的世界（一个事件、一个人、一个地点）形成了谈话。

这最后一点表明了我们对"媒介与语言"的思考的限度。尽管语言是报刊和广播电视的社会性、社交和传播实践的核心，但它并不完全包含所有这一切。语言超出了社交本身。语言内在地处于世界之中，它总是在言说世界以及与世界有关的话题。一种纯粹的语言的社会观并不关心这些。比如谈话分析在新近的正式模态中，不曾考虑其对象超出"纯粹"的社会范畴（尽管萨克斯总是这样做）。如果语言是向世界敞开的，那么我们就必须关注世界以及它所敞开的世界。一个中介的世界并非一种超现实或一种"外在现实"的陈述（我们会问，外在于什么，或外在于谁?）。对于生活在这样一个世界的人们，它是一种历史的具体和具体的历史的存在方式。一种媒介语言的现象学将以探究媒介、语言和世界的联系作为它的使命（例如，Scannell，1997）。

现象学表明了存在的时间性：不是时间中的存在，而是存在的时间。此在（dasein）的时间性以两种方式来表示：以它的有限性（向死而生）（be-ing-towards-death）以及它进入存在的时间。存在的时间是当下的现象，也 **264** 即是"此在"的"此"（da）（海德格尔关于人类的中性术语）成为被关切的存在。广播和电视的现场性以它所有的方式表明世界中的存在作为当下的现象。正是这一点在所有的实践中得以显明。通过"在彼处"（being-there）（它的此在），广播电视立刻在两个地点、两个时间产生了新的世界中的存在方式。

马里欧特（Marriott，1996）对电视体育现场直播节目中即时回放的时间性所做的细致的语言学分析，显示出这种时刻中时间是如何被加倍的。"那时"（刚刚过去的时刻）再次进入到"现在"，产生一种"现在与过去"（now-and-then）。贝尔在本书中对新闻故事的时间顺序的检视，表明它们被书写及阅读的时刻成为当下的现象，即被关切的现在，它如何影响我或任何人（me-or-anyone）的现在。新闻的新奇性与丰富性表明人类的核心特征是被关切的存在，那些重要的事情就是此时此地对我或任何人而言有关系的事情。所有的新闻实践都指向那个时刻（重要的现在：影响现在的事情），而这正是新闻报道将它作为出发点的原因。

这种关切表明日常媒介的现场性是存在的证明，而非过分乐观地欢庆这是世界上最好的。相反，这种关切反映了世界的本来面目——它显示自身并被发现。如果首先显示的是世界的真实性（它的真相是怎么样的），这种探究一定将指向那种掩盖世界的真相的方式。这种揭示对于媒介、语言和世界的研究是一种恰当的批判。而且，仅当存在一个真相的先验设想时（它依赖于一种对事物的显在、多面的性质的理解），这种揭示才是有意义的。批判理论不能使其批评扎根于现实。如果它认为它的任务是揭示虚假、谎言和欺骗，那么这个任务总是已经将真相预设为它的出发点。但真相是什么，这是不能由批判理论来判定的。它对"马克思主义"、"自主性"、"幸福"或某种这类事物的诉求总是没有说服力的。如果它试图以正义、自由等名义来动员人们，**265** 那么它只能将这些视为一个至今不存在的、未来世界中的乌托邦式的可能性。

但无论真相是什么，无论真相是怎样被探寻的，它总是已经在这里等着被探寻的人来发现。它不是在某种想象的未来世界中被发现，而是在我们所在的多面的、显在的世界中。

批判理论核心的批判概念是"物化"（reification）。这来自马克思对商品拜物教的分析（在当时未发表的、关于异化的早期创作中闪耀的预见）以及韦伯对工具理性（科层制）的批评，而后由卢卡奇综合而成。在卢卡奇的综合中，这种意识是被物化的（Lukács，1971）。思想中的世界（world-in-though）（作为思想的世界）被物化为一个死亡之物。这个洞见由海德格尔分享，并且成为《存在与时间》第一部分整个论述的基础。他的关切是站在现代性的本体论（抽象意识）背后，重新揭示被遮蔽的事物，即世界的首要的真实性。这个世界——这个我或任何人获得存在的日常世界——不是意识、理论等抽象的世界，而是即刻的、活着的世界，先于理论的、实践的世界，积极参与者所存在（being-in）与伴随着存在（being-with）的世界。它是关心与关切的世界。它就是在此时此地、对我或任何人而言的重要之事。

在重新发现世界中的存在失落的存在本体论方面，海德格尔还原了批判理论所哀悼的、丧失欲求的对象：存在的全体和世界的全体。现代性不再将世界作为整体来思考，因为它已经失去了存在的总体的任何意义。马尔库塞在讨论"辩证法"的短文的结尾对此有含糊的表达："总体就是真相。但总体是错误的。"（Marcuse，1978）世界的商品化带来的改变，是具体的（目的导向的）原因。现代性青睐一种技术的、形式的、工具导向的理性。技术—科学的手段的算计真实地运作着。它极大程度上规定了人类对自然的控制。但它的尽头是什么？是通过少数人剥夺多数人而积聚的私人财富，以及自然本身的退化。因而，现代性以部分的理性和总体的非理性为特征。如果它日益体验到世界的虚无性，那是因为它事实上导致了这样的结果。意义丧失的标志是物化：现代性特有的病理。海德格尔将失去理解的、分裂的两半——存在与世界——重新统一起来。通过将一方归还给另一方，他将二者完全的意义重新修复。他表明头脑中的存在事实上来自有关即刻的存在的失落及先验的本体论。这两种本体论的差异可以通过各种方式来表达——一种理论（头脑中的存在）和实践（世界中的存在）之间的差异。但最重要的差异在于

266

一种惰性、物化的观点，它一方面将世界看作"物"，自然的静物（因此纯粹是被掌握、剥削和操纵的"东西"），另一方面是活着的世界的意义回归，蕴涵着多面的、显在真相的存在。这个世界是并且总是有魔力的。

有魔力的语言现在与过去一样见证了世界的魔力与存在其中的魔力。它在诗歌中产生——这就是存在的狂喜的感觉。爱情诗表达了恋爱中的存在（being-in-love），这种存在陷于着迷的现在而不能褪去。歌曲（毫无理由地）每天无处不在地见证着世界中的存在者日常的快乐与悲伤。作为存在的表达语体，语言的日常魔力显示在声音中。恼怒或悲伤，滑稽或严肃，真诚或伪善……所有这些和其他方式的存在体现在言说方式当中。言说的方式总是被留意和关注（包括"突出的忽视"等）。所有这一切都可以显示在广播和电视的日常谈话之中。

声音特别表现在广播当中，那种被目前主要的电视研究所忽略的美好的媒介。在广播中，注意力必须集中在声音上，因为它是说话人在麦克风前在场的唯一表现。关注声音意味着你必须聆听。在聆听中，你听到说话人的自我和语言的自我：语言本身。语言的本体性时刻不在于言说，而在于聆听言说在说什么。聆听先于言说，因为聆听对于任何被言说的事物都是必要的先决条件。去聆听，然后听到言说中说了什么：说话人以他或她的言说方式而存在（Scannell，1996）。聆听是理解，因而具有一种根本的预期特征；因为理解是人类作为先于自身的存在（being-ahead-of-itself）的一种未来的、结构性的表示（Heidegger，1962：236ff）。

## ■5　结论

267　　　本章的结构看似寻求将"世界中的存在"作为优先的本体论，从而牺牲了"头脑中的存在"，并赋予存在与实践优先的地位，从而牺牲了理论与意识。但这样做将以一种荒谬（对自我反思的理性的否认）替代另一种荒谬（对世界的否认）。不如说，本章寻求的是对这两种本体论的存在的关注，或者对存在的方式的关注，以及探索它们关于媒介和语言的研究的差异。它们的差异是真实和不可通约的。认识论的目标是关于事物的知识，而本体论的目标是对存在的理解。知识总是尚未被认识的，而理解总是已经发生的。知识的结果是权力，而理解的结果是真相。现代性已经将真相降级，而将其看作知识与权力的总和。但真相是另一棵树上的果实。

　　媒介、语言和世界的关系可以沿着权力/知识的轴线以及理解/真相的轴线进行思考。这两种本体论都有其独特的解释学（不信任/信任），不应以一种非此即彼的方式来思考。赋予其中一个优先性而牺牲或排除另一个，是对我们所在世界的多面现实的扭曲。澄清它们的差异则是对多面现实的重建。语言和媒介可以通过多种方式来思考，但要对它们进行真正的思考，就要将它们还原到各自与共同的世界中，以它们不同的方式揭示出我们与它们（语言与媒介）所在的世界。

参考文献

268   Adorno, Theodore and Max Horkheimer, 1985. *Dialectic of Enlightenment.* London: Verso.

Allan, Stuart, 1994. 'When discourse is torn from reality': Bakhtin and the principle of chronotopicity. *Time and Society,* 3, 193–218.

Allan, Stuart, 1995. News, truth and postmodernity: unravelling the will to facticity. In Barbara Adam and Stuart Allan (eds), *Theorizing Culture: An Interdisciplinary Critique After Postmodernism.* London: UCL Press; New York: NYU Press, 129–44.

Allan, Stuart, 1997a. News and the public sphere: towards a history of objectivity and impartiality. In M. Bromley and Tom O'Malley (eds), *The Journalism Reader.* London: Routledge, 296–329.

Allan, Stuart, 1997b. Raymond Williams and the culture of televisual flow. In J. Wallace, S. Nield and R. Jones (eds), *Raymond Williams Now: Knowledge, Limits and the Future.* London: Macmillan, 115–44.

Allen, Robert (ed.), 1992. *Channels of Discourse, Reassembled: Television and Contemporary Criticism.* 2nd edn. London: Routledge.

Anderson, Benedict, 1991. *Imagined Communities: Reflections on the Origins and Spread of Nationalism.* 2nd edn. London: Verso.

Ang, Ien, 1985. *Watching 'Dallas'.* London: Methuen.

Ang, Ien, 1991. *Desperately Seeking the Audience*. London: Routledge.

Ang, Ien, 1996. *Living Room Wars: Rethinking Audiences for a Postmodern World*. London: Routledge.

Antaki, Charles (ed.), 1988. *Analysing Everyday Explanation: A Casebook of Methods*. London: Sage.

Arnheim, Rudolf, 1982. *The Power of the Centre*. Berkeley: University of California Press.

Atkinson, J. Maxwell and John Heritage, 1984. *Structures of Social Action: Studies in Conversation Analysis*. Cambridge: Cambridge University Press.

Bakhtin, Mikhail, 1981. *The Dialogic Imagination*. Austin: University of Texas Press.

Barthes, Roland, 1967. *Elements of Semiology*. London: Jonathan Cape.

Barthes, Roland, 1973. *Mythologies*. London: Paladin.

Beck, Ulrich, 1994. The reinvention of politics: towards a theory of reflexive modernization. In Ulrich Beck, Anthony Giddens and Scott Lash (eds), *Reflexive Modernization: Politics, Tradition and Aesthetics*. Cambridge: Polity Press, 1–55.

Bell, Allan, 1983. Telling it like it isn't: inaccuracy in editing international news. *Gazette*, 31, 185–203.

Bell, Allan, 1984. Good copy – bad news: the syntax and semantics of news editing. In Peter Trudgill (ed.), *Applied Sociolinguistics*. London: Academic Press, 73–116.

Bell, Allan, 1991. *The Language of News Media*. Oxford: Blackwell.

Bell, Allan, 1994. Climate of opinion: public and media discourse on the global environment. *Discourse and Society*, 5, 33–63.

Bell, Allan, 1995a. Language and the media. *Annual Review of Applied Linguistics*, 15, 23–41.

Bell, Allan, 1995b. News Time. *Time and Society*, 4, 305–28.

Bell, Allan, 1996. Text, time and technology in news English. In Sharon Goodman and David Graddol (eds), *Redesigning English: New Texts, New Identities (The English Language, Past, Present and Future*, Book 4). London: Routledge. Milton Keynes: Open University, 3–26.

Bennett, Tony, 1982. Theories of the media, theories of society. In Michael Gurevitch, Tony Bennett, James Curran and Janet Woollacott (eds), *Culture, Society and the Media*. London: Routledge.

Bernstein, Basil, 1990. *The Structuring of Pedagogical Discourse*. London: Routledge.

Billig, Michael, 1988. The notion of 'prejudice': some rhetorical and ideological aspects. *Text*, 8, 91–110.

Blundell, Valda, John Shepherd and Ian Taylor (eds), 1993. *Relocating Cultural Studies*. London: Routledge.

Boden, Deirdre and Don H. Zimmerman (eds), 1992. *Talk and Social Structure: Studies in Ethnomethodology and Conversation Analysis*. Cambridge: Polity Press.

Bourdieu, Pierre, 1984. *Distinction: A Social Critique of the Judgement of Taste*. Trans. Richard Nice. London: Routledge.

Bourdieu, Pierre, 1991. *Language and Symbolic Power*. Cambridge: Polity Press.

Boyd-Barrett, Oliver, 1994. Language and media: a question of convergence. In David Graddol and Oliver Boyd-Barrett (eds), *Media Texts: Authors and Readers*. Clevedon: Multilingual Matters and The Open University, 22–39.

Brantlinger, Patrick, 1990. *Crusoe's Footprints: Cultural Studies in Britain and America*. London: Routledge.

Brewer, William F., 1985. The story schema: universal and culture-specific properties. In David R. Olson, Nancy Torrance and Angela Hildyard (eds), *Literacy, Language, and Learning: The Nature and Consequences of Reading and Writing*. Cambridge: Cambridge University Press, 167–94.

Bull, Peter, 1994. On identifying questions, replies and non-replies in political interviews. *Journal of Language and Social Psychology*, 13, 115–31.

Burns, Tom, 1977. *The BBC: Public Institution and Private World*. London: Macmillan.

Button, Graham and John Lee (eds), 1986. *Talk and Social Organisation*. Clevedon: Multilingual Matters.

Caldas-Coulthard, Carmen Rosa and Malcolm Coulthard (eds), 1996. *Texts and Practices: Readings in Critical Discourse Analysis*. London: Routledge.

Carey, James W., 1987. Why and how: the dark continent of American journalism. In Robert Karl Manoff and Michael Schudson (eds), *Reading the News*. New York: Pantheon, 146–96.

Centre for Contemporary Cultural Studies, 1978. *On Ideology*. London: Hutchinson.

Cheshire, Jenny and Lise-Marie Moser, 1994. English as a cultural symbol: the case of advertisements in French-speaking Switzerland. *Journal of Multilingual and Multicultural Development*, 15, 451–69.

Chibnall, Steve, 1977. *Law-and-Order News: An Analysis of Crime Reporting in the British Press*. London: Tavistock Publications.

Chomsky, Noam, 1987. *Pirates and Emperors: International Terrorism in the*

*Real World*. Montreal: Black Rose Books.

Clayman, Steven, 1988. Displaying neutrality in television news interviews. *Social Problems*, 35, 474–92.

Clayman, Steven, 1989. The production of punctuality: social interaction, temporal organization and social structure. *American Journal of Sociology*, 95, 659–91.

Clayman, Steven, 1991. News interview openings: aspects of sequential organisation. In Paddy Scannell (ed.), *Broadcast Talk*. Newbury Park, CA: Sage, 48–75.

Clayman, Steven, 1992. Footing in the achievement of neutrality: the case of news interview discourse. In Paul Drew and John Heritage (eds), *Talk at Work: Interaction in Institutional Settings*. Cambridge: Cambridge University Press, 163–98.

Clayman, Steven, 1993. Reformulating the question: a device for answering/not answering questions in news interviews and press conferences. *Text*, 13, 159–88.

Clayman, Steven and Jack Whalen, 1988/1989. When the medium becomes the message: the case of the Rather/Bush encounter. *Research on Language and Social Interaction*, 22, 241–72.

Cohen, Stanley and Jock Young (eds), 1981. *The Manufacture of News: Social Problems, Deviance and the Mass Media*. London: Constable.

Connell, Ian, 1980. Television news and the social contract. In Stuart Hall, Dorothy Hobson, Andrew Lowe and Paul Willis (eds), *Culture, Media, Language*. London: Hutchinson, 139–56.

Cook, Guy, 1992. *The Discourse of Advertising*. London: Routledge.

Corner, John, 1980. Codes and cultural analysis. *Media, Culture and Society*, 2, 73–86.

Corner, John, 1991. Meaning, genre and context: the problematics of 'public knowledge' in the new audience studies. In James Curran and Michael Gurevitch (eds), *Mass Media and Society*. London: Edward Arnold, 267–84.

Corner, John, 1995. *Television Form and Public Address*. London: Edward Arnold.

Corner, John, 1996. Reappraising reception: aims, concepts and methods. In James Curran and Michael Gurevitch (eds), *Mass Media and Society*. 2nd edn. London: Edward Arnold.

Corner, John, Kay Richardson and Natalie Fenton, 1990. *Nuclear Reactions: Formal Response in Public Issue Television*. London: John Libbey.

Coupland, Justine, 1996. Dating advertisements: discourses of the commodified self. *Discourse and Society*, 7, 187–207.

Coupland, Nikolas, 1985. 'Hark, hark the lark': social motivations for pho-
nological style shifting. *Language and Communication*, 5, 153–71.

Crow, Brian, 1986. Conversational pragmatics in television talk: the dis-
course of good sex. *Media, Culture and Society*, 8, 457–84.

Cruz, Jon and Justin Lewis (eds), 1994. *Viewing, Reading, Listening: Audi-
ences and Cultural Reception*. Oxford: Westview Press.

272   Curran, James, 1990. Culturalist perspectives of news organizations: a re-
appraisal and a case study. In Marjorie Ferguson (ed.), *Public Communi-
cation: The New Imperatives*. London: Sage, 114–34.

Curran, James, Michael Gurevitch and Janet Woollacott (eds), 1977. *Mass
Communication and Society*. London: Edward Arnold.

Dahlgren, Peter and Colin Sparks (eds), 1992. *Journalism and Popular Cul-
ture*. London: Sage.

Davies, Ioan, 1995. *Cultural Studies and Beyond*. London: Routledge.

Doane, Mary Ann, 1990. Information, crisis, catastrophe. In Patricia
Mellencamp (ed.), *Logics of Television: Essays in Cultural Criticism*. Lon-
don: British Film Institute, 222–39.

Drew, Paul and John Heritage (eds), 1992. *Talk at Work: Interaction in Insti-
commodified self. *Discourse and Society*, 7, 187–207.

Duszak, Anna, 1991. Schematic and topical categories in news story recon-
struction. *Text*, 11, 503–22.

Eagleton, Terry, 1991. *Ideology: An Introduction*. London: Verso.

Eagly, Alice H. and Shelley Chaiken, 1993. *The Psychology of Attitudes*.
Orlando: Harcourt Brace Jovanovich.

Elliott, Philip, 1972. *The Making of a Television Series: A Case Study in the
Sociology of Culture*. London: Constable.

Ellis, John, 1992. *Visible Fictions: Cinema, Television, Video*. Revised edn.
London: Routledge.

Emmison, Michael, 1983. 'The economy': its emergence in media discourse.
In Howard Davis and Paul Walton (eds), *Language, Image, Media*. Oxford:
Blackwell, 139–55.

Emmison, Michael, 1985. Class images of the 'economy': opposition and
ideological incorporation within working class consciousness. *Sociology*,
19, 19–38.

Ericson, Richard, Patricia Baranek and Janet Chan, 1987. *Visualising
Deviance: A Study of News Organisations*. Toronto: University of Toronto
Press.

Ericson, Richard, Patricia Baranek and Janet Chan, 1989. *Negotiating Con-
trol: A Study of News Sources*. Toronto: University of Toronto Press.

Ericson, Richard, Patricia Baranek and Janet Chan, 1991. *Representing Order: Crime, Law, and Justice in the News Media*. Toronto: University of Toronto Press.

Fairclough, Norman, 1989. *Language and Power*. London: Longman.

Fairclough, Norman, 1992. *Discourse and Social Change*. Cambridge: Polity Press.

Fairclough, Norman, 1993. Critical discourse analysis and the marketization of public discourse: the universities. *Discourse and Society*, 2, 133–68.

Fairclough, Norman, 1994. Conversationalization of public discourse and the authority of the consumer. In Russell Keat, Nigel Whiteley and Nicholas Abercrombie (eds), *The Authority of the Consumer*. London: Routledge, 253–68.

Fairclough, Norman, 1995a. *Media Discourse*. London: Edward Arnold.

Fairclough, Norman, 1995b. *Critical Discourse Analysis*. London: Longman.

Fairclough, Norman, 1996. A reply to Henry Widdowson's 'Discourse analysis: a critical view'. *Language and Literature*, 5, 49–56.

Fenby, Jonathan, 1986. *The International News Services*. New York: Schocken Books.

Feuer, Jane, 1986. Narrative form in American network television. In Colin MacCabe (ed.), *High Theory/Low Culture: Analysing Popular Television and Film*. New York: St Martin's Press, 101–14.

Fishman, Mark, 1980. *Manufacturing the News*. Austin: University of Texas Press.

Fiske, John, 1987. *Television Culture*. London: Methuen.

Fiske, Susan T. and Shelley E. Taylor, 1991. *Social Cognition*. 2nd edn. New York: McGraw-Hill.

Foucault, Michel, 1984. The order of discourse. In Michael Shapiro (ed.), *Language and Politics*. Oxford: Blackwell, 108–38.

Fowler, Roger, 1991. *Language in the News. Discourse and Ideology in the Press*. London: Routledge.

Fowler, Roger, Bob Hodge, Gunther Kress and Tony Trew, 1979. *Language and Control*. London: Routledge and Kegan Paul.

Galtung, Johan and Mari Holmboe Ruge, 1965. The structure of foreign news. *Journal of Peace Research*, 2, 64–91.

Gans, Herbert, 1979. *Deciding What's News*. New York: Vintage.

Garfinkel, Harold, 1967. *Studies in Ethnomethodology*. Englewood Cliffs, NJ: Prentice Hall.

Garfinkel, Harold, 1984. Studies of the routine grounds of everyday activities. In *Studies in Ethnomethodology*. Cambridge: Polity Press, 35–75.

Genette, Gerard, 1980. *Narrative Discourse: An Essay in Method*. Ithaca, NY: Cornell University Press.

Gillespie, Marie, 1995. *Television, Ethnicity and Cultural Change*. London: Routledge.

Gitlin, Todd, 1980. *The Whole World is Watching: Mass Media in the Making and Unmaking of the New Left*. Berkeley: University of California Press.

Glasgow University Media Group, 1976. *Bad News*. London: Routledge.

Glasgow University Media Group, 1980. *More Bad News*. London: Routledge.

Goodwin, Charles, 1981. *Conversational Organization: Interaction between Speakers and Hearers*. New York: Academic Press.

Goodwin, Charles and John Heritage, 1990. Conversation analysis. *Annual Review of Anthropology*, 19, 283–307.

Graddol, David, 1994a. Three models of language description. In David Graddol and Oliver Boyd-Barrett (eds), *Media Texts: Authors and Readers*. Clevedon: Multilingual Matters and The Open University, 1–21.

Graddol, David, 1994b. What is a text? In David Graddol and Oliver Boyd-Barrett (eds), *Media Texts: Authors and Readers*. Clevedon: Multilingual Matters and The Open University, 40–50.

Graddol, David and Oliver Boyd-Barrett (eds), 1994. *Media Texts: Authors and Readers*. Clevedon: Multilingual Matters and The Open University.

Graddol, David, Jenny Cheshire and Joan Swann, 1994. *Describing Language*. 2nd edn. Buckingham: Open University Press.

Gramsci, Antonio, 1971. *Selections from the Prison Notebooks*. New York: International.

Gray, Ann, 1992. *Video Playtime: The Gendering of a Leisure Technology*. London: Routledge.

Greatbatch, David, 1986. Aspects of topical organisation in news interviews: the use of agenda shifting procedures by interviewees. *Media, Culture and Society*, 8, 441–55.

Greatbatch, David, 1988. A turn taking system for British news interviews. *Language in Society*, 17, 401–30.

Greatbatch, David, 1992. On the management of disagreement between news interviewees. In Paul Drew and John Heritage (eds), *Talk at Work: Interaction in Institutional Settings*. Cambridge: Cambridge University Press, 268–301.

Greatbatch, David and Robert Dingwall, forthcoming. Argumentative talk in divorce mediation sessions. *American Sociological Review*.

Greatbatch, David, Christian Heath, Paul Luff and Peter Campion, 1995. Conversation analysis: human computer interaction and the general practice consultation. In Andrew Monk and Nigel G. Gilbert (eds),

274

*Perspectives on HCI: Diverse Approaches*. London: Academic Press, 175–98.

Grossberg, Larry, Cary Nelson and Paula Treichler (eds), 1992. *Cultural Studies*. London: Routledge.

Gurevitch, Michael, Tony Bennett, James Curran and Janet Woollacott (eds), 1982. *Culture, Society and the Media*. London: Routledge.

Haarmann, Harald, 1984. The role of ethnocultural stereotypes and foreign languages in Japanese commercials. *International Journal o the Sociology of Language*, 50, 101–21.

Hall, Stuart, 1973a. Encoding and decoding in the television discourse. Birmingham: Centre for Contemporary Cultural Studies, Stencilled Paper No. 7 (revised as Hall, 1980; also republished as Hall, 1994a).

Hall, Stuart, 1973b. A World at One with itself. In Stanley Cohen and Jock Young (eds), *The Manufacture of News*. London: Constable, 85–94.

Hall, Stuart, 1977. Culture, the media and the 'ideological effect'. In James Curran, Michael Gurevitch and Janet Woollacott (eds), *Mass Communication and Society*. London: Edward Arnold.

Hall, Stuart, 1980. Encoding/decoding. In Stuart Hall, Dorothy Hobson, Andrew Lowe and Paul Willis (eds), *Culture, Media, Language*. London: Hutchinson, 128–38.

Hall, Stuart, 1982. The rediscovery of 'ideology': return of the repressed in media studies. In Michael Gurevitch, Tony Bennett, James Curran and Janet Woollacott (eds), *Culture, Society and the Media*. London: Routledge, 56–89.

Hall, Stuart, 1986. Cultural studies: two paradigms. In Richard Collins et al. (eds), *Media, Culture and Society: A Critical Reader*. London: Sage, 33–48.

Hall, Stuart, 1994a. Encoding/decoding. In David Graddol and Oliver Boyd-Barrett (eds), *Media Texts: Authors and Readers*. Clevedon: Multilingual Matters and The Open University, 200–11.

Hall, Stuart, 1994b. Reflections upon the encoding/decoding model: an interview with Stuart Hall. In Jon Cruz and Justin Lewis (eds), *Viewing, Reading, Listening: Audiences and Cultural Reception*. Oxford: Westview Press, 145–60.

Hall, Stuart, Ian Connell and Lidia Curti, 1976. The 'unity' of current affairs television. Working Papers in Cultural Studies. Birmingham: Centre for Contemporary Cultural Studies (Spring).

Hall, Stuart, Chas Critcher, Tony Jefferson, John Clarke and Brian Roberts, 1978. *Policing the Crisis: Mugging, the State, and Law and Order*. London: Macmillan.

Hall, Stuart, Dorothy Hobson, Andrew Lowe and Paul Willis (eds), 1980. *Culture, Media, Language*. London: Hutchinson.

Halliday, M. A. K., 1985. *Introduction to Functional Grammar*. London: Edward Arnold.

Halloran, James D., Phillip Elliott and Graham Murdock, 1970. *Demonstrations and Communication: A Case Study*. Harmondsworth: Penguin.

Hammersley, Martin, 1996. On the foundations of critical discourse analysis. Paper presented at the Cardiff Language Seminar, 24 January 1996.

Harris, Sandra, 1991. Evasive action: how politicians respond to questions in political interviews. In Paddy Scannell (ed.), *Broadcast Talk*. Newbury Park, CA: Sage, 76–99.

Hartley, John, 1996. *Popular Reality*. London: Arnold.

Hartley, John and Martin Montgomery, 1985. Representations and relations: ideology and power in press and TV news. In Teun A. van Dijk (ed.), *Discourse and Communication*. New York: Walter de Gruyter, 233–69.

Heath, Christian, 1986. *Body Movement and Speech in Medical Interaction*. Cambridge: Cambridge University Press.

Heath, Christian and Paul Luff, 1993. Explicating face to face interaction. In Nigel Gilbert (ed.), *Researching Social Life*. London: Sage, 306–26.

Heidegger, Martin, 1962. *Being and Time*. Oxford: Blackwell.

Held, David, 1987. *Models of Democracy*. Cambridge: Polity Press.

Heritage, John, 1985. Analyzing news interviews: aspects of the production of talk for an 'overhearing' audience. In Teun van Dijk (ed.), *Handbook of Discourse Analysis*, vol. 3: *Discourse and Dialogue*. London: Academic Press, 95–119.

Heritage, John, 1989. Current developments in Conversation Analysis. In Derek Roger and Peter Bull (eds), *Conversation: An Interdisciplinary Approach*. Clevedon: Multilingual Matters, 21–47.

Heritage, John, Steven Clayman and David Greatbatch, forthcoming. *The Political News Interview*. London: Sage.

Heritage, John, Steven Clayman and Don Zimmerman, 1988. Discourse and message analysis: the micro-structure of mass media messages. In Robert P. Hawkins, John M. Wieman and Suzanne Pingree (eds), *Advancing Communication Science: Merging Mass and Interpersonal Processes*. Newbury Park, CA: Sage, 77–109.

Heritage, John and David Greatbatch, 1991. On the institutional character of institutional talk: the case of news interviews. In Deirdre Boden and

Don H. Zimmerman (eds), *Talk and Social Structure*. Cambridge: Polity Press, 93–137.

Heritage, John and Andrew Roth, 1995. Grammar and institution: questions and questioning in the broadcast news interview. *Research on Language and Social Interaction*, 28, 1–60.

Herman, Edward S., 1992. *Beyond Hypocrisy: Decoding the News in an Age of Propaganda, Including a Doublespeak Dictionary for the 1990s* (illustrations by Matt Wuerker). Boston: South End Press.

Herman, Edward S. and Noam Chomsky, 1988. *Manufacturing Consent: The Political Economy of the Mass Media*. New York: Pantheon Books.

Hjarvard, Stig, 1994. TV news: from discrete items to continuous narrative? The social meaning of changing temporal structures. *Cultural Studies*, 8, 306–20.

Hobson, Dorothy, 1980. Housewives and the mass media. In Stuart Hall, Dorothy Hobson, Andrew Lowe and Paul Willis (eds), *Culture, Media, Language*. London: Hutchinson, 105–14.

Hoijer, Birgitte, 1993. Reception reconsidered from comprehension perspectives. Paper delivered at the 11th Nordic Conference for Mass Communication Research, Trondheim.

Holland, Patricia, 1987. When a woman reads the news. In Helen Baehr and Gillian Dyer (eds), *Boxed In: Women and Television*. London: Pandora, 133–50.

Hutchby, Ian, 1991. The organisation of talk on radio. In Paddy Scannell (ed.), *Broadcast Talk*. London: Sage, 119–37.

Inglis, K. S., 1983. *This is the ABC – The Australian Broadcasting Commission 1932–1983*. Melbourne: Melbourne University Press.

Jacobs, Ronald, 1996. Producing the news, producing the crisis: narrativity, television and news work. *Media, Culture and Society*, 18, 373–97.

Jaspars, Jos, Frank D. Fincham and Miles Hewstone (eds), 1983. *Attribution Theory and Research: Conceptual, Developmental and Social Dimensions*. London: Academic Press.

Jensen, Klaus Bruhn, 1986. *Making Sense of the News: Towards a Theory and an Empirical Model of Reception for the Study of Mass Communication*. Aarhus: Aarhus University Press.

Jensen, Klaus Bruhn, 1990. The politics of polysemy: television news, everyday consciousness and political action. *Media, Culture and Society*, 12, 57–77.

Jensen, Klaus Bruhn, 1994. Reception as flow: the 'new television viewer' revisited. *Cultural Studies*, 8, 293–305.

Jucker, Andreas, 1986. *News Interviews: A Pragmalinguistic Analysis*. Phila-

*277*

delphia: John Benjamins.

Kornblith, Hilary (ed.), 1994. *Naturalizing Epistemology*. 2nd edn. Cambridge, MA: MIT Press.

Kress, Gunther, 1994. Text and discourse as explanation. In Ulrike Meinhof and Kay Richardson (eds), *Text, Discourse and Context: Representations of Poverty in Britain*. London: Longman, 24–46.

Kress, Gunther and Robert Hodge, 1979. *Language as Ideology*. London: Routledge and Kegan Paul.

Kress, Gunther and Theo van Leeuwen, 1990. *Reading Images*. Geelong: Deakin University Press.

Kress, Gunther and Theo van Leeuwen, 1996. *Reading Images: The Grammar of Visual Design*. London: Routledge.

Labov, William, 1972. The transformation of experience in narrative syntax. In William Labov, *Language in the Inner City*. Philadelphia: University of Pennsylvania Press, 354–96.

Labov, William and Joshua Waletzky, 1967. Narrative analysis: oral versions of personal experience. In June Helm (ed.), *Essays on the Verbal and Visual Arts (Proceedings of the 1966 Annual Spring Meeting of the American Ethnological Society)*. Seattle: University of Washington Press, 12–44.

Larrain, Jorge, 1979. *The Concept of Ideology*. London: Hutchinson.

Lau, Richard R. and David Sears (eds), 1986. *Political Cognition*. Hillsdale, NJ: Lawrence Erlbaum Associates.

Lazarsfeld, Paul F., 1948. The role of criticism in the management of mass media. *Journalism Quarterly*, 25, 115–26.

Lehrer, Keith, 1990. *Theory of Knowledge*. London: Routledge.

Lewis, Justin, 1991. *The Ideological Octopus*. London: Routledge.

Livingstone, Sonia and Peter Lunt, 1994. *Talk on Television: Audience Participation and Public Debate*. London: Routledge.

Lukács, Gyorgy, 1971. *History and Class Consciousness*. London: Merlin Press.

Lutz, Benedikt and Ruth Wodak, 1987. *Information für Informierte: Linguistische Studien zu Verständlichkeit und Verstehen von Hörfunknachrichten*. Vienna: Verlag der Österreichischen Akademie der Wissenschaften.

Manoff, Robert Karl and Michael Schudson (eds), 1987. *Reading the News*. New York: Pantheon.

Marcuse, Herbert, 1978. A note on the dialectic. In Andrew Arato and Eike Gebhardt (eds), *The Essential Frankfurt School Reader*. Oxford: Blackwell, 444–51.

*278*

Marriott, Stephanie, 1995. Intersubjectivity and temporal reference in television commentary. *Time and Society*, 4, 345–64.

Marriott, Stephanie, 1996. Time and time again: 'live' television commentary and the construction of replay talk. *Media, Culture and Society*, 18, 69–86.

Masterman, Len, 1985. *Teaching the Media*. London: Comedia.

McGuigan, Jim, 1992. *Cultural Populism*. London: Routledge.

Meinhof, Ulrike H., 1994. Double talk in news broadcasts: a cross-cultural comparison of pictures and texts in television news. In David Graddol and Oliver Boyd-Barrett (eds), *Media Texts: Authors and Readers*. Clevedon: Multilingual Matters and The Open University, 212–23.

Montgomery, Martin and Stuart Allan, 1992. Ideology, discourse and cultural studies: the contribution of Michel Pêcheux. *Canadian Journal of Communication*, 17, 191–219.

Moores, Shaun, 1993. *Interpreting Audiences: The Ethnography of Media Consumption*. London: Sage.

Morley, David, 1980. *The 'Nationwide' Audience*. London: British Film Institute.

Morley, David, 1986. *Family Television: Cultural Power and Domestic Leisure*. London: Comedia.

Morley, David, 1992. *Television, Audiences and Cultural Studies*. London: Routledge.

Morley, David and Kuan-Hsing Chen (eds), 1996. *Stuart Hall: Critical Dialogues in Cultural Studies*. London: Routledge.

Morse, Margaret, 1986. The television news personality and credibility: reflections on the news in transition. In Tania Modleski (ed.), *Studies in Entertainment: Critical Approaches to Mass Culture*. Bloomington and Indianapolis: Indiana University Press, 55–79.

Nightingale, Virginia, 1996. *Studying Audiences: The Shock of the Real*. London: Routledge.

Ohtsuka, Keisuke and William F. Brewer, 1992. Discourse organization in the comprehension of temporal order in narrative texts. *Discourse Processes*, 15, 317–36.

Parkin, Frank, 1971. *Class Inequality and Political Order*. London: Paladin.

Paterson, Richard, 1990. A suitable schedule for the family. In Andrew Goodwin and Garry Whannel (eds), *Understanding Television*. London: Routledge, 30–41.

Pêcheux, Michel, 1982. *Language, Semantics and Ideology*. New York: St

279

Martin's Press.

Pedelty, Mark, 1995. *War Stories: The Culture of Foreign Correspondents*. London: Routledge.

Radway, Janice, 1984. *Reading the Romance: Women, Patriarchy and Popular Literature*. Chapel Hill, NC: University of North Carolina Press.

Rae, John and John Drury, 1993. Reification and evidence in rhetoric on economic recession: some methods used in the UK press, final quarter 1990. *Discourse and Society*, 4, 329–56.

Reeves, Jimmie L. and Richard Campbell, 1994. *Cracked Coverage: Television News, the Anti-Cocaine Crusade, and the Reagan Legacy*. Durham, NC: Duke University Press.

Richardson, Kay and John Corner, 1986. Reading reception: mediation and transparency in viewers' accounts of a TV programme. *Media, Culture and Society*, 8, 485–508.

Ricoeur, Paul, 1974. *The Conflict of Interpretations: Essays in Hermeneutics*. Evanston, IL: Northwestern University Press.

Robinson, James D. and Tom Skill, 1995. Media usage patterns and portrayals of the elderly. In John Nussbaum and Justine Coupland (eds), *Handbook of Communication and Aging Research*. Mahwah, NJ: Lawrence Erlbaum Associates, 359–91.

Rumelhart, David E., 1975. Notes on a schema for stories. In Daniel G. Bobrow and Allan Collins (eds), *Representation and Understanding*. New York: Academic Press, 211–36.

Scannell, Paddy (ed.), 1991. *Broadcast Talk*. London: Sage.

Scannell, Paddy, 1996. *Radio, Television and Modern Life*. Oxford: Blackwell.

Scannell, Paddy, 1997. Saying and showing: a pragmatic and phenomenological study of a television documentary. To appear in *Text*.

Schegloff, Emanuel, 1988/1989. From interview to confrontation: observations on the Bush/Rather encounter. *Research on Language and Social Interaction*, 22, 215–40.

Schegloff, Emanuel and Harvey Sacks, 1974. Opening up closings. In Roy Turner (ed.), *Ethnomethodology*. Harmondsworth: Penguin, 233–64.

Schlesinger, Philip, 1980. Between sociology and journalism. In Harry Christian (ed.), *The Sociology of Journalism and the Press* (Sociological Review Monograph 29). Keele: University of Keele, 341–69.

Schlesinger, Philip, 1987. *Putting 'Reality' Together: BBC News*. 2nd edn. London: Methuen.

Schlesinger, Philip, 1990. Rethinking the sociology of journalism: source strategies and the limits of media-centrism. In Marjorie Ferguson (ed.), *Public Communication: The New Imperatives*. London: Sage, 61–83.

Schlesinger, Philip, Graham Murdock and Peter Elliot, 1983. *Televising Terrorism: Political Violence in Popular Culture*. London: Comedia.

Schudson, Michael, 1982. The politics of narrative form: the emergence of news conventions in print and television. *Daedalus*, 111, 97–112.

Schudson, Michael, 1989. The sociology of news production. *Media, Culture and Society*, 11, 263–82.

Seiter, Ellen, Hans Borchers, Gabriele Kreutzner and Eve-Maria Warth, 1989. *Television Audiences and Cultural Power*. London: Routledge.

Silverstone, Roger, 1994. *Television and Everyday Life*. London: Routledge.

Stam, Robert, 1983. Television news and its spectator. In E. Ann Kaplan (ed.), *Regarding Television*. Los Angeles: University Publications of America, 23–43.

Storey, John, 1996. *What is Cultural Studies?* London: Arnold.

Talbot, Mary, 1992. The construction of gender in a teenage magazine. In Norman Fairclough (ed.), *Critical Language Awareness*. London: Longman.

Tedeschi, James T. (ed.), 1981. *Impression Management Theory and Social Psychological Research*. New York: Academic Press.

Thompson, John B., 1984. *Studies in the Theory of Ideology*. Berkeley: University of California Press.

Thompson, John B., 1990. *Ideology and Modern Culture: Critical Social Theory in the Era of Mass Communication*. Stanford, CA: Stanford University Press.

Thompson, John B., 1991. *Ideology and Modern Culture*. Cambridge: Polity Press.

Toolan, Michael J., 1988. *Narrative: A Critical Linguistic Introduction*. London and New York: Routledge.

Tuchman, Gaye, 1978. *Making News: A Study in the Construction of Reality*. New York: The Free Press.

van Dijk, Teun A., 1977. *Text and Context. Explorations in the Semantics and Pragmatics of Discourse*. London: Longman.

van Dijk, Teun A., 1984. *Prejudice in Discourse*. Amsterdam: Benjamins.

van Dijk, Teun A., 1985. Semantic discourse analysis. In Teun van Dijk (ed.), *Handbook of Discourse Analysis*, vol. 2. London: Academic Press, 103–36.

van Dijk, Teun A., 1987a. *Communicating Racism: Ethnic Prejudice in Thought and Talk*. Newbury Park, CA: Sage.

van Dijk, Teun A., 1987b. Episodic models in discourse processing. In

281

Rosalind Horowitz and S. Jay Samuels (eds), *Comprehending Oral and Written Language*. San Diego, CA: Academic Press, 161–96.

van Dijk, Teun A., 1988a. *News Analysis. Case Studies of International and National News in the Press*. Hillsdale, NJ: Lawrence Erlbaum Associates.

van Dijk, Teun A., 1988b. *News as Discourse*. Hillsdale, NJ: Lawrence Erlbaum Associates.

van Dijk, Teun A., 1991. *Racism and the Press*. London: Routledge.

van Dijk, Teun A., 1993. *Elite Discourse and Racism*. Newbury Park, CA: Sage.

van Dijk, Teun A., 1995. Discourse semantics and ideology. *Discourse and Society*, 6, 243–89.

van Dijk, Teun A. and Walter Kintsch, 1983. *Strategies of Discourse Comprehension*. New York: Academic Press.

Van Zoonen, Liesbet, 1991. A tyranny of intimacy? Women, femininity and television news. In Peter Dahlgren and Colin Sparks (eds), *Communication and Citizenship*. London: Routledge, 217–35.

Volosinov, V. N., 1973. *Marxism and the Philosophy of Language*. Cambridge, MA: Harvard University Press.

Widdowson, Henry G., 1995. Discourse analysis: a critical view. *Language and Literature*, 4, 157–72.

Widdowson, Henry G., 1996. Reply to Fairclough: discourse and interpretation: conjectures and refutations. *Language and Literature*, 5, 57–69.

Williams, Raymond, 1961. *The Long Revolution*. London: Chatto and Windus.

Williams, Raymond, 1974. *Television: Technology and Cultural Form*. London: Fontana.

Williams, Raymond, 1977. *Marxism and Literature*. Oxford: Oxford University Press.

Williams, Raymond, 1986. An interview with Raymond Williams, with Stephen Heath and Gillian Skirrow. In Tania Modleski (ed.), *Studies in Entertainment: Critical Approaches to Mass Culture*. Bloomington and Indianapolis: Indiana University Press, 3–17.

Wilson, Tony, 1993. *Watching Television: Hermeneutics, Reception and Popular Culture*. Cambridge: Polity Press.

Wodak, Ruth, 1987. 'And where is the Lebanon?' A socio-psycholinguistic investigation of comprehension and intelligibility of news. *Text*, 7, 377–410.

Wren-Lewis, Justin, 1983. The encoding/decoding model: criticisms and redevelopments for research on decoding. *Media, Culture and Society*, 5, 179–97.

Zimmerman, Don, 1988. On conversation: the conversation analytic perspective. In James A. Anderson (ed.), *Communication Yearbook 11*. Newbury Park, CA: Sage, 406–32.

# 索引

（所注页码均为原书页码，即本书边码）

# 译后记

　　记得第一次看到《媒介话语的进路》这本书的英文原版，是 2005 年的某天在我的硕士导师展江老师的办公室。我跟展老师说自己对话语分析的方法感兴趣，展老师便从书架上取出这本书，让我看看，并且说可以考虑让我来翻译。我诚惶诚恐，并没有马上接下这个任务，因为我知道话语分析这个领域颇为精深，担心自己的学力不足以胜任。第二年，在展老师的鼓励下，我开始了缓慢的翻译进程，用了一年多的时间译出初稿。其中第六、第七章是由同学石安琪初译，我再加以校对的。之后，展老师又对全部译稿进行了校对。至于出版的具体事宜，我便不再过问，只等出版社来安排。

　　待到这本书重新提上出版日程，已经是 2014 年了。这时我已经分别在中国传媒大学和比利时布鲁塞尔自由大学完成双博士的学业，回到广州工作。想起硕士时的译稿定然有不少谬误，我又抽出三个月的时间，逐句对照原文修订了一遍。尽管如此，鉴于话语分析这个领域之艰深，我仍不能完全确信自己是否准确、清晰地译出了原稿的精义。好在有中国人民大学出版社的编辑严格把关，最大限度地保证了译文的质量。对于他们的工作，特表感谢！

　　话语分析本属于语言学专业的研究领域。自从范·戴克的《作为话语的新闻》与费尔克拉夫的《话语与社会变迁》的中译本出版后，国内传播学者对媒介话语分析的兴趣渐增，并有学者出版了新闻话语分析方面的专著。但是，对照国外的话语分析的丰富论著，国内目前对媒介话语的理解相对还比较狭窄。因此，《媒介话语的进路》这本文集可以作为这个领域的地图，尽可能地帮助我们拓展话语分析的视野，看到话语分析内部也有批判的话语分析、叙事分析、谈话分析、受众分析、视觉分析等不同的进路。尽管这本书最初出版于 1998 年，但现在来看，这些文章仍堪称这些不同进路的代表作，其基本的原理与方法论并没有过时。

不过，如果读者期望读了书中的一篇文章，就可以掌握那一种研究进路，这就低估了话语分析的难度。正如本书主编在第一章中所言，每一种话语分析都是耗时费力的。研究者须深入了解某个领域的理论与方法，并根据语料进行反复分析，才能得出自己的洞见。在这个意义上，对质化研究方法的把握并不比量化研究方法的训练来得轻松。

笔者建议，如果读者对书中的某些进路产生了兴趣，可以按图索骥，延伸阅读。比如，本书主编艾伦·贝尔曾经出版一本专著《新闻媒体的语言》（*The Language of News Media*）（Bell, 1991），可以作为书中论文的拓展。本书还提到一些重要的著作，如罗杰·福勒的《新闻中的语言》（*Language in the News*）（Fowler, 1991）是批判语言学应用于媒介分析的一个代表作。还有的重要学者的论文并没有收入本书，比如奥地利学者鲁斯·沃达克（Ruth Wodak）是与范·戴克、费尔克拉夫齐名的批判话语分析的专家，她的著作也应属于关注的范围。当然，想了解更多更新的研究，还可以关注话语分析的相关学刊。

我虽然多年前就对话语分析产生了兴趣，后来又机缘巧合，加入了布鲁塞尔自由大学"媒介与话语"的研究项目，但仍不敢说就已经弄通了这个研究领域。如今，借着校对的机会，重读了本书，仍然觉得其中各个进路都是精深的学问。希望这本书的出版，能够引起更多研究者对媒介话语分析的兴趣、开启一段学无止境的智性之旅，本书的价值也就在此吧。

徐桂权

2014 年 10 月

**图书在版编目（CIP）数据**

媒介话语的进路/（新西兰）贝尔，（澳大利亚）加勒特编；徐桂权译．—北京：中国人民大学出版社，2015.3

（新闻与传播学译丛·传播学研究方法系列）

ISBN 978-7-300-20675-2

Ⅰ.①媒… Ⅱ.①贝… ②加… ③徐… Ⅲ.①传播媒介-研究 Ⅳ.①G206.2

中国版本图书馆 CIP 数据核字（2015）第 018199 号

新闻与传播学译丛·传播学研究方法系列

**媒介话语的进路**

［新西兰］艾伦·贝尔（Allan Bell）［澳大利亚］彼得·加勒特（Peter Garrett）编

徐桂权 译 展 江 校

Meijie Huayu de Jinlu

| | | |
|---|---|---|
| **出版发行** | 中国人民大学出版社 | |
| **社　　址** | 北京中关村大街 31 号 | **邮政编码**　100080 |
| **电　　话** | 010 - 62511242（总编室） | 010 - 62511770（质管部） |
| | 010 - 82501766（邮购部） | 010 - 62514148（门市部） |
| | 010 - 62515195（发行公司） | 010 - 62515275（盗版举报） |
| **网　　址** | http://www.crup.com.cn | |
| | http://www.ttrnet.com（人大教研网） | |
| **经　　销** | 新华书店 | |
| **印　　刷** | 三河市汇鑫印务有限公司 | |
| **规　　格** | 170 mm×240 mm　16 开本 | **版　　次**　2016 年 1 月第 1 版 |
| **印　　张** | 16.25 插页 2 | **印　　次**　2016 年 1 月第 1 次印刷 |
| **字　　数** | 247 000 | **定　　价**　48.00 元 |